# 친족상속법

# 친족상속법

박희호 · 이동건

HU:iNE

# 서문

친족상속법은 혼인을 기초로 형성된 친족 사이의 신분관계와 재산관계를 규율하는 법률이다. 민법은 제4편에 친족편을, 제5편에 상속편을 두어 친족상속법을 민법의 한 부분으로 규율하고 있다.

친족상속법은 민법이 제정된 1960년 이후 민법전 중에서 가장 많이 개정된 분야라고 할 것이다. 특히 70년대의 산업발전을 거치면서 우리 사회의 가족제도는 급격한 변혁을 맞게 된다. 그런데 이러한 변화의 중심에는 가장을 중심으로 한 전통적 대가족 사회에서 부부와 그 자녀를 중심으로 한 핵가족 사회로의 변화가 가장 큰 역할을 담당하였다. 즉 핵가족화의 과정을 거치면서 가정에서 여성의 지위가 크게 향상되었으며 자녀 중심의 사회가 되면서 부모의 자녀에 대한 지배적 관념이었던 친권은 자녀의 복리를 위한 의무적 성격으로 변화되었다. 그리고 적은 수의 구성원으로 이루어진 가정에서 가족을 구성하는 개인 구성원의 인격 및 사생활 보호는 중요성을 더하게 되었으며 이는 다시 친족관계뿐만 아니라 사회 전반에 개인주의적 경향을 낳게 되었다.

이러한 사회적 변화에 부응하여 친족상속법은 종래의 구습에서 벗어나 양적으로나 질적으로 큰 변화를 담은 개정작업을 하게 되었다. 부부별산제의 도입, 동성동본금혼제도의 폐지, 이혼으로 인한 부부재산분할, 자녀의 복리를 강조하는 친권규정의 도입, 자녀의 복리를 우선시하는 입양제도의 도입, 가부장제의 근간을 형성해 온 신분상속제도의 폐지, 호적제도의 폐지 등의 성과를 거두게 되었다. 이러한 측면에서 친족상속법은 현재의 우리 사회의 변화와 현주소 그리고 지금까지의 변화에 기초하여 우리 사회가 지향해야 할 방향을 가장 잘 보여주는 법률분야라고 할 수 있다.

이 책은 친족상속법의 내용들을 강의에 적합하게 구성하여 설명하고 있다. 법률에 대하여 기본적인 지식을 가지고 있는 경우뿐만 아니라 그러한 지식이 없는 경우에도 어려움 없이 이해할 수 있도록 하면서도 현재의 법률상황을 쉬우면서도 정확하게 전달하려고 노력하였다. 특히 법률의 해석이나 시사적으로 중요한 문제에 대하여 대법원이 취하고 있는 입장들을 소개함으로써 친족상속법상의 개인의 권리보호가 어떻게 이루어지고 있는지를 잘 보여주고 있다고 생각한다. 또한 각 단원의 말미에는 판례를 변형한 사안을 소개하고 직접 그 해결의 방법에 대하여 고민하도록 함으로써 법률적 사고를 배양하는데 도움을 주려고 하였다. 친족상속법에 관심을 갖는 학생은 물론 일반인에게도 도움이 되었으면 하는 바람이다.

이 책의 집필과 출판에 도움을 주신 많은 분들에게 이 자리를 빌려 깊은 감사를 드린다.

2020. 8. 3.
이문동에서
박희호/이동건

# 목차

# 친족상속법

박희호·이동건

# 제1편

# 친족법

# 제1장
# 가족법의 의의

## I. 가족법의 의의

### 1. 가족법의 개념

가족법은 친족법과 상속법을 통합하여 지칭하는 말이다. 이 중 친족법은 혼인 및 혈연관계를 기초로 발생하는 친족 사이의 법률관계에 관한 규범을 말한다. 그리고 상속법은 특정인의 재산이 그의 사망과 관련하여 일정한 범위의 친족에게 승계되는 것을 규율하는 규범을 말한다. 민법전은 제4편에서 친족에 관한 규정을, 제5편에서 상속에 관한 규정을 두고 있다. 친족법과 상속법은 내용적으로 재산법과 구별되어 가족법이라는 이름 아래에서 통합되어 다루어지지만 친족 사이의 신분상 권리의무관계를 대상으로 하는 친족법과 달리 상속법은 재산법적인 성격이 강하다.

## 2. 가족법의 특성

### (1) 강행법규성

가족관계에 관한 규범은 사회의 발전과 더불어 오랜 시간에 걸쳐 형성된 관계로 고유의 사회윤리 내지는 전통에 의해 지배되기 때문에 매우 보수적인 모습을 보인다. 즉 개인의 자유로운 의사에 기초하여 형성되는 재산관계에 대한 규범과 달리 개인의 신분을 출생과 동시에 종래의 가족관계에 편입시켜 이에 대한 규범에 복종하도록 하는 강행법적 성격을 띠고 있다. 그렇다고 하여 가족법이 당사자의 의사를 전혀 고려하지 않는 것은 아니다. 재산상의 법률관계가 문제되는 부부재산계약이나 유언 등의 경우에는 사적 자치의 원칙을 견지하고 있으며, 배우자관계나 기타 신분관계의 형성 및 소멸에 있어서도 당사자의 자유로운 합의에 따르도록 하고 있다.

### (2) 인간의 존엄 및 남녀평등의 지향

우리나라의 가족법은 인간의 존엄 및 남녀평등을 지향하는 특성을 보인다. 이 점은 헌법 제36조 제1항이 "혼인과 가족생활은 개인의 존엄과 양성의 평등을 기초로 성립되고 유지되어야 한다"고 명시한 데서 잘 나타난다.

종래의 가족법은 과거의 유교적 전통에 입각한 남성 중심의 가부장적 규정들이었다. 이는 헌법규정에 반하는 것으로 헌법재판소나 국회는 이러한 점을 감안하여 가족법규정에 위헌판결을 내리거나 개정작업을 통하여 이를 수정하여 왔다. 예를 들어 부부재산 중 누구에게 속한 것인지 불분명한 재산에 대해 기존에는 남편의 재산으로 추정하였는데 1977년 제5차 개정에서는 부부의 공유로 추정하게 되었고, 1990년 제7차 개정에서는 아내의 경제적 지위향상을 위하여 재산분할청구권(제839조의2)과 기여분제도(제1008조의2)가 신설되었다. 헌법재판소도 호주제도가 개인의 존엄과 양성평등을 규정한 헌법 제36조 제1항에 위반한다고 하여 헌법불합치판결을 내렸고(헌재 2005. 2. 3., 2001헌가9) 이를 기초로 국회는 2005년 호주제를 폐지하는 민법개정안을 통과시켰다.

또한 가족법은 인간의 존엄성 측면에서 자녀의 인권을 보다 강화하는 방향으로 개정되어 왔다. 예를 들면 성년이 된 자는 부모의 동의 없이 혼인할 수 있게 하였고(1977년 제5차 개정, 이전에는 남자 27세, 여자 23세가 되어야 부모의 동의 없이 혼인이 가능), 아동학대를 방지하고 아동을 적극적으로 보호하자는 목소리를 수렴하여[1) ]2005년 개정민법은 친권의 의무화를 규정하는 제912조를 신설하였다. 이에 따라 부모 등 친권자는 친권을 행사함에 있어서 자의 복리를 우선적으로 고려하여야 할 의무를 부담하게 되었다.

이렇게 인간의 존엄과 남녀평등을 지향하는 가족법의 특수성은 현재에도 유효하여 가족법상의 미성년 자녀나 여성 배우자의 실질적인 인권 몇 평등의 실현을 위한 노력은 여전히 진행 중에 있다고 할 것이다.

1) 이은영, 민법총칙, 2004, 24면 참고.

## II. 가족법상의 권리와 법률행위

### 1. 가족법상의 권리

사법상의 권리는 그 내용이 되는 사회적 생활이익(권리자가 향수하는 이익)을 표준으로 하여 인격권, 재산권, 가족권, 사원권으로 분류할 수 있다. 이 중 가족권은 자신이 속한 친족집단 속의 법적 지위에 따르는 생활이익을 내용으로 하는 권리이며, 이는 다시 친족권과 상속권으로 구별된다.

#### (1) 친족권

친족권은 일정한 친족관계에 따르는 이익을 향수할 것을 내용으로 하는 권리를 말한다. 부모가 자녀에 대하여 갖는 친권, 자녀가 부모에 대하여 갖는 부양청구권, 혼인관계의 배우자로서 갖는 상대방에 대한 권리 등이 그 예이다. 이러한 친족법상의 권리는 그 행사나 이익향수에 있어서 일신전속적인 성격이 강하며 양도하거나 포기할 수 없는 것이 원칙이다.

#### (2) 상속권

상속권은 사람이 사망한 경우에 상속인으로서의 지위에 따라서 갖게 되는 권리이다. 상속권은 두 가지 의미로 사용되고 있다.

첫째로, 상속개시 전에 장차 상속인이 될 것이라는 기대권으로서의 상속권을 말한다. 장래 상속을 할 수 있다는 법정상속인의 기대를 법률이 보호하는 것으로 추상적 상속권이라고 한다. 유류분반환청구권은 이러한 추상적 상속권을 보호하는 대표적인 상속인의 권리이다.

둘째로, 상속개시 후에 상속인으로서 갖게 되는 상속권을 말한다. 구체적 상속권이라고 하며 이러한 상속인의 지위를 침해받은 자에게는 상속회복청구권이 인정된다(제999조).

## 2. 가족법상의 법률행위

### (1) 의의

가족법상의 법률행위란 친족법과 상속법상의 법률효과를 생기게 하는 당사자의 의사표시를 요소로 하는 법률요건을 말한다. 재산관계의 변동을 목적으로 하는 재산법상의 법률행위(재산행위, 재산적 행위)와 구별되며, 가족행위 또는 신분행위라고도 한다. 재산적 행위를 상정하고 규정한 민법총칙의 법률행위 규정은 가족법상의 행위에 대하여는 적용이 제한된다. 재산법에 대한 가족법의 특수성과 그 지배원리에 있어서 차이가 있기 때문이다.

### (2) 가족행위의 태양

가족법상의 행위는 그 내용 및 효력에 따라 다음의 세 가지로 분류할 수 있다.

#### 1) 형성적 가족행위

가족관계의 발생, 변경, 소멸을 목적으로 하는 법률행위이다. 혼인, 이혼, 입양, 파양, 인지 등이 여기에 속한다. 협의의 가족행위 또는 창설적 가족행위라고도 한다. 이러한 가족행위는 당사자의 합의라는 실질적 요건과 제3자에 공시하기 위한 신고라는 형식적 요건이 필요하다.

2) 보조적 가족행위

보조적 가족행위는 형성적 가족행위를 보조하는 행위이다. 친권자나 후견인의 지위에서 이루어지는 동의나 승낙이 대표적인 예이다.

3) 부수적 가족행위

형성적 가족행위에 부수하여 행해지는 행위이다. 혼인관계에 부수하여 맺는 부부재산계약, 협의이혼에 부수하여 행하는 재산분할계약이 여기에 해당한다. 부수적 가족행위의 효력은 형성적 가족행위의 효력을 전제로 한다.

### (3) 가족행위의 특징

가족법상의 행위도 법률행위로서 의사표시를 필수 불가결의 요소로 한다. 그러나 재산법상의 행위와는 달리 진의에 대한 요구가 절대적이며 의사표시와 함께 일정한 방식을 요구한다.

1) 내용상의 특징 – 진의와 사실관계의 존중

가족법상의 행위에 있어서는 행위의 외형을 신뢰한 상대방의 보호나 거래의 안전보다는 당사자의 진의가 절대적으로 존중될 것이 요구된다. 따라서 거래의 안전을 염두에 두고 있는 민법총칙의 규정들은 원칙적으로 적용되지 않는다. 즉 진의 아닌 의사표시나 의사와 표시의 불일치가 있는 경우에 가족법상의 법률행위는 무효이며, 이 무효는 선의의 제3자에게도 대항할 수 있다.

### 2) 형식상의 특징 – 요식성

가족행위는 통상 가족관계등록법에 따른 신고에 의하여 효력을 발생하는 요식성의 특징을 지닌다. 이와 같이 신분행위에 요식성을 요구하는 것은 개인과 공동체 생활관계에 중대한 영향을 미치는 가족행위를 하는 경우 신중을 기하도록 하는 한편 의사의 진실성을 확인하고, 제3자에 대한 공시를 통하여 신분질서의 안정을 꾀하기 위함이다.

예를 들어 혼인(제812조), 협의이혼(제836조 제1항), 입양(제878조), 협의파양(제904조), 인지(제859조) 등은 가족관계등록법이 정하는 바에 의하여 신고하여야 효력이 생긴다. 나아가 한정승인이나 포기는 3개월 내에 가정법원에 신고함으로써 효력이 발생하며(제1030조, 제1041조), 부부재산계약은 혼인 성립까지 등기하여야 부부의 승계인 또는 제3자에게 대항할 수 있다(제829조 제4항).

## III. 가족법과 민법총칙

민법전은 구조적인 측면에서 다른 편에 공통적으로 적용되는 통칙편을 전면에 배치하고 그 뒤에 권리의 개별적인 내용에 따라 편별하는 방식을 택하고 있다. 따라서 형식적으로는 민법총칙편의 규정들이 가족편에도 적용되는 것이 원칙이라고 할 수 있다. 그러나 가족법관계는 이기적인 인간의 본성에 바탕을 둔 합리적인 내용의 재산법관계와 달리 정의(情誼)와 애정에 바탕을 둔 비타산적인 성질을 갖는다. 이러한 재산법관계와 가족법관계의 본질적인 차이는 재산법관계를 기초로 한 민법총칙의 규정을 가족법관계에 전면적으로 적용할 수 없는 한계를 설정한다.[1] 그럼에도, 가족법의 특성을 고려하여 그 적용이 긍정되는 규정들을 보면 다음과 같다.

## 1. 통칙

### (1) 법원(法源)

가족관계는 관습이나 윤리의 영향을 강하게 받는 생활관계로 관습법에 의하여 규율되는 경우가 많다. 따라서 관습법이나 조리를 법원으로 인정하는 민법 제1조는 가족법에도 적용되는 매우 중요한 규정이라고 할 것이다. 대법원은 종중원의 자격을 성년 남자로 제한하는 종래의 관습법은 남녀평등을 구현하는 전체 법질서에 반하는 것으로 그 효력이 부정된다고 하면서 "종중이란 공동선조의 분묘수호와 제사 및 종원 상호 간의 친목 등을 목적으로 하여 구성되는 자연발생적인 종족집단이므로, 종중의 이러한 목적과 본질에 비추어 볼 때 공동선조와 성과 본을 같이 하는 후손은 성별의 구별 없이 성년이 되면 당연히 그 구성원이 된다고 보는 것이 조리에 합당하다"[2]고 하여 조리에 의한 법률의 보충을 인정하였다.

### (2) 신의성실의 원칙

민법 제2조의 신의성실의 원칙은 신뢰와 성실이라는 윤리적인 요소를 근간으로 하고 있다. 한편 가족관계는 사회의 전통이나 윤리적

---

1) 양수산, 친족상속법, 1998, 16면; 김주수/김상용, 친족상속법, 2019, 18면 이하; 김용한, 친족상속법, 2004, 16면; 박동섭, 친족상속법, 2006, 8면.

2) 대판(전) 2005. 7. 21., 2002다1178.

관념으로부터 강한 영향을 받는다. 여기서 이러한 가족관계를 규율하는 가족법에 신의성실의 원칙이 담당하는 역할은 중요할 수밖에 없다고 할 것이다.

[사례 1]
甲남과 결혼하고 혼인신고를 마친 乙녀는 결혼 전부터 사귀어 온 丁과 결혼 후에도 계속 내연관계를 맺었고, 결국 집을 나가 丁과 다시 혼인신고를 하고 동거를 하였다. 甲도 乙이 집을 나가자 丙은 내연관계를 맺어 동거하고 사실상 부부의 관계에까지 이르게 되었다. 甲이 사망하자 丙은 임의로 甲과 혼인신고를 하고 그의 재산을 모두 상속받았다. 乙은 甲을 떠난 지 16년이 지나 丙을 상대로 혼인 무효를 주장하면서 재산의 반환을 청구한다.[1] 乙에 대한 법원의 입장은?

## 2. 사람

### (1) 권리능력

권리능력에 관한 민법 제3조의 규정도 가족법에 적용된다. 따라서 재산관계와 마찬가지로 가족법상으로도 생존한 사람에 대하여서만 권리와 의무가 인정된다. 예를 들어, 상속인이 되기 위해서는 상속개시 시에 상속인이 생존하고 있어야 한다. 다만 친족관계에서는 태아가 재산관계의 경우 보다 더 많은 보호를 받는다. 예를 들어 태아는 상속에 있어서 이미 출생한 것으로 다루어지고(제1000조 제3

1) 대판 1983. 4. 12., 82므64를 변형한 것임.

항), 유증을 받을 수 있으며(제1064조),[1] 인지를 받을 수도 있다(제858조).

### (2) 행위능력

행위능력은 유효하게 법률행위를 할 수 있는 능력을 말하는 것으로, 행위의 결과에 대한 합리적인 판단을 할 수 있다는 것을 전제로 한다. 민법은 이러한 능력이 부족하다고 여겨지는 미성년자 등에 대하여 법정대리인이나 후견인의 동의를 통하여 그 능력을 보완하도록 한다. 이에 반해 가족법관계는 애정에 기초한 자발적, 인격적 관계를 그 특징으로 한다. 어떤 합리적인 판단보다는 정의나 애정의 측면이 중시되고, 구성원 개인의 의사가 절대시되는 것이다. 이러한 이유로 합리적인 인간상을 전제로 하는 민법총칙상의 행위능력에 관한 규정은 원칙적으로 가족행위에 적용되지 않는다.[2] 예를 들어, 피한정후견인은 가족행위에 대하여는 완전한 행위능력자로 인정된다. 다만 가족관계와 관련하여, 제한능력자의 행위능력을 보완해 줄 필요가 있는 경우에 가족법은 총칙규정과 별도의 규정을 두고 있다. 예를 들어 피성년후견인은 약혼이나 혼인, 협의이혼의 경우 부모나 후견인의 동의를 받아야 하며(제802조, 제808조 제2항, 제835조), 18세 이상의

---

1) 다수설은 민법 제562조를 근거로 사인증여의 경우에도 권리능력을 인정하여야 한다는 입장이다(곽윤직, 민법총칙, 2002, 116면; 이은영, 민법총칙, 2004, 133면). 그러나 민법 제562조는 "증여자의 사망으로 인하여 효력이 생길 증여"에 유증에 관한 규정을 준용하도록 하고 있다. 즉 사인증여의 효력에 대하여 유증의 효력이 발생한다는 것이지 법정대리인을 통하여 증여계약을 체결할 수 있다고 하는 것은 아니므로 이를 부인하는 것이 타당하다(대판 1982. 2. 9., 94다37714; 지원림, 민법강의, 2007, 60면).

2) 양수산, 친족상속법, 1998, 19면; 김주수/김상용, 친족상속법, 2019, 18-19면; 이은영, 민법총칙, 2004, 176면 등. 반대견해: 곽윤직, 민법총칙, 2002, 143면.

미성년자도 부모나 후견인의 동의를 받아 약혼이나 혼인을 할 수 있다(제801조, 제808조 제1항). 피성년후견인도 후견인의 동의를 받아 인지할 수 있으며(제856조), 입양하거나 양자가 될 수 있다(제873조 제1항). 반면 만 17세에 달한 자는 단독으로 유언을 할 수 있으며(제1061조), 피성년후견인의 경우에도 의사능력이 회복되면 단독으로 유언이 가능하다(제1063조 제1항).

부수적 가족행위는 형성적 가족행위의 종된 행위이므로 행위능력의 필요 여부는 주된 행위의 행위능력여부에 따른다.[1] 예를 들어 혼인을 하는 경우 피한정후견인은 행위능력에 제한이 없으므로 부부재산계약을 체결할 경우에도 후견인의 동의를 필요로 하지 않는다. 이에 반해 후견인으로서 행하는 보조적 법률행위에는 원칙적으로 행위능력이 요구된다고 할 것이다.[2] 동의나 승낙과 같은 보조적 가족행위에는 이성적이고 합리적인 판단이 필요하기 때문이다.

## 3. 법률행위

### (1) 총칙

반사회적 법률행위에 관한 민법 제103조도 가족법에 적용된다고 보는 것이 타당하다.[3] 반사회적 법률행위도 무효로 보아야 할 가족법상의 법률행위가 존재할 수 있기 때문이다. 그러나 불공정한 법률

1) 양수산, 친족상속법, 1998, 19면; 박동섭, 친족상속법, 2006, 6면 註 3). 다만 양수산, 친족상속법, 1998, 19면은 상속의 승인이나 포기가 갖는 재산적 성격을 근거로 행위능력이 필요하다고 한다. 그러나 이러한 특성은 부부재산계약 등에서도 나타난다.

2) 양수산, 친족상속법, 1998, 20면; 박동섭, 친족상속법, 2006, 12면.

3) 김주수/김상용, 친족상속법, 2019, 19면; 박동섭, 친족상속법, 2006, 10면; 정범석, "중혼소고", 사법행정(한국사법행정학회), 84/10, 81-82면 이하) 등.

행위를 무효로 하는 민법 제104조는 재산상의 폭리행위에 대한 금지규범이므로 가족법상의 법률행위에는 적용되지 않는다.[1)]

### (2) 의사표시

의사의 흠결 및 사기, 강박에 관한 규정은 신분적 가족관계를 구성하는 가족행위에는 적용되지 않는다. 가족행위는 당사자의 진의를 바탕으로 그 효력을 부여하기 때문이다. 그러나 그 밖의 재산적 가족행위, 예를 들어 상속재산분할의 협의(제1013조)나 상속의 승인, 포기에는 민법 제107조 이하의 규정이 적용된다(제1024조 제2항).

### (3) 대리

가족행위는 본인의 행위를 원칙으로 하기 때문에 대리에 관한 규정은 그 적용이 배제된다. 대리가 필요한 경우에는 특별규정을 두고 있다. 자녀의 재산에 관한 친권자의 대리권(제920조), 피후견인의 재산에 대한 후견인의 대리(제949조, 제959조의4), 13세 미만의 자녀의 입양에 대한 법정대리인의 대락(代諾)(제869조 제2항) 등이 있다. 부부재산계약이나 재산분할계약과 같은 재산적 법률행위도 대리가 허용된다.[2)]

### (4) 무효와 취소

무효와 취소에 관한 일반규정은 가족법에 적용되지 않는다. 가족

---

1) 양수산, 친족상속법, 1998, 22면; 박동섭, 친족상속법, 2006, 10면.
2) 양수산, 친족상속법, 1998, 24면.

법은 그에 관하여 별도의 규정들을 가지고 있다. 다만 무효행위의 전환에 관한 제138조는 가족법에 변형되어 적용된다고 해석된다.[1] 판례도 혼인 외의 출생자를 혼인 중의 친생자로 신고한 경우에 인지로서의 효력을 인정하며,[2] 양자를 친생자로 신고한 경우에도 입양의 효력을 인정한다.[3] 제139조에 대하여는 소급적인 추인을 인정하여 그 적용을 배제한다.[4]

[사례 2]

A는 자신의 처가 아이를 낳지 못하자 9촌 조카인 甲을 양자로 삼는다. 그러나 입양신고를 하지 않고 친생자의 출생신고를 하였다. 그 후 A는 자신의 처가 죽자 소실로 있던 B와 혼인신고를 하였고, B가 아들 乙을 낳자 차남으로 출생신고를 하였다. 그러나 A는 이때부터 甲을 더 이상 자신의 아들이라고 여기지 않았고, 甲도 아들행세를 하지 않게 되었으며 A와 관계되는 일도 모두 乙에게 맡겼다. 乙도 甲을 자신의 형으로 여기지 않았고 A가 1944년 5월경에 죽자 그의 유일한 재산이었던 임야도 모두 자신이 관리하였다. 그 후 乙은 문서를 위조하여 자기 앞으로 임야를 등기이전하였다.[5] 甲은 등기의 무효를 주장한다. 법원의 입장은?

## 4. 소멸시효

소멸시효에 관한 규정은 가족법에 적용되지 않는다. 가족법상의 권리는 신분의 생성 및 변동, 소멸과 함께하는 것이 원칙이다. 소멸시효가 적용되는 권리는 채권 및 소유권 기타 재산권으로 한정된다(제

1) 김주수/김상용, 친족상속법, 2019, 20면.
2) 대판 1976. 10. 26., 76다2189.
3) 대판 1977. 7. 27., 77다492.
4) 대판 1965. 12. 28., 65므61; 대판 1991. 12. 27., 91므30 등.
5) 대판 1977. 7. 27., 77다492 참조.

162조).

### 5. 기타

주소, 부재와 실종, 물건, 기간 등에 관한 통칙규정은 가족관계와는 직접적인 관계가 없는 기술적 규정이지만 가족관계의 요건이나 효과와 관련하여 간접적이나마 여전히 의미를 가질 수 있으므로 그 통칙성이 인정된다.[1] 부관에 관한 규정은 가족법에 적용되지 않는다. 다만 유언에는 조건을 붙일 수 있다(제1073조 제2항, 제1089조 제2항).

## IV. 가족법의 법원

### 1. 형식적 의미의 가족법

민법전에 규정된 민법 제4편(친족편)과 제5편(상속편)을 형식적 의미의 가족법이라고 한다.

### 2. 실질적 의미의 가족법

혼인과 혈연에 의하여 형성된 일정한 범위의 신분관계와 그 신분에 기초한 재산관계를 규율하는 법규범의 총체를 의미한다. 실질적

1) 양수산, 친족상속법, 1998, 20면 이하.

의미의 가족법은 형식적 의미의 가족법 외에도 가족관계등록법, 혼인신고특례법, 입양특례법, 주민등록법, 가사소송법, 민사조정법, 국적법 등이 있다. 실질적 의미의 가족법에는 신분관계의 변동을 규율하는 절차법도 포함된다. 이 중에서 특히 중요하다고 여겨지는 가족관계등록법과 가사소송법의 내용을 개관해 본다.

### 3. 가족관계등록법[1)]

#### (1) 의의

2005년 3월 31일 민법의 개정으로 2008년 1월 1일부터 민법상 호주제도가 폐지되면서, 종래 호적에 관한 사항을 규율하던 호적법이 가족관계등록법으로 대체되었다(제1조). 이에 따라 호주를 중심으로 한 가별편제방식은 개인별편제인 1인 1적제의 편제방식으로 변경되었다.

종래 호적법은 남성을 위주로 한 호주중심의 가족편제방식을 취함으로써 개인의 존엄 및 양성평등의 원칙에 반하고, 호적등본과 같은 증명서의 발급으로 발급신청인과 상관없는 가족 구성원이나 신청인 자신의 개인적인 정보가 제한 없이 노출되는 문제점을 가지고 있었다.[2)] 가족관계등록법은 이러한 문제점을 시정하여 개인중심의 가족관계등록 및 그 증명에 관한 사항을 규정하고 있다. 예를 들어 증명서는 그 내용에 따라 가족관계증명서, 기본증명서, 혼인관계증명

1) 정식명칭은 「가족관계의 등록 등에 관한 법률(2007년 5월 17일 법률 제8435호)」이라 한다(Ⅳ.3.에서 명시하는 조항은 별도의 표시가 없는 한 이 법의 조항을 지칭함).

2) 법제사법위원장, 가족관계의 등록 등에 관한 법률안(대안), 의안번호-6512, 2007. 4. 26., 2면.

서, 입양관계증명서, 친양자관계증명서로 나누고 각각의 경우에도 일반증명서와 상세증명서로 구분하여 정보의 공개를 최소화하면서 필요에 따라 발급받을 수 있게 했다(제15조). 증명서의 교부신청도 본인과 배우자, 직계혈족으로 제한하고 있다(제14조 제1항). 기타 민법의 개정으로 친양자제도(민법 제908조의 2), 자의 성과 본의 변경 등이 인정됨에 따라(민법 제781조) 그에 필요한 절차를 마련하였다(제99조 및 제100조).

### (2) 가족관계 등록사무의 관장 및 비용

종래 호적법은 호적에 관한 사무를 시, 읍, 면의 장이 관장하도록 하고 있었으나(호적법 제2조), 가족관계등록법은 가족관계에 관한 사무를 대법원이 관장하도록 하였다(제2조). 이는 신분관계에 대한 사무의 법적 성격이 국가사무임에도 불구하고 자치사무로 규정하여 지방자치단체가 그에 필요한 비용을 부담해야 했던 종래의 불합리를 해소하려는데 가장 큰 목적이 있다. 따라서 대법원장은 등록사무의 처리에 관한 권한을 시, 읍, 면의 장에게 위임하여 종래와 동일하게 해당 관청에서 등록사무가 이루어지도록 하였고(제3조 제1항), 그에 소요되는 비용만 국가가 부담하도록 하였다(제7조). 대법원장은 등록사무의 감독에 관한 권한을 시, 읍, 면의 사무소 소재지를 관할하는 가정법원장에게 위임한다(제3조 제3항).

### (3) 가족관계등록의 창설

가족관계등록이 되어 있지 아니한 사람에 대하여 등록사항을 기록하여야 할 때에는 새로 등록부를 작성한다(제17조). 창설의 절차는 등록이 되어 있지 아니한 사람이 등록을 하려는 곳을 관할하는 가정법원의 허가를 받고 그 등본을 받은 날부터 1개월 이내에 가족관계등록창설의 신고를 하면 된다(제101조 제1항). 가족관계등록창설 허가신청은 가족관계등록이 되어 있지 아니한 사람 자신이 신청하는 것이므로 무등록자가 이미 사망하였다면 가족관계등록 창설이 허용되지 아니한다.[1] 또 대한민국의 국민인 부와 외국인인 모 사이에 태어난 혼인 외의 출생자에 대하여는 부의 출생신고만으로 가족관계등록부를 작성할 수 없고, 그 자녀가 미성년인 경우 대한민국의 국민인 부가 외국인에 대한 인지절차에 따라 인지신고를 한 다음, 자녀가 국적법 제3조에 따라 대한민국 국적을 취득한 후 가족관계등록부를 작성할 수 있다.[2]

### (4) 가족관계등록부의 기재

가족관계등록부는 전산정보처리조직에 의하여 입력·처리된 가족관계 등록사항에 관한 전산정보자료를 등록기준지에 따라 개인별로 구분하여 작성한다(제9조 제1항). 가족관계등록부에는 기본적으로 등록기준지, 성명·본·성별·출생연월일 및 주민등록번호, 출생·혼인·사망 등 가족관계의 발생 및 변동에 관한 사항이 기재된다(제9조 제2항). 가족관계등록부의 기재는 특히 신고에 의한 경우가 많다(제16조 참조).

#### 1) 신고의무자

신고의무자는 원칙적으로 신고사건의 본인이다(제23조 제2항).

---

1) 대결 2011. 3. 28., 2011스25.
2) 대결 2018. 11. 6., 2018스32.

신고하여야 할 사람이 미성년자 또는 피성년후견인인 경우에는 친권자, 미성년후견인 또는 성년후견인을 신고의무자로 한다. 다만, 미성년자 또는 피성년후견인 본인이 신고를 하여도 된다(제26조 제1항). 미성년자 또는 피성년후견인이 그 법정대리인의 동의 없이 할 수 있는 행위에 관하여는 미성년자 또는 피성년후견인이 신고하여야 한다(제27조).

### 2) 신고의 장소

신고는 신고사건 본인의 등록기준지 또는 신고인의 주소지나 현재지에서 할 수 있다. 다만, 재외국민에 관한 신고는 재외국민 가족관계등록사무소에서도 할 수 있다. 외국인에 관한 신고는 그 거주지 또는 신고인의 주소지나 현재지에서 할 수 있다(제20조).

재외국민은 그 지역을 관할하는 대한민국재외공관의 장에게 신고하거나 신청을 할 수 있다(제34조). 재외국민이 그 나라의 방식에 따라 신고사건에 관한 증서를 작성한 경우에는 3개월 이내에 그 지역을 관할하는 재외공관의 장에게 그 증서의 등본을 제출하여야 한다(제35조 제1항).

### 3) 신고사항

가족관계등록법상의 신고사항은 성질에 따라 창설적 신고사항과 보고적 신고사항으로 나눌 수 있다.

신고의 수리에 의하여 비로소 신분관계가 창설되는 사항이 창설적 신고사항이다. 따라서 이 사항에 대한 신고의 수리가 있기까지는 그 행위는 성립되지 못하며, 신분관계의 변동 자체도 법률상 효과를 발생하지 않는다. 이러한 신고사항으로는 혼인(민법 제812조), 협의이혼(민법 제834조), 인지(민법 제859조), 입양(민법 제878조), 협의

파양(민법 제903조) 등이 있다.

이와 달리 보고적 신고사항의 경우에는 법적 효과가 사실이 발생하였을 때 생기고, 신고는 단지 사실의 보고에 불과하다. 예를 들면 출생신고는 그 신고에 의하여 비로소 권리, 의무의 주체가 되는 것이 아니라, 출생과 동시에 법률상의 권리의무의 주체가 될 수 있는 것이며, 출생의 사실에 대한 신고는 가족관계등록부에 기재하기 위한 절차에 지나지 않는다. 이러한 출생신고 외에도 사망(제84조), 재판에 의한 인지(제58조), 재판에 의한 파양(제66조), 재판에 의한 이혼(제78조), 친권자 지정 및 변경(제79조), 미성년후견개시(제80조), 실종선고 및 실종선고취소(제92조), 개명(제99조), 가족관계등록창설(제101조)에 관한 신고 등이 있다.

### (5) 가족관계등록부의 정정

가족관계등록부의 기재가 진실과 부합되지 않는 경우에 당사자는 물론 제3자의 이해관계에도 영향을 미치는 바가 크므로 가족관계등록법은 다음과 같은 정정방법을 인정한다.

#### 1) 법원의 허가에 의한 정정

등록부의 기록이 법률상 허용될 수 없는 것 또는 그 기재에 착오나 누락이 있다고 인정한 때에는 이해관계인은 사건 본인의 등록기준지를 관할하는 가정법원의 허가를 받아 등록부의 정정을 신청할 수 있다(제104조). 신고로 인하여 효력이 발생하는 행위에 관하여 등록부에 기록하였으나 그 행위가 무효임이 명백한 때에는 신고인 또는 신고사건의 본인은 사건 본인의 등록기준지를 관할하는 가정법원의 허가를 받아 등록부의 정정을 신청할 수 있다(제105조). 이렇게 법원의 허가에 의하여 정정이 가능한 경우는 그 사항이 친족법상 또는 상속법상 중대한 영향을 미칠 염려가 없는 경미한 경우에 한한다.

혼인의사 없이 한국에 입국시킬 목적으로 이루어진 무효인 혼인관계의 정정,[1] 출생연월일·사망연월일의 정정,[2] 성전환자에 의한 성별의 정정[3]은 가정법원의 허가를 받아 할 수 있다. 대법원은 성전환자가 혼인 중에 있거나 미성년의 자녀가 있는 경우에는 성전환자의 성별정정을 허용하지 않는다.[4]

### 2) 확정판결에 의한 정정

가족관계등록부의 기록사항이 신분관계에 중대한 영향을 미치는 경우에는 가족관계등록법 제107조에 따른 확정판결에 의하여 등록부를 정정하여야 한다. 대법원은 가사소송법 제2조에 규정되어 있는 가사소송사건으로 판결을 받게 되어 있는 사항이 여기에 해당한다고 본다.[5] 확정판결로 인하여 등록부를 정정하여야 하는 경우 소를 제기한 사람은 판결확정일부터 1개월 이내에 판결의 등본 및 그 확정증명서를 첨부하여 등록부의 정정을 신청하여야 한다(제107조).

### 3) 직권에 의한 정정

등록부의 기록이 법률상 무효인 것이거나 그 기록에 착오 또는 누락이 있음을 안 때에는 시·읍·면의 장은 지체 없이 신고인 또는 신고사건의 본인에게 그 사실을 통지하여야 한다(제18조 제1항 본문).

---

1) 대결 2009. 10. 8., 2009스64.
2) 대결 2012. 4. 13., 2011스160.
3) 대결(전) 2006. 6. 22., 2004스42.
4) 대결(전) 2011. 9. 2., 2009스117.
5) 대결 1995. 4. 13., 95스5.

통지를 할 수 없을 때 또는 통지를 하였으나 정정신청을 하는 사람이 없는 때에 시·읍·면의 장은 감독법원의 허가를 받아 직권으로 정정할 수 있다(제18조 제2항). 등록부 기록의 착오 또는 누락이 시·읍·면의 장의 잘못으로 인한 것인 때에는 신고인 또는 신고사건의 본인에게 통지함이 없이 감독법원의 허가를 받아 직권으로 정정할 수 있다(제18조 제1항 단서 및 제2항). 국가 또는 지방자치단체의 공무원이 그 직무상 등록부의 기록에 착오 또는 누락이 있음을 안 때에는 지체 없이 신고사건의 본인의 등록기준지의 시·읍·면의 장에게 통지하여야 한다. 이 경우 통지를 받은 시·읍·면의 장은 법 제18조 제1항 및 제2항에 따라 처리한다(제18조 제3항).

## 4. 가사소송법[1)]

### (1) 법률의 체계

가사소송법은 '인격의 존엄과 남녀의 평등을 기본으로 하고 가정의 평화와 친족상조의 미풍양속을 유지·향상하기 위하여 가사에 관한 소송과 비송 및 조정에 대한 절차의 특례를 규정함을 목적으로' 제정되었다(제1조). 이러한 가정에 관한 사건의 조정과 심판을 위하여 특별법원으로 가정법원이 있다(법원조직법 제3조). 현재 가정법원은 서울을 비롯한 인천, 수원, 대전, 대구, 광주, 부산, 울산에 설치되어 있고, 다른 지역에서는 지방법원에서 가사사건을 관할하고 있다.

가정법원은 제1심에서만 인정되고, 제2·3심에서는 일반적인 사법

1) 이하 Ⅳ의4에서 조항은 특별히 명시하지 않는 한 이 법의 조항을 지칭하는 것으로 한다.

제도에 흡수된다. 가사소송 및 가사비송사건에 대한 심리와 재판은 법관이, 가사조정사건은 조정위원회가 처리한다. 조정위원회는 조정장 1인과 2인 이상의 조정위원으로 구성되며(제52조 1항), 조정장 또는 조정담당판사는 가정법원장 또는 가정법원지원장이 그 관할법원의 판사 중에서 이를 지정한다(제53조 1항). 조정위원은 학식과 덕망이 있는 자로서 매년 미리 가정법원장 또는 가정법원 지원장이 위촉한 자 또는 당사자가 합의에 의하여 선정한 자 중에서 각 사건마다 조정장이 지정한다(제53조 제2항).

### (2) 가사사건의 범위

가사소송법은 가정법원이 전속 관할하는 가사재판사항을 가사소송사건과 가사비송사건으로 대별하고, 성질에 따라 가사소송사건을 가류(6개 항목), 나류(14개 항목), 다류(4개 항목) 사건으로 나누고, 가사비송사건을 라류(48개 항목), 마류(10개 항목) 사건으로 나누어 규정하고 있다. 소송사건과 비송사건을 포함한 가사사건은 가정법원의 전속관할에 해당한다(제2조 제1항). 소송사건과 비송사건은 그 처리절차를 달리하여 가사소송법에 특별한 규정이 있는 경우를 제외하고는, 소송사건은 민사소송법 규정을, 비송사건은 비송사건절차법을 따른다(제12조, 제34조).

가족법관계 사건 중 혼인관계사건, 부모와 자 사이의 관계에 대한 사건을 가사소송사건으로 하고 있다. 성질상 민사사건이지만 이혼을 원인으로 하는 위자료사건 및 이와 유사한 청구원인으로 하는 제3자에 대한 손해배상 등의 사건도 가사소송사건으로 하고 있다(제2조 제1항 다류사건). 후견관계사건, 부양에 관한 사건, 상속·유언사건, 성년후견심판·한정후견심판·실종선고 등의 사건은 가사비송사건에 해당한다. 실효성 있는 후견기능을 위하여 법원의 직권이 반드시 개입되어야 할 사건의 경우 외에는 민사소송으로 다루고자 가족법관계사건 중 주로 신분적 성격의 사건에 한하여 가사사건으로 다루고 있다.

#### 1) 가사소송사건

a. 가류사건

① 혼인의 무효 ② 이혼의 무효 ③ 인지의 무효 ④ 친생자관계 존부확인 ⑤ 입양의 무효 ⑥ 파양의 무효가 여기에 해당한다.

b. 나류사건

① 사실상 혼인관계존부확인 ② 혼인의 취소 ③ 이혼의 취소 ④ 재판상 이혼 ⑤ 아버지의 결정 ⑥ 친생부인 ⑦ 인지의 취소 ⑧ 인지에 대한 이의 ⑨ 인지청구 ⑩ 입양의 취소 ⑪ 파양의 취소 ⑫ 재판상 파양 ⑬ 친양자 입양의 취소 ⑭ 친양자 파양이 여기에 해당한다.

c. 다류사건

① 약혼해제 또는 사실혼관계부당파기로 인한 손해배상청구(제3자에 대한 청구를 포함한다) 및 원상회복청구 ② 혼인의 무효·취소, 이혼의 무효·취소 또는 이혼을 원인으로 하는 손해배상청구(제3자에 대한 청구를 포함한다) 및 원상회복의 청구 ③ 입양의 무효·취소 또는 파양을 원인으로 하는 손해배상청구(제3자에 대한 청구를 포함한다) 및 원상회복의 청구 ④ 민법 제839조의3에 따른 재산분할청구권보전을 위한 사해행위의 취소 및 원상회복의 청구가 다류사건으로 분류된다.

#### 2) 가사비송사건

a. 라류사건

성년후견·한정후견 및 특정후견개시의 심판과 그 종료의 심판, 부재자 재산의 관리에 관한 처분, 실종선고와 그 취소, 성과 본의 변경, 부부재산약정의 변경허가 등 48개 항목이 라류에 해당한다.

b. 마류사건

부부의 동거·부양·협조 또는 생활비용의 부담에 관한 처분, 부부재산계약상의 재산관리자의 변경 또는 공유물의 분할을 위한 처분, 이혼 등에 있어서 자의 양육에 관한 처분과 그 변경, 면접교섭권의 제한 또는 배제, 이혼 등에 있어서의 재산분할, 기여분의 결정, 상속재산의 분할에 대한 처분 등 10개 항목이 마류사건으로 분류된다.

### (3) 조정절차

#### 1) 조정의 신청

소송사건 중 나류와 다류사건 및 비송사건 중 마류사건에 대하여는 조정전치주의를 채택하고 있다(제50조). 따라서 나·다·마류 사건에 대하여 가정법원에 소를 제기하거나 심판을 청구하고자 하는 자는 먼저 조정을 신청하여야 한다. 이러한 사건에 관하여 조정을 신청하지 아니하고 소를 제기하거나 심판을 청구한 때에는 가정법원은 그 사건을 조정에 회부하여야 한다. 다만, 공시송달에 의하지 아니하고는 당사자의 일방 또는 쌍방을 소환할 수 없거나 그 사건이 조정에 회부되더라도 조정이 성립될 수 없다고 인정할 때에는 그러하지 아니한다(제50조 제2항).

조정의 신청은 서면이나 구술로 할 수 있다(제55조, 제36조 제2

항). 조정의 목적인 청구와 가사소송법 제14조에 규정된 관련관계에 있는 나·다·마류가사사건의 청구는 병합하여 조정신청을 할 수 있다(제57조 제1항). 당사자 간의 분쟁을 일시에 해결함이 필요한 때에는 당사자는 조정위원회 또는 조정담당판사의 허가를 받아 조정의 목적인 청구와 관련 있는 민사사건의 청구를 병합하여 조정신청할 수 있다(제57조 제2항).

### 2) 사실의 사전조사

조정장 또는 조정담당판사는 특별한 사정이 없는 한 조정을 하기 전에 기한을 정하여 가사조사관으로 하여금 사건에 관한 사실의 조사를 하게 하여야 한다(제56조).

재판장·조정장·조정담당판사 또는 가사조사관은 사실의 조사를 위하여 필요한 때에는 경찰 등 행정기관 기타 상당하다고 인정되는 단체 또는 개인에게 사실의 조사를 촉탁하고 필요한 사항의 보고를 요구할 수 있다(제8조).

### 3) 조정기관 및 조정의 원칙

가사조정사건은 조정위원회가 처리하는 것이 원칙이지만, 신속한 조정을 할 수 있도록 조정담당판사는 상당한 이유가 있을 때에는 당사자가 반대의 의사를 명백하게 표시하지 아니하는 한 단독으로 조정할 수 있다(제52조).

조정위원회가 조정을 함에 있어서는 당사자의 이익 외에 조정으로 인하여 영향을 받게 되는 모든 이해관계인의 이익을 고려하고 분쟁의 평화적, 종국적 해결을 이룩할 수 있는 조정안을 미리 마련하여 당사자를 설득하여야 한다(제58조 제1항). 특히 자녀의 친권을 행사할 사람의 지정과 변경, 양육 방법의 결정 등 미성년자인 자녀의 이해에 직접적인 관련이 있는 사항을 조정할 때에는 미성년자인 자녀의 복지를 우선적으로 고려하여야 한다(제58조 제2항).

#### 4) 조정의 성립

조정은 당사자 사이에 합의된 사항을 조서에 적음으로써 성립한다(제59조 제1항). 조정 또는 확정된 조정에 갈음하는 결정은 재판상 화해와 동일한 효력이 있으나 당사자가 임의로 처분할 수 없는 사항에 대하여는 그러하지 아니한다(동조 제2항). 여기서 당사자가 임의로 처분할 수 있는 사항이란 당사자의 일방적인 의사이든 또는 당사자 사이의 합의이든 간에 당사자의 의사에 의해서 법 규정에 따라 신고만 하면 신분관계의 창설이나 소멸이 이루어지는 것이다. 예를 들어 혼인이나 협의상 이혼, 임의인지 등의 경우는 당사자의 의사에 의해서 신고만 하면 되므로 임의로 처분할 수 있는 사항이다. 반면에 당사자가 임의로 처분할 수 없는 사항이란 당사자는 법원에 대해서 신분관계의 창설이나 소멸을 목적으로 하는 청구를 할 수 있을 뿐 그것이 이루어지느냐 여부는 오직 법원의 재판에 의해서만 좌우되는 것이다. 즉 혼인의 취소, 협의상 이혼의 취소, 친생부인, 강제인지 등의 경우는 그 법률효과의 발생이 법원의 재판에 의해서 좌우되므로 당사자가 임의로 처분할 수 없는 사항이다.[1)]

1) 대판 1968. 2. 27., 67므34(친생부인); 대판 1999. 10. 8., 98므1698(인지무효).

### (4) 재판절차

#### 1) 소의 제기 및 심판의 청구

사건에 관하여 조정을 하지 않기로 하는 결정이 있거나 조정이 성립되지 않은 경우, 조정에 갈음하는 결정이 없는 때 또는 조정에 갈음하는 결정이 이의신청에 의하여 효력을 상실한 때에는 조정신청을 한 때에 소 또는 심판청구가 제기된 것으로 본다(제60조, 민사조정법 제36조). 이러한 경우 조정장 또는 조정담당판사는 의견을 첨부하여 기록을 관할가정법원에 송부하여야 한다(제61조). 가사소송사건에 대한 소의 제기는 서면으로 하여야 하나(제12조, 민사소송법 제248조), 가사비송사건에 대한 심판청구는 구술로도 가능하다(제36조 제2항).

#### 2) 심리

종전의 가사심판법에서는 심판의 선고 이외에는 비공개를 원칙으로 하였으나, 가사소송법은 이 규정을 삭제하여 공개를 원칙으로 한다. 다만 보도에 있어서만은 아직도 가정의 비밀이 준수되도록 하고 있다(제10조). 가정법원은 가류 또는 나류 가사소송사건을 심리함에 있어서는 직권으로 사실심사 및 필요한 증거조사를 하여야 하며, 언제든지 당사자 또는 그 법정대리인을 신문할 수 있다(제17조). 또한 이러한 사건의 심리에는 변론주의가 제한되어 민사소송법의 청구의 인락(민사소송법 제220조), 자백(민사소송법 제288조)에 관한 원칙이 적용되지 않는다(제12조).

#### 3) 판결 및 심판

가사소송사건의 종국재판은 판결로써 하고(제12조, 민사소송법

제198조), 가사비송사건에 대한 제1심 종국재판은 심판으로써 한다(제39조 제1항). 판결은 선고로 효력이 발생하며(민사소송법 제205조), 심판은 이를 받을 자가 고지를 받음으로써 효력을 발생한다(제40조). 가정법원의 판결에 대하여 불복이 있으면 판결정본이 송달된 날부터 14일 내에 항소할 수 있고(제19조 제1항), 항소법원의 판결에 대하여 불복이 있으면 대법원에 상고할 수 있다(제20조). 비송사건은 성질상 항고가 허락되지 않는 것과 항고가 바람직하지 아니한 것이 있으므로 원칙적으로 심판에 대하여는 항고할 수 없고, 대법원규칙이 따로 정한 경우에 한하여 즉시항고만을 할 수 있다(제43조).

### (5) 이행의 확보

가사사건의 소의 제기, 심판청구 또는 조정의 신청이 있는 경우에, 가정법원, 조정위원회 또는 조정담당판사는 사건의 해결을 위하여 특히 필요하다고 인정한 때에는 직권 또는 당사자의 신청에 의하여 상대방 기타 관계인에 대하여 현상을 변경하거나 물건을 처분하는 행위의 금지를 명할 수 있고, 사건에 관련된 재산의 보존을 위한 처분, 관계인의 감호와 양육을 위한 처분 등 적당하다고 인정되는 처분을 할 수 있다(제62조 제1항). 이러한 규정에도 불구하고 가정법원은 가사소송사건 또는 마류 가사비송사건을 본안사건으로 하여 가압류 또는 가처분을 할 수 있다(제63조 제1항, 민사집행법 제276조 내지 제312조).

가정법원은 양육비를 정기적으로 지급할 의무가 있는 사람(이하 '양육비채무자'라 한다)이 정당한 사유 없이 2회 이상 양육비를 지급하지 아니한 경우에 정기금 양육비 채권에 관한 집행권원을 가진 채권자의 신청에 따라 양육비채무자에 대하여 정기적 급여채무를 부담하는 소득세원천징수의무자에게 양육비채무자의 급여에서 정기적으로 양육비를 공제하여 양육비채권자에게 직접 지급하도록 명할 수 있다(제63조의2 제1항). 양육비 직접지급명령은 민사집행법에 따라 압류명령과 전부명령을 동시에 명한 것과 같은 효력이 있고, 위 지급명령에 관하여는 압류명령과 전부명령에 관한 민사집행법을 준용한다(제63조의2 제2항).

그 외에 가정법원은 양육비를 정기금으로 지급하게 하는 경우에 그 이행을 확보하기 위하여 양육비채무자에게 상당한 담보의 제공을 명할 수 있다(제63조의3 제1항). 양육비채무자가 담보를 제공하여야 할 기간 이내에 담보를 제공하지 아니하는 경우에는 가정법원은 양육비채권자의 신청에 의하여 양육비의 전부 또는 일부를 일시금으로 지급하도록 명할 수 있다(제63조의3 제4항).

가정법원은 판결·심판·조정조서 또는 조정에 갈음하는 결정에 의하여 금전의 지급 등 재산상의 의무 또는 유아의 인도의무·자녀와의 면접교섭허용의무를 이행하여야 할 자가 정당한 이유 없이 그 의무를 이행하지 않을 때는 당사자의 신청에 의하여 일정한 기간 내에 그 의무를 이행할 것을 명할 수 있다(제64조 제1항).

당사자 또는 관계인이 정당한 이유 없이 이행명령이나 선고전 처분을 위반한 때에는 가정법원, 조정위원회 또는 조정담당판사는 직권 또는 권리자의 신청에 의하여 결정으로 1천만원 이하의 과태료에 처할 수 있다(제67조). 의무 중 실제로 강제집행이 곤란한 정기적 급부명령과 유아인도명령에 대한 의무 불이행에 대하여는 각각 3기 또는 제67조의 제재를 받았음에도 30일 이내에 정당한 이유 없이 의무를 불이행할 때에는 30일 내의 감치를 할 수 있도록 하여 실제적인 강제이행이 되도록 하고 있다(제68조).

# 제2장
# 친족과 가족

## 제1절 친족

친족이란 혼인과 혈연에 의하여 맺어진 일정한 사람들의 집단을 말한다. 친족에 대하여는 민법에 규정되어 있지만 법질서 전체에 적용되는 일반적인 법률요건을 구성한다. 예를 들어 일정한 범위의 친족의 경우에는 형법상 친족상도례가 적용되어 처벌이 면제되거나(형법 제328조) 고소가 있어야 공소를 제기할 수 있도록 하고 있다(형법 제354조). 하지만 형법에는 친족이 무엇인지에 대하여는 아무런 규정을 갖고 있지 않다. 일반법적 지위에 있는 민법상 친족의 개념을 전제로 하고 있기 때문이다. 따라서 형법상 친족상도례가 적용되는 친족의 개념이나 범위는 민법의 친족의 개념 및 범위에 따라 정해지게 된다.

민법은 친족으로 배우자, 혈족, 인척을 규정하고 있다(제767조).

# I. 친족의 유형

## 1. 배우자

배우자란 혼인관계를 맺고 있는 당사자를 말한다. 민법상 배우자는 법률상 혼인관계를 맺고 있는 경우로 제한된다. 따라서 사실혼 관계에 있더라도 친족에 해당하는 배우자는 되지 못한다. 다만 일정한 경우 사실혼 배우자도 법률에 의하여 보호를 받는다.

## 2. 혈족

혈연의 관계에 있는 자로 민법은 자연혈족관계 이외에 법정혈족관계를 인정한다.

### (1) 자연혈족

출생 자체에 의하여 발생하는 혈족관계를 말한다. 직계존속, 직계비속을 직계혈족이라고 하고 자기의 형제자매와 형제자매의 직계비속, 직계존속의 형제자매 및 그 형제자매의 직계비속을 방계혈족이라고 한다(제768조). 다만 민법은 혼인 외의 자녀와 아버지의 혈족관계는 출생 자체에 의하지 않고 인지에 의하여 발생하도록 하고 있다(제855조).

### (2) 법정혈족

혈족관계는 출생 이외에 입양에 의하여서도 발생하는데 이를 법정혈족관계라고 한다. 양자와 그 배우자 및 양자의 직계비속과 배우자는 양자의 입양과 동시에 양부모 및 그 혈족 및 인척과 친족관계가 형성된다(제772조). 법정혈족관계에 있는 자들 사이의 촌수는 자연혈족의 경우와 동일하게 계산된다(제772조 제1항).

### 3. 인척

혼인에 의하여 배우자 이외의 사람 사이에 발생하는 친족관계를 말한다. 민법은 혈족의 배우자, 배우자의 혈족, 배우자의 혈족의 배우자를 인척으로 보고 있다. 종래에는 부모 중 일방의 혼인에 의하여 발생하는 계모, 계부와의 관계를 법정혈족관계로 보았으나 전근대적이라는 이유로 폐지되었고 현재에는 혈족의 배우자로서 단지 인척관계만 갖게 되었다. 인척관계는 혼인의 무효나 취소 또는 이혼, 부부일방의 사망 후의 재혼에 의하여 종료한다(제775조).

## II. 친족의 범위

### 1. 법률의 규정

친족이라고 할 경우 법률상 다른 특별한 규정이 없으면 8촌 이내의 혈족, 4촌 이내의 인척 그리고 배우자만을 지칭한다(제777조). 예를 들어 민법 제940조는 성년후견선고를 받은 피후견인의 친족이 피후견인의 복리를 위하여 후견인의 변경을 가정법원에 청구할 수 있다고 규정하고 있으므로 피후견인의 8촌 이내의 혈족, 4촌 이내의 인척과 피후견인의 배우자만이 이러한 후견인변경청구를 할 수 있게 된다. 부계나 모계, 남계나 여계인지의 여부는 구별하지 않는다.

## 2. 촌수의 계산

### (1) 직계혈족

직계혈족은 자기로부터 직계존속에 이르고 자기로부터 직계비속에 이르러 그 세수를 정한다(제770조 제1항). 이에 따라 부모와 자녀는 직계 1촌, 조부모와 손자녀는 직계 2촌의 관계에 있게 된다.

### (2) 방계혈족

방계혈족은 자기로부터 동원의 직계존속에 이르는 세수와 그 동원의 직계존속으로부터 그 직계비속에 이르는 세수를 통산하여 촌수를 정한다(제770조 제2항). 예를 들어 큰아버지와 조카의 동원은 큰아버지의 아버지이면서 조카의 할아버지인 사람이 될 것이므로 큰아버지에서 동원에 이르는 1촌의 세수와 조카로부터 동원에 이르는 2촌의 세수를 합한 방계 3촌의 관계에 있게 된다.

### (3) 인척

인척의 촌수는 배우자 사이에 촌수가 없음을 전제로 혈족에 대한 촌수의 계산방식을 따른다. 즉 배우자의 혈족에 대하여는 배우자의 그 혈족에 대한 촌수에 따르고, 혈족의 배우자에 대하여는 그 혈족에 대한 촌수에 따른다(제771조). 예를 들어 배우자의 부모에 대하여는 배우자의 촌수를 따르므로 사위와 장인·장모, 며느리와 시부모와는 인척 1촌의 관계에 있고 형부와 체제, 처남과 매형 사이는 인척 2촌의 관계에 있게 된다.

## 제2절 가족

현행 가족법상의 가족제도는 2005년의 개정으로 호주제도가 폐지되면서 가족 관련 규정은 큰 변화를 맞는다. 개정 민법이 시행되기 전의 가족의 범위는 호주를 중심으로 한 일가의 구성원으로서 호주 아닌 자녀를 의미하였다(개정전 민법 제779조).[1] 그러나 새로운 민법은 가족의 범위로 ① 배우자, 직계혈족 및 형제자매와 ② 직계혈족의 배우자, 배우자의 직계혈족 및 배우자의 형제자매로 생계를 같이 하는 경우로 제한하고 있다.

본래 정부 개정안은 가족의 범위에 관하여 아무런 규정을 두고 있지 않았다.[2] 그러나 호주제를 폐지할 경우, 가족 간의 전통적 유대가 소멸하고 사회적인 고립감이 증대될 우려를 감안하여 입법자는 상징적으로 가족에 대한 규정을 두는 것으로 결정하였다. 이러한 입법자의 의사에서 본다면 민법상의 가족은 어떠한 법률효과를 목적으로 하는 것이 아니라 윤리적 계승의 측면에서 사회의 화합을 위한 상징적 규정에 불과한 것이다. 이는 가족의 개념을 민법의 다른 부분이나 혹은 다른 법률이 사용한다고 하여도 민법 제779조상의 가족의 범위로부터 법률효과의 귀속주체가 당연히 결정되지는 않는다는 것

1) 양수산, 친족상속법, 1998, 151면.

2) 가족법개정특별분과위원회 회의록, 법무부, 2003.12.

을 의미한다.[1] 하지만 이렇게 상징적으로 만들어진 규정이라 하더라도 법률의 내용으로 인정되게 되면 입법자의 의도와는 상관없이 법률은 그 규범성을 취득하게 된다. 입법자의 손을 떠나 독립적인 규범력을 갖게 되는 것이다. 실제로 이 규정이 만들어지고 그 후 개정된 민법은 후견인의 가족을 후견감독인의 결격사유로 명시하고 있다(제940조의5). 입법자의 의사만을 따르는 역사적 해석의 한계를 보여주는 좋은 예이다.

## 제3절 자녀의 성과 본

성이란 본래 부계혈족의 표시이고, 본은 소속시조의 발생지명의 표시이다. 그러나 이러한 전통적인 기능은 2005년 민법의 개정에 의하여 많이 약화된다. 원칙적으로 자녀는 부의 성과 본을 따르지만, 부모가 혼인신고 시 모의 성과 본을 따르기로 협의한 경우에는 모의 성과 본을 따른다. 나아가 민법은 자녀의 복리를 위하여 자녀의 성과 본을 변경할 필요가 있을 때에는 부모 또는 자녀의 청구에 의하여 법원의 허가를 받아 이를 변경할 수 있도록 하고 있다(제781조 제6항).

---

1) 이은정, "가족의 범위", 가족법연구(한국가족법학회) 제20권 제1호(2006.3), 193-194면.

# 제3장
# 혼인

## 제1절 서설

### 1. 혼인의 개념

혼인이란 남녀 사이의 법률상 배우자 관계 또는 이 관계를 발생시키는 가족행위를 말한다.

### 2. 혼인제도의 유형

고대에는 배우자관계가 없이 성관계만이 존재하는 난혼과 일군의 남자와 일군의 여자집단이 혼인관계를 이루는 군혼의 제도가 있었다고 한다.[1] 그러나 현재에 남아있는 혼인형태로는 일부다처제, 일처다부제, 일부일처제의 혼인제도만 존재한다. 이 중에서 한 사람의 남자

1) 양수산, 친족상속법, 1998, 165-166면 참조.

와 한 사람의 여자가 배우자로서 혼인관계를 맺는 일부일처제는 인간의 존엄성과 남녀평등을 실현하는 가장 합리적인 혼인으로 인정받고 있다. 민법도 원칙적으로 일부일처제를 전제로 혼인관계를 규율하고 있다.

## 제2절 약혼

### 1. 약혼의 개념

약혼이란 당사자가 장차 혼인을 하겠다고 합의하는 경우를 말한다. 일종의 혼인의 예약이라고 할 수 있다.

이러한 약혼은 남녀 양가의 직계존속이나 방계혈족(主婚者)에 의하여 이루어지는 정혼과 구별된다. 약혼은 제3자에 의한 혼인의 합의가 아니라 혼인을 하려는 당사자 사이의 합의를 의미하기 때문이다. 약혼은 사실혼과도 구별된다. 법률상의 혼인신고는 되어 있지 않지만 실질적으로 혼인생활을 하고 있는 관계를 사실혼이라고 한다. 다만 객관적으로 사실혼관계가 인정되는 경우, 혼인의 합의가 있다는 추정을 받게 되므로[1] 특별한 사정이 없는 한 사실혼의 당사자는 약혼을 한 것으로 인정된다. 대법원도 사실혼관계의 경우 약혼의 합의가 있는 것으로 전제하여 판결을 내리고 있다.[2]

1) 대판 2000. 4. 11., 99므1329.
2) 대판 1966. 7. 26., 66므10 참조.

## 2. 약혼의 성립

### (1) 약혼의 합의

장래 혼인하려는 당사자 사이의 의사표시의 합치가 있어야 한다. 낙성의 불요식계약으로 특별한 방식을 요구하지 않는다. 다만 당사자의 진정한 의사가 전제되어야 한다.

### (2) 약혼적령

성년이 된 사람은 자유롭게 약혼을 할 수 있다(제800조). 18세인 미성년자의 경우에는 부모나 미성년후견인의 동의를 얻어야 한다(제801조). 피성년후견인은 부모 또는 성년후견인의 동의를 얻어 약혼할 수 있다(제802조). 연령미달자의 약혼이나 동의를 받지 않은 약혼의 경우 민법 제816조 및 제817조가 유추적용되어 당사자나 법정대리인이 이를 취소할 수 있다고 해석된다(통설).[1] 피한정후견인은 재산상의 사무처리능력이 부족한 자에 대한 행위능력의 제한이므로 민법에 특별한 규정이 없는 한 가족법상의 행위에 대하여는 완전한 행위능력이 있다고 보아야 한다.[2] 따라서 의사능력이 있는 한 자유로이 약혼할 수 있다.

1) 양수산, 친족상속법, 1998, 180면; 김주수/김상용, 친족상속법, 2019, 75-76면; 박동섭, 친족상속법, 2006, 90면.

2) 다만 피한정후견인은 후견인(제937조)이나 후견감독인(제940조의7)이 되지 못하고, 유언에 참여하는 증인이 되지 못한다(제1072조).

### (3) 이중약혼이 아닐 것

배우자 있는 자나 이미 약혼한 사람과의 약혼은 민법 제103조의 반사회적 법률행위로 무효이다.[1)] 다만 배우자 있는 자이더라도 이미 장기간 별거 중이며 사실상 이혼상태에 있는 경우, 이혼 후에 혼인을 하겠다고 하는 내용으로 사회질서에 반하지 않는다면 약혼의 효력을 인정할 수 있을 것이다. 이와 별도로 민법은 약혼 후 다른 사람과 약혼이나 혼인을 한 경우에 약혼자의 상대방은 약혼관계를 해제할 수 있도록 하고 있다(제804조 제4호).

### (4) 근친관계가 아닐 것

약혼은 혼인의 예약이므로 민법 제809조에서 규정하는 금혼범위 내의 근친관계에 있는 경우 약혼하지 못한다.

### (5) 부관이 붙은 약혼

혼인의 경우와 달리 약혼에 조건이나 기한을 붙이는 것은 원칙적으로 허용된다. 따라서 군대를 제대하면 혼인한다고 할 경우 그 약혼은 유효하다. 그러나 부관이 붙음으로 인하여 선량한 풍속 기타 사회질서에 반하는 경우에는 무효로 된다. 예를 들어 아이가 생기면 혼인을 하기로 약속하는 경우라던가, 더 마음에 드는 사람이 나타나면 약혼이 해소되는 것으로 하는 약혼은 사회질서에 반하여 무효이다.[2)]

---

1) "법률상 처가 있는 남자가 다른 여자와 혼례식을 거행하고, 장래 혼인신고하기로 하여 '혼인예약'을 맺는다는 것은 我國의 일부일처제도에 비추어 공서양속에 위반되는 무효의 계약이다."(대판 1955. 10. 13., 4288민상246)

2) 김주수/김상용, 친족상속법, 2019, 76면.

## 3. 약혼의 효과

### (1) 혼인을 성립시킬 의무

약혼 당사자는 혼인을 성립시킬 의무를 진다(제804조 제7호). 그러나 이 의무는 강제이행의 대상이 되지 못하고(제803조), 다만 불이행으로 인하여 손해배상의무를 발생시킬 뿐이다.

### (2) 정조의무(제804조 제4호, 제5호)

약혼의 당사자는 상호 정조의무를 부담한다. 따라서 간음 기타 부정한 행위를 하지 않아야 한다(제804조 제5호 참조). 이 의무를 위반하여 혼인에 이르지 못하게 되는 경우 손해배상책임을 질 수 있다(제806조).

## 4. 약혼의 해제

약혼은 강제이행이 불가능하며(제803조) 그 해제도 원칙적으로 자유롭다. 혼인을 강제하는 것은 개인의 인권에 반하는 것이 될 것이다. 따라서 당사자는 특별한 사유가 없어도 약혼을 해제할 수 있다. 다만 정당한 사유 없이 혼인하지 않는 경우 손해배상책임을 질 수 있다(제806조). 민법 제804조는 약혼해제의 정당한 사유를 규정하고 있다. 이러한 정당한 사유가 있는 경우 약혼은 적법하게 해제될 수 있으며 책임 있는 상대방에 대하여 손해배상도 청구할 수 있다(제806조).

### (1) 약혼해제의 사유(제804조)

1. 약혼 후 자격정지 이상의 형의 선고를 받은 경우
2. 약혼 후 성년후견개시나 한정후견개시의 심판을 받은 경우
3. 성병, 불치의 정신병 기타 불치의 병질(病疾)이 있는 경우
4. 약혼 후 다른 사람과 약혼 또는 혼인을 한 경우
5. 약혼 후 다른 사람과 간음한 경우
6. 약혼 후 1년 이상 생사가 불명한 경우
7. 정당한 이유 없이 혼인을 거절하거나 그 시기를 늦추는 경우
8. 그 밖에 중대한 사유가 있는 경우

그 밖의 중대한 사유로 약혼과정에서 자신의 나이, 직업, 경력, 재산 등을 속인 경우,[1] 간음에는 이르지 않았으나 부정한 행위가 있었을 경우(제840조 제1호 유추), 회복되기 어려운 질병에 걸리거나 상해 등을 당한 경우 등이 해당한다. 상대방이 성적 불능의 상태인 경우는 약혼해제의 사유가 될 수 있으나 임신불능은 이에 속하지 않는다.[2]

---

1) 대판 1995. 12. 8., 94므1676,1783.

2) "혼인은 종생의 공동생활을 목적으로 하는 1남 1녀의 도덕상 및 풍속상으로 정당시되는 결합을 이루는 것이고 자손번식은 그 결과에 불과하는 것이다 그러므로 구 민법이 재판상의 이혼원인을 법정한 제813조에도 처의 임신불가능을 규정하지 아니하였던 것인즉 혼인예약에 있어서도 상대자인 여성이 임신불가능이라 하여 그 예약을 파기할 수는 없는 것이다."(대판 1960. 8. 18., 4292민상995)

### (2) 약혼해제의 방법

약혼의 해제는 상대방에 대한 의사표시로 한다.[1] 생사불명 등으로 해제의 의사표시를 할 수 없는 경우에는, 그 해제의 원인이 있음을 안 때에 해제된 것으로 본다(제805조).

### (3) 약혼해제의 효과

#### 1) 약혼관계의 소멸

약혼이 해제됨으로써 당사자 사이에 발생한 약혼관계는 소멸한다. 따라서 약혼당사자의 혼인의 의무는 더 이상 존재하지 않게 된다.

#### 2) 손해배상청구권

약혼의 해제에 귀책사유 있는 당사자는 상대방에 대하여 재산상 및 정신상 손해배상책임을 진다(제806조). 이 경우 위자료청구권은 통상 양도, 승계될 수 없으나, 상대방과 배상에 관하여 합의를 하였거나 소송이 제기된 후에는 재산적 성질을 갖게 되어 양도되거나 승계될 수 있다. 약혼자에 대한 제3자의 간음이 있어서 약혼해제에 이르게 되었다면 제3자에 대한 손해배상청구가 가능하다.[2]

---

1) "혼인식 후 아직 혼인신고를 하지 않았으나 사실상 부부로서 생활하던 중 처가 일시의 흥분된 감정으로 나는 못 살겠으니 파혼을 하고 친정에 가겠다는 취지의 말을 한 후 옷보따리를 싸가지고 친정으로 돌아갔다고 하여서 달리 특별한 사정이 없는 한, 남편과의 혼인예약해제의 의사를 표시한 것이라 볼 수 없다."(대판 1966. 7. 26., 66므10)

2) 대판 1961. 10. 19., 4293민상531. 그 근거는 민법 제750조의 불법행위가 될 것이다.

### 3) 약혼예물반환청구권

통설과 판례[1]는 약혼예물을 혼인의 불성립을 해제조건으로 하는 증여로 이해한다. 따라서 혼인이 성립되지 않은 경우 예물은 부당이득으로 반환하여야 한다. 당사자 일방이 혼인에 이르지 못한 상황에서 사망한 경우에도 마찬가지이다.[2] 다만 일방의 귀책사유로 인하여 약혼이 해제된 경우에는 그 상대방만이 반환청구권을 행사할 수 있다는 것이 판례[3]의 입장이다. 반면 손해배상청구권이 인정되므로 예물반환청구권을 인정할 필요가 없다는 견해도 있다.[4]

혼인이 성립한 경우에는 원칙적으로 예물반환청구권이 인정되지 않는다. 다만 판례는 "예물의 수령자 측이 혼인 당초부터 성실히 혼인을 계속할 의사가 없고 그로 인하여 혼인의 파국을 초래하였다고 인정되는 등 특별한 사정이 있는 경우에는 신의칙 내지 형평의 원칙에 비추어 혼인 불성립의 경우에 준하여 예물반환의무를 인정함이 상당"[5]하다고 보고 있다.

**[사례 3]**

국내에서 직장을 다니고 있던 乙녀는 독일에서 공부하고 있는 甲남과 1990. 12. 25. 약혼식을 하고 1991. 6. 19. 결혼식을 올린 후 1991. 7. 8. 혼인신고를 하였다. 그 후 乙은 1992. 1.경부터 甲과 독일에서 혼인생활을 하기로 결심하고 甲의 母인 丙으로부터 받은 혼인예물들을 丙에게 맡겨 두었다. 그런데 甲은 공부를 위하여 원래 있던 곳에서 다른 지역으로 이사를 하였고, 甲과 떨어져 지내며 어학원을 다니던 乙은 1992. 8.경부터 어학원에서 만난 한 프랑스인 남자와

---

1) 대판 1976. 12. 28., 76므41,42.

2) 양수산, 친족상속법, 1998, 187면; 김주수/김상용, 친족상속법, 2019, 83면; 송덕수, 친족상속법, 2018, 27면.

3) 대판 1976. 12. 28., 76므41,42.

4) 오종근, "약혼예물의 반환에 관한 일고찰", 판례월보 제232호, 27면.

5) 대판 1996. 5. 14., 96다5506.

깊은 관계를 맺게 되었다. 甲은 1992. 9.에 이 사실을 알게 되어, 이혼소송을 제기하였고 1995. 1. 19. 이혼판결이 확정되었다. 乙은 丙에게 맡겨 두었던 혼인예물의 반환을 청구하려고 한다. 가능한가?

## 제3절 혼인

### I. 혼인의 성립

혼인의 성립요건은 실질적 요건과 형식적 요건으로 나누어 검토될 수 있다. 먼저 실질적 요건은 ① 당사자 사이의 혼인의사의 합치 ② 혼인적령의 도달 ③ 부모 등의 동의 ④ 근친혼이 아닐 것 ⑤ 중혼이 아닐 것이 해당된다. 형식적 요건은 가족관계등록법이 정하는 바에 따른 신고가 해당된다.

#### 1. 실질적인 요건

##### (1) 혼인의사의 합치

유효한 혼인이 되기 위하여는 혼인의 합의가 있어야 한다. 그리고 혼인의 합의는 혼인신고서 작성 시는 물론 수리 시에도 존재하여야 한다. 따라서 혼인신고서가 수리되기 전에 당사자 일방이 혼인의사를 철회하면, 혼인의 합의는 부정된다. 혼인의 합의는 조건부 또는 기한부로 할 수 없다.

구체적으로 혼인의 합의의 내용이 무엇인지에 대하여 실질적의사설과 신고의사설이 대립한다. 신고의사설은 혼인신고를 할 의사가 있으면 혼인의사가 있는 것으로 보아 혼인관계를 인정하려는 견해이다.

이에 반하여 실질의사설은 혼인의 의사를 사회통념상 혼인으로 인정되는 사회공동체를 창설하려고 하는 의사, 즉 정신적, 육체적 결합관계인 남녀 간의 부부관계를 성립시키려는 의사로 보는 견해이다.[1] 판례는 대체로 실질의사설의 입장에 서 있다.[2] 실질의사설을 취할 경우 다른 목적을 달성하기 위한 방편으로 혼인신고가 이루어지는 가장혼인은 무효이다. 대법원은 단순히 초등학교의 교사직을 파면당하지 않을 수단으로 혼인신고를 한 경우,[3] 또 국내에 취업하기 위하여 내국인과 혼인신고를 한 경우[4] 등을 가장혼인으로 보아 무효라고 하였다.

하지만 혼인의 의사는 법률상 배우자관계를 창설하려는 의사로 보는 것이 의사표시에 관한 일반적인 법리에 합당하다.[5]

### (2) 혼인적령

혼인하려는 자는 만 18세에 달하여야 한다(제807조). 만 18세에 달하지 못한 자의 혼인의 경우 각 당사자 또는 그 법정대리인이 취소할 수 있다(제817조).

---

1) 양수산, 친족상속법 1998, 189면; 김주수/김상용, 친족상속법, 2019, 85면; 박동섭, 친족상속법, 2006, 99면 이하.

2) 대판 2010. 6. 10., 2010므574.

3) 대판 1980. 1. 29., 79므62,63. 또한 대판 1975. 5. 27., 74므23.

4) 대판 1996. 11. 22., 96도2049.

5) 박희호, "혼인의 성립요건에 관한 소고", 가족법연구 제25권 제1호(2011. 3), 20면 이하.

### (3) 동의를 요하는 혼인

미성년자와 피성년후견인은 부모 또는 성년후견인의 동의를 얻어야 한다(제808조). 친권의 상실이나 일시 정지, 일부 제한 또는 대리권과 재산관리권의 상실이 선고된 경우에도 여전히 부모는 자녀에 대한 동의권을 갖는다(제925조의3). 부모의 의견이 불일치한 경우 일방의 동의만으로 유효한 혼인이 성립되는지 학설이 대립한다.[1] 민법 제808조가 일방의 동의만으로 충분한 경우를 다른 일방이 동의권을 행사할 수 없는 경우로 제한하고 있으므로 일방만이 동의하는 경우에는 유효한 혼인이 성립하지 않는 것으로 해석하는 것이 타당하다. 양부모와 생부모가 있는 경우 양부모의 동의만으로 충분하다.[2] 피한정후견인은 가족법에 있어서 의사능력이 있는 한 완전한 능력자로 인정되기 때문에 혼인에도 동의를 요하지 않는다.[3]

### (4) 근친혼의 금지

1) 친양자의 입양 전의 혈족을 포함하여 8촌 이내의 혈족 사이에서는 혼인하지 못한다(제809조 제1항). 부계혈족, 모계혈족, 직계혈족, 방계혈족, 자연혈족, 법정혈족을 불문한다. 이들 사이에 혼인이 이루어지더라도 그 혼인은 효력을 발생하지 않는다.

---

1) 부정설; 양수산, 친족상속법, 1998, 194면; 김용한, 친족상속법, 2004, 109면. 긍정설; 박동섭, 친족상속법, 2006, 105면.

2) 양수산, 친족상속법, 1998, 194면; 박동섭, 친족상속법, 2006, 104면; 김주수/김상용, 친족상속법, 2019, 92면.

3) 윤진수, 친족상속법강의, 2018, 50면.

2) 6촌 이내의 혈족의 배우자, 배우자의 6촌 이내의 혈족, 배우자의 4촌 이내의 혈족의 배우자인 인척이거나 이러한 인척이었던 자 사이의 혼인도 금지된다(제809조 제2항).

이 중 당사자 사이에 직계인척관계가 있거나 있었던 경우에 그 혼인은 무효가 되나 그 이외에는 취소할 수 있다(제815조 제3호, 제816조 제1항).

3) 6촌 이내의 양부모계의 혈족이었던 자와 4촌 이내의 양부모계의 인척이었던 자 사이의 혼인도 금지된다(제809조 제3항).

이 중 당사자 사이에 양부모계의 직계혈족관계가 있었던 때에 그 혼인은 무효이고 그 이외의 경우는 취소사유에 해당한다(제816조 제1호).

### (5) 중혼의 금지

배우자 있는 자가 다시 혼인하는 경우를 중혼[1]이라고 한다. 민법은 이를 금지함으로써(제810조) 일부일처제를 혼인제도의 기본원리로 선언하고 있다. 여기서 중혼은 법률상의 이중혼만을 말하는 것이므로 사실혼관계의 자가 다른 사람과 법률혼을 하는 경우 등은 해당하지 않는다.

---

1) 중혼은 관련 공무원의 과실에 의하는 경우도 있지만, 실종선고 후에 배우자가 재혼을 하였고, 그 후 실종선고가 취소된 경우나 이혼 후에 재혼하였으나, 그 이혼이 무효 혹은 취소된 경우에도 발생한다. 실종선고의 경우 민법 제29조 제1항 단서가 실종선고 후 그 취소 전에 선의로 한 행위의 효력에 영향을 미치지 않는다고 하고 있는데, 그 해석과 관련하여 학설은 후혼의 양당사자가 모두 선의인 경우에는 전혼이 부활하지 않으나, 일방이나 쌍방 모두 악의인 경우에는 전혼이 부활하여 중혼관계가 발생한다고 해석한다(통설, 양수산, 친족상속법, 1998, 211면; 박동섭, 친족상속법, 2006, 109면, 윤진수, 친족상속법강의, 2018, 52면 등).

## 2. 형식적 요건

혼인은 가족관계등록법에 따라 신고함으로써 효력이 생긴다(제812조 제1항). 신고는 혼인 당사자의 등록기준지, 주소지, 현재지에서 할 수 있고 재외국민의 경우에는 재외국민 가족관계등록사무소에서도 할 수 있다(가족관계등록법 제20조 제1항). 혼인의 의사는 혼인신고 당시에도 존재하여야 하므로 당사자 사이에 혼인의 합의를 하였다고 하더라도 신고 전에 이를 철회한 경우에는 혼인신고가 되더라도 효력이 없으며, 혼인신고 전에 사망한 경우에도 마찬가지이다.[1] 다만 신고인이 생존 중에 우송한 신고서는 그가 사망한 후에라도 이를 수리하여야 하며, 신고가 수리되면 신고인의 사망 시에 신고한 것으로 본다(가족관계등록법 제41조). 또한 전쟁 또는 사변에 있어서 전투에 참가하거나 전투수행을 위한 공무에 종사함으로 인하여 혼인신고를 하지 못하고 사망한 경우 생존한 당사자는 가정법원의 확인을 받아 단독으로 혼인신고를 할 수 있다(혼인신고특례법 제1조, 제2호). 이 경우 사망한 때에 혼인신고가 있었던 것으로 본다(동법 제4조).

혼인신고의 효력은 공무원이 수리함으로 완료되며, 가족관계등록부에의 기재 여부는 혼인의 성립에 영향을 미치지 않는다.[2] 외국에 있는 본국민사이의 혼인은 국내에서의 신고절차에 의할 수도 있고, 외국에 주재하는 대사, 공사 또는 영사에게 신고할 수도 있다. 국제사법은 거주하는 외국의 법률이 정하는 방식에 따라 혼인을 한 경우도 유효한 것으로 본다(국제사법 제36조 제1항).

---

1) "사망자 사이 또는 생존하는 자와 사망한 자 사이에는 혼인이 인정될 수 없고, 혼인신고특례법과 같이 예외적으로 혼인신고의 효력의 소급을 인정하는 특별한 규정이 없는 한 그러한 혼인신고가 받아들여 질 수도 없다."(대판 1995. 11. 14., 95므694)

2) 대결 1988. 5. 31., 88스6.

**[사례 4]**

甲남은 지인의 소개로 만난 丙녀와 결혼식을 올린 후 혼인신고는 하지 않은 채 동거를 시작하였다. 그런데 동거를 시작한 지 한 달 남짓 지나 과거에 사귀면서 몇 차례 성관계를 가졌던 乙녀가 찾아와 "甲의 아이 丁을 낳았으니 양육비를 달라"고 요구하였다. 丙은 乙의 행동에 격분하여 이러한 사실을 乙이 재직하고 있는 학교에 알리게 되었고 해당 학교는 乙의 행실을 문제 삼아 사직할 것을 요구한다. 다급해진 乙은 甲을 찾아가 "일단 자신과 혼인신고를 하고 아들을 혼인 중의 자녀로 한 후에 이혼절차를 밟으면 퇴직하지 않아도 된다"라고 甲을 설득하여 甲과의 혼인신고를 마치게 되었다. 그런데 乙은 그 후 태도를 바꾸어 丙과의 관계를 끊을 것을 종용하였고 甲은 이를 거절하였다.[1] 甲과 乙의 혼인은 유효하게 성립하였는가?

## II. 혼인의 무효와 취소

혼인의 금지사유에 위반하여 혼인이 이루어지게 된 경우 전혀 효력이 발생하지 않는 혼인무효의 경우와 혼인의 취소가 가능한 경우로 구별된다. 재산법의 경우에 있어서도 당사자 사이의 법률행위가 무효나 취소 가능한 경우가 있는데, 그 구체적인 효과와 관련하여서는 재산법의 경우와 다소 차이를 보인다. 가족법의 경우에는 이미 발생한 가족관계의 효력을 부정하고 이전의 관계를 원상회복시킨다는 것이 당사자 사이의 관계 기타 제반 사정에 비추어 쉽지 않거나 바람직하지 않을 경우가 많기 때문이다. 예를 들어 혼인이 금지된 근친혼자 사이에 자녀가 태어났을 경우 혼인 당사자나 자녀를 위하여 종래의 혼인관계를 인정하고 그에 근거하여 친자관계를 인정하여야 할 필요성이 있는 것이다. 이러한 이유로 민법총칙상의 무효와 취소의 규

1) 대판 1980. 1. 29., 79므62 사안을 변형한 것임.

정은 혼인관계에 대하여 원칙적으로 적용되지 않고, 혼인법은 혼인의 특성을 감안하여 혼인의 무효와 취소에 대한 규정을 별도로 두고 있다.

## 1. 혼인의 무효(제815조)

### (1) 혼인의 무효사유(제815조)

혼인이 무효로 되는 경우로 민법 제815조는 네 가지 경우를 들고 있다.

#### 1) 당사자 사이에 혼인의 합의가 없는 때

당사자 사이에 혼인의 합의가 없는 경우 혼인은 성립하지 않는다. 따라서 당사자 일방이나 부모들에 의하여 혼인신고가 이루어진 경우, 혼인의 합의를 하였으나 혼인신고의 수리 전에 당사자 일방이 사망하거나 혼인의사를 철회하였을 때 등에도 혼인은 성립하지 않는다. 가장혼인의 경우에도 대법원은 혼인의 실질적인 의사가 없음을 이유로 혼인의 효력을 부정하고 있다.[1)]

다만 혼인의 합의 없이 이루어진 혼인신고이더라도 혼인에 대한 추인을 통하여 유효한 혼인이 성립할 수 있다.[2)] 무효인 혼인의 추인은 묵시적으로도 가능하다. 혼인이 추인되더라도 소급효가 제한된다고 보는 것이 판례의 태도이나[3)] 소급효를 제한하는 민법 제139조의

---

1) 대판 1996. 11. 22., 96도2049.

2) 대판 1995. 11. 21., 95므731.

3) 대판 1983. 9. 27., 83므22.

경우와 달리 사실상의 관계 및 신분상의 안정을 위하여 소급효가 인정된다고 보아야 할 것이다.[1)]

**[사례 5]**

甲과 乙은 협의이혼을 한 후에도 2년 정도 계속 동거생활을 하다가 甲이 다른 곳으로 이사를 하면서 비로소 별거를 하게 되었다. 乙도 얼마 지나지 않아 미국에 갔으나 귀국하여 甲의 집에 들어가 살게 되면서 별거를 시작한 지 6개월 만에 다시 동거를 하게 되었다. 이즈음 乙은 다시 혼인신고를 하고 이 사실을 甲에게 알렸다. 그 후 甲은 乙이 운영하는 유아원행사에 참여하고 乙과 함께 가족행사에도 참여하는 등 乙과 부부로서의 정상적인 생활을 꾸려나갔다. 그러나 3년 정도가 지나자 甲은 다시 집을 나가는 등 가정에 무관심하다가 丙을 만나 그녀와 살게 되었고 그 사이에 아이도 낳았다. 甲은 乙이 한 혼인신고가 무효임을 주장한다.[2)] 甲의 주장이 타당한지의 여부와 그 논거를 서술하라.

### 2) 8촌 이내의 혈족 사이의 혼인

8촌 이내의 혈족 사이의 혼인은 효력이 없다. 이 규정은 문화적, 윤리적 측면뿐만 아니라 특히 우생학적인 측면도 고려되어야 할 것이므로, 무효라고 보아야 할 것이다. 따라서 혼인 중의 출생자와 아직 인지되지 않은 혼인 외의 출생자 사이의 혼인도 금지된다.

### 3) 당사자 간에 직계인척관계에 있거나 있었던 때

도덕적, 윤리적인 측면에서 사위와 장모, 시부와 며느리의 관계에 있었던 자 사이에도 혼인은 무효가 된다.

---

1) 윤진수, 친족상속법강의, 2018, 55-56면.

2) 대판 1995. 11. 21., 95므731의 사안을 변형한 것임.

#### 4) 당사자 간에 양부모계의 직계혈족관계가 있었던 때

양부모와 양자관계에 있던 자는 입양의 취소나 파양 등으로 양친자관계가 소멸하더라도 혼인할 수 없으며 혼인을 하더라도 효력이 없다.

### (2) 무효혼의 효력

무효인 혼인은 당연무효이므로 혼인무효의 소는 확인의 소이다. 혼인의 의사가 없는 등으로 혼인이 무효임이 명백한 경우 혼인 무효 판결을 받지 않더라도 가족관계등록법 제105조에 따라 가정법원의 허가를 얻어 가족관계등록부의 정정이 가능하다.[1] 무효혼의 경우 당사자 사이에서는 물론 제3자에 대한 관계에 있어서도 혼인으로서의 효력이 전혀 발생할 수 없다. 혼인무효에 관하여 당사자 일방에게 과실이 있으면 상대방은 그 당사자에 대하여 재산상 또는 정신상 손해의 배상을 청구할 수 있다(제825조, 제806조). 혼인이 무효로 되면, 당사자 사이에 출생한 자는 혼인 외의 출생자가 된다(제855조 제1항 제2문).

## 2. 혼인의 취소

### (1) 혼인의 취소사유

혼인이 금지되는 경우 중 혼인이 무효가 되는 경우 이외에는 혼인의 취소사유에 해당한다.

---

1) 대결 2009. 10. 8., 2009스64.

#### 1) 혼인적령의 미달

만 18세에 달하지 못한 자가 혼인한 경우 당사자 또는 그 법정대리인이 취소할 수 있다(제816조 제1호, 제817조).

#### 2) 동의를 요하는 혼인에서 동의가 없는 경우

미성년자나 피성년후견인이 동의권자의 동의 없이 혼인한 때에는 당사자 또는 그 법정대리인이 취소할 수 있다(제816조 제1호, 제817조). 다만 당사자가 19세가 된 후 또는 성년후견종료의 심판이 있은 후 3개월이 지나거나 혼인 중에 임신한 경우에는 그 취소를 청구하지 못한다(제819조).

#### 3) 근친혼

제809조에서 규정하는 근친혼의 금지에 관한 경우 중 제815조의 혼인의 무효사유를 제외한 경우는 혼인의 취소사유에 해당한다(제816조 제1호). 취소권자는 당사자, 그 직계존속 또는 4촌 이내의 방계혈족이다(제817조). 당사자 간에 혼인 중 이미 포태한 때에는 취소를 청구할 수 없다(제820조).

#### 4) 중혼

중혼의 경우 당사자 및 그 배우자, 직계혈족, 4촌 이내의 방계혈족 또는 검사는 혼인의 취소를 청구할 수 있다(제816조 제1호, 제818조). 이 사안은 가사소송법상의 나류사건으로 조정전치주의가 적용된다(가사소송법 제50조). 중혼 당시에 중혼자가 사망한 후 후혼이 취소되었더라도 전혼의 배우자와 후혼의 배우자가 모두 상속권을

가진다.[1)]

전혼의 배우자뿐만 아니라 후혼의 배우자도 취소를 청구할 수 있으며 취소의 대상은 후혼이다. 다만 정전협정 체결 전에 북한에 배우자를 둔 사람이 남한에서 다시 혼인을 한 경우에는 중혼에도 불구하고 혼인의 취소를 청구할 수 없다.[2)] 대법원은 중혼자가 사망한 후에라도 전혼의 배우자는 생존한 중혼의 일방당사자를 상대로 중혼의 취소를 구할 이익이 있다고 보았다.[3)]

### 5) 혼인 당시 당사자 일방에 부부생활을 계속할 수 없는 악질 기타 중대한 사유 있음을 알지 못한 경우

혼인 당시에 알지 못한 악질 등으로 부부생활을 계속하기 어려운 경우에도 상대방은 혼인의 취소를 청구할 수 있다(제816조 제2호). 다만 그 사유 있음을 안 날로부터 6개월 내에 취소를 청구하여야 한다(제822조). 대법원은 특별한 사정이 없는 한 임신가능 여부는 기타 중대한 사유에 해당하지 않는다고 하였다.[4)]

### 6) 사기 또는 강박으로 인한 혼인

사기 또는 강박으로 혼인한 경우에도 혼인을 취소할 수 있다(제816조 제3호). 사기에 대하여는 적극적으로 허위의 사실을 고지한 경우뿐만 아니라 소극적으로 고지를 하지 않거나 침묵한 경우도 사

1) 대판 1973. 1. 16., 72므25

2) 남북 주민 사이의 가족관계와 상속 등에 관한 특례법 제6조 제2항.

3) 대판 1991. 12. 10., 91므535.

4) 대판 2015. 2. 26., 2014므4734.

기가 성립할 수 있다.[1] 혼인취소의 청구권자는 사기를 안 날 또는 강박을 면한 날로부터 3월내에 청구하여야 한다(제823조). 제3자에 의한 사기나 강박의 경우에도 혼인취소사유에 해당한다. 제3자가 사기, 강박을 한 경우 당사자의 선의, 무과실 여부는 묻지 않는다(제110조 제2항 참조).

> "당사자가 성장과정에서 본인의 의사와 무관하게 아동성폭력범죄 등의 피해를 당해 임신을 하고 출산까지 하였으나 이후 그 자녀와의 관계가 단절되고 상당한 기간 동안 양육이나 교류 등이 전혀 이루어지지 않은 경우라면, 이러한 출산의 경력이나 경위는 개인의 내밀한 영역에 속하는 것으로서 당사자의 명예 또는 사생활 비밀의 본질적 부분에 해당한다고 할 것이고, 나아가 사회통념상 당사자나 제3자에게 그에 대한 고지를 기대할 수 있다거나 이를 고지하지 아니한 것이 신의성실 의무에 비추어 비난받을 정도라고 단정할 수도 없으므로, 단순히 출산의 경력을 고지하지 않았다고 하여 그것이 곧바로 민법 제816조 제3호 소정의 혼인취소사유에 해당한다고 보아서는 아니 된다. 그리고 이는 국제결혼의 경우에도 마찬가지이다."[2]

### (2) 취소의 절차

혼인의 취소는 가정법원의 조정을 거쳐(가사소송법 제2조 나류 가사소송사건), 가정법원에 소를 제기하는 방법으로 하여야 한다(제816조). 혼인취소의 상대방은 생존한 배우자이고 상대방이 될 사람이 사망한 경우에는 검사를 상대방으로 한다(가사소송법 제24조).

---

1) 대판 2016. 2. 18., 2015므654.

2) 대판 2016. 2. 18., 2015므654.

### (3) 혼인 취소의 효과

#### 1) 불소급효

혼인의 취소의 효력은 기왕에 소급하지 아니한다(제824조). 따라서 혼인 중의 출생자나 상속권자는 혼인취소에도 불구하고 그 지위를 그대로 유지한다. 미성년자의 혼인이 성년 도달 전에 취소된 경우라도 성년의제는 그대로 유지된다고 보아야 할 것이다.

**[사례 6]**

재일교포인 甲남은 일본에서 재일교포인 乙녀와 결혼식을 올리고 일본법에 따라 일본에서 혼인신고를 마쳤다. 그러나 아직 한국의 가족관계등록부에 혼인관계가 등록되지 않았다는 점을 이용하여 사업차 제주도를 왕래하여 丙녀와 내연관계를 맺게 되고 한국에서 다시 丙과 혼인신고를 하게 된다. 그러던 중 甲과 丙 사이에 A가 태어난다. 이런 와중에 甲은 제주도에 X부동산을 남긴 채 갑작스럽게 사망하게 된다. 나중에 이 사실을 알게 된 乙은 甲과 丙 사이의 혼인관계를 소멸시키고 X부동산을 모두 되돌려 받으려 한다.[1] 乙은 甲과 丙 사이의 혼인을 취소할 수 있는가?

#### 2) 인척관계의 소멸

혼인이 취소되면 당사자 사이의 배우자 관계가 소멸하고 동시에 배우자를 통하여 형성된 인척관계도 함께 소멸한다(제775조 제1항).

#### 3) 자녀의 양육책임 등

자녀의 양육책임과 면접교섭권에 관하여는 이혼에 대한 규정(제

---

1) 대판 1996. 12. 23., 95다48308의 사안을 변형한 것임.

837조 및 제837조의2)이 준용된다(제824조의2).

#### 4) 손해배상청구 및 재산분할청구권

혼인이 취소된 경우에 청구권자는 귀책 있는 상대방에 대하여 손해배상 및 위자료청구를 할 수 있다(제825조). 부부가 혼인 중에 공동으로 이룩한 재산에 대하여는 이혼의 경우와 마찬가지로 재산분할청구권을 행사할 수 있다(제839조의2 유추).

## III. 혼인의 효과

민법은 혼인의 효력을 일반적 효력과 재산적 효력으로 구분하여 규율하고 있다.

### 1. 일반적 효력

#### (1) 친족관계의 발생

법률상 혼인에 의하여 혼인의 당사자인 배우자 사이에는 친족관계가 발생한다(제767조). 배우자의 혈족 및 배우자의 혈족의 배우자와의 사이에도 인척관계가 발생한다(제769조).

#### (2) 부부간의 의무

##### 1) 동거의무

부부는 함께 거주할 의무를 진다(제826조 제1항 본문). 동거의무는 단순한 장소적 개념을 넘어서서 부부의 공동생활여부에 따라 판단되어야 한다. 따라서 같은 집에 머무르더라도 방을 따로 쓰는 등 공동생활이라고 볼 수 없는 경우는 동거의무의 위반에 해당한다. 그러나 직장이나 질병 등 상당한 이유로 일시적으로 동거하지 아니하는 경우에는 서로 인용하여야 한다(제826조 제1항). 부부의 동거장소는 부부의 협의에 따라 정한다. 그러나 협의가 이루어지지 아니하는 경우에는 당사자의 청구에 의하여 가정법원이 이를 정한다(제826조 제2항. 가사소송법 제2조 마류사건). 가정법원의 동거에 대한 명령에도 불구하고 당사자의 일방이 이를 거부하는 경우 직접은 물론 간접강제의 방법에 의하여서도 이를 강요하지 못한다. 반면 동거의무의 위반은 악의의 유기에 해당하여 이혼사유가 될 수 있으며(제840조 제2호), 이혼을 하지 않고 위자료로서 손해배상만을 청구하는 것도 가능하다.

"비록 부부의 동거의무는 인격존중의 귀중한 이념이나 부부관계의 본질 등에 비추어 일반적으로 그 실현에 관하여 간접강제를 포함하여 강제집행을 행하여서는 안 된다고 하더라도, 또 위와 같은 손해배상이 현실적으로 동거의 강제로 이끄는 측면이 있다고 하더라도, 동거의무 또는 그를 위한 협력의무의 불이행으로 말미암아 상대방에게 발생한 손해에 대하여 그 배상을 행하는 것은 동거 자체를 강제하는 것과는 목적 및 내용을 달리하는 것으로서, 후자가 허용되지 않는다고 하여 전자도 금지된다고는 할 수 없다. 오히려 부부의 동거의무도 엄연히 법적인 의무이고 보면, 그 위반에 대하여는 법적인 제재가 따라야 할 것인데, 그 제재의 내용을 혼인관계의 소멸이라는 과격한 효과를 가지는 이혼에 한정하는 것이 부부관계의 양상이 훨씬 다양하고 복잡하게 된 오늘날의 사정에 언제나 적절하다고 단정할 수 없고, 특히 제반 사정 아래서는 1회적인 위자료의 지급을 명하는 것이 인격을 해친다거나 부부관계의 본질상 허용되지 않는다고 말할 수 없다."[1]

### 2) 부양·협조의무

부부는 서로 부양하고 협조할 의무를 진다(제826조 제1항 본문). 부부 사이의 부양의무는 친족 사이의 부양의무(제974조 이하)와 달리 부부 일방의 생활수준과 타방의 생활수준을 동일한 정도로 보장하도록 하는 제도[2]이다. 따라서 일방이 경제적 여유가 없더라도 생활이 더 어려운 상대방을 부양하여야 한다. 이는 부모의 미성년 자녀에 대한 부양의무와 동일한 성질을 갖는다.

협조라 함은 부부가 공동체생활을 하는 데에 필요한 일을 상호 분담하고 협력하는 것을 말한다. 분업의 내용은 당사자의 합의를 우선으로 하고 그렇지 않은 경우 부부 당사자의 직업 또는 사회적, 경제적 역할 등을 참작하여 판단하여야 할 것이다.

부양·협조의무를 이행하지 않을 경우 부부일방은 가정법원에 그 이행을 청구할 수 있다(가사소송법 제2조 마류사건). 부양·협조의무

---

1) 대판 2009. 7. 23., 2009다32454.

2) "민법 제826조 제1항에 규정된 부부간 상호부양의무는 혼인관계의 본질적 의무로서 부양을 받을 자의 생활을 부양의무자의 생활과 같은 정도로 보장하여 부부공동생활의 유지를 가능하게 하는 것을 내용으로 하는 제1차 부양의무이고, 반면 부모가 성년의 자녀에 대하여 직계혈족으로서 민법 제974조 제1호, 제975조에 따라 부담하는 부양의무는 부양의무자가 자기의 사회적 지위에 상응하는 생활을 하면서 생활에 여유가 있음을 전제로 하여 부양을 받을 자가 자력 또는 근로에 의하여 생활을 유지할 수 없는 경우에 한하여 그의 생활을 지원하는 것을 내용으로 하는 제2차 부양의무이다. 이러한 제1차 부양의무와 제2차 부양의무는 의무이행의 정도뿐만 아니라 의무이행의 순위도 의미하는 것이므로, 제2차 부양의무자는 제1차 부양의무자보다 후순위로 부양의무를 부담한다. 따라서 제1차 부양의무자와 제2차 부양의무자가 동시에 존재하는 경우에 제1차 부양의무자는 특별한 사정이 없는 한 제2차 부양의무자에 우선하여 부양의무를 부담하므로, 제2차 부양의무자가 부양받을 자를 부양한 경우에는 소요된 비용을 제1차 부양의무자에 대하여 상환청구할 수 있다."(대판 2012. 12. 27., 2011다96932)

는 재산적 성격을 띠는 것으로 가사채무의 이행확보절차에 따른 강제이행이 가능하다(가사소송법 제62조 내지 제65조). 이러한 의무의 불이행은 악의의 유기에 해당하여 이혼사유가 될 수 있고(제840조 제2호), 경우에 따라 손해배상책임이 발생할 수 있다.[1] 판례는 부양의무의 성질이나 형평의 관념에 비추어 원칙적으로 청구권자가 부양료의 지급을 청구한 이후 지체된 부양료에 대하여서만 청구할 수 있다는 입장이다.[2]

배우자 일방은 정당한 이유 없이 동거 또는 협조의무를 이행하지 아니하는 상대방에 대하여 애초부터 부양의무가 발생하지 않는다고 볼 것이다.[3] 동거, 협조의무를 이행하지 않는 상대방에 대하여 일방만이 의무의 이행을 강요하는 것은 부당하기 때문이다.

부양과 협조는 가사업무의 분담과 그 비용분담에 관한 것으로 생활비용의 구체적인 분담과 관련하여서는 제833조가 정하고 있다. 따라서 제833조에 의한 생활비용에 관한 규정과 제826조의 부양, 협조의무에 관한 규정은 별개의 청구원인을 구성하지 않는다.[4]

**[사례 7]**

40세의 A는 직장에 출근하는 도중에 사고를 당하여 경막외 출혈, 두개골 골절 등으로 수술을 받게 되었다. 그러나 수술 후에도 의식이 돌아오지 않고 마비증세가 지속되어 병원에 입원하여 간병인의 간병을 지속적으로 받아야 하는 처지가 되었다. 10년 전에 혼인을 한 배우자 B는 직장생활을 계속해야 했기 때문에 수술 후 며칠 동안 간호를 하다가 간병을 포기하게 되었고, 결국 A의 모(母)인 C가 A가 입원한 병원 주위에 방을 얻어서 A를 3년간 간병을 하게 되었다. C가 그

1) 양수산, 친족상속법, 1998, 244면.
2) 대결 2017. 8. 25., 2014스26.
3) 대판 1976. 6. 22., 75므17. 이 판결에서 과거에 지출된 자녀의 양육비에 대하여는 청구가능한 것으로 판례가 변경되었다(대결(전) 1994. 5. 13., 92스21).
4) 대결 2017. 8. 25., 2014스26.

기간 동안에 들인 비용은 보험회사에서 받은 8천만원을 제외하고도 8천만원이 더 지출되었다. C는 자신이 지출한 8천만원의 비용을 B에게 상환청구한다.[1] C의 청구는 받아들여져야 하는가?

### 3) 정조의무

민법에 직접적인 규정은 없으나 이에 위반한 경우 이혼사유에 해당하는 것으로 하여(제840조 제1호), 부부 사이의 정조의무를 간접적으로 규정하고 있다. 부정행위로 인하여 이혼을 하는 경우 귀책당사자는 손해배상과 위자료의 책임을 지고(제843조, 제806조), 부정행위의 상대방도 배우자 있음을 알면서 통정하였다면 불법행위로 배상책임을 지게 된다(제750조). 반면 간통행위를 한 부녀가 그 자녀에 대하여 불법행위책임을 부담한다고 할 수 없고 간통행위를 한 상간자 역시 해의를 가지고 부녀의 그 자녀에 대한 양육이나 보호 내지 교양을 적극적으로 저지하는 등의 특별한 사정이 없는 한 그 자녀에 대한 관계에서 불법행위책임을 부담하지 않는다.[2]

하지만 부부공동생활이 파탄되어 이미 회복할 수 없을 정도의 상태에 이르렀다면, 제3자가 부부의 일방과 성적인 행위를 하더라도 이를 두고 부부공동생활을 침해하거나 그 유지를 방해하는 행위라고 할 수 없다.

**[사례 8]**

甲과 乙은 혼인 후 자녀들을 양육하면서 경제적인 문제와 성격의 차이 등으로 불화를 겪어 왔다. 말다툼이 잦아지게 되었고 부부 사이의 관계는 점점 더 소원해졌으며 결국 乙은 甲에게 "우리는 부부가 아니다"라고 하면서 결혼한 지 12년

1) 대판 2012. 12. 27., 2011다96932의 사안을 변형한 것임.

2) 대판 2005. 5. 13., 2004다1899.

만에 자녀들을 남겨 두고 집을 나가게 되었다.
그렇게 시작된 별거가 4년이나 지났지만 甲과 乙은 관계의 회복을 위한 아무런 노력도 하지 않았고, 4년 후 乙은 甲을 상대로 이혼소송을 제기하여 1심에서 이혼판결을 받았다. 甲은 이에 불복하여 항소를 제기하고 상고하였지만 이혼소송을 제기한 지 2년 후 甲과 乙의 이혼이 확정되었다.
한편 乙은 가출한 후 2년 6개월 정도가 지난 후 등산모임에서 丙을 만나게 되었다. 첫 만남 후 두 사람은 가깝게 지내는 사이가 되어 자주 연락을 하게 되었고, 만난 지 3년이 지난 때에는 丙의 집에서 애무 등 성적 행위를 하다가 甲의 출현으로 성관계를 중단하는 일이 발생하였다. 그러자 甲은 乙과의 이혼이 확정된 후 丙을 상대로 위자료청구소송을 제기하였다.[1] 법원의 판단은?

### (3) 성년의제

#### 1) 의의

미성년자가 성년에 이르지 않은 경우에도 혼인을 하게 되면 성년으로 보는 제도를 성년의제라고 한다(제826조의 2). 미성년자가 혼인한 이후에도 여전히 친권에 복종해야 한다면 혼인생활에 대한 부당한 간섭이 있을 수 있고 이로 인하여 부부 및 가족공동체의 독립성이 침해될 위험이 있기 때문에 이를 방지할 목적으로 둔 제도이다.

#### 2) 적용범위

혼인한 미성년자는 민법상 행위능력을 가지게 된다. 따라서 유효한 재산상의 법률행위를 위하여 법정대리인의 동의를 필요로 하지 않으며, 가족법상에서도 성년으로 다루어져 자신의 출생자에 대한 친권을 직접 행사할 수 있고(제910조 참조), 타인을 위하여 후견인이

1) 대판(전) 2014. 11. 20., 2011므2997의 사안을 변형한 것임.

될 수도 있다(제937조 제1호 참조). 또한 유언의 증인(제1072조 참조)이나 집행자(제1098조 참조)가 될 수도 있으며, 소송능력도 인정된다(민사소송법 제55조).

성년의제를 받는 미성년자가 입양을 할 수 있는지에 관하여는 학설이 대립한다. 입양을 하기 위해서는 양부모로서 양자를 적절히 양육할 수 있는 능력과 환경을 갖출 것이 요구되는데, 일반적으로 19세에 달하지 않은 자에게 그와 같은 조건을 기대하기는 어렵다고 판단하여 입양능력을 부정하는 견해[1)]와 미성년자이더라도 성년의제로 친권을 인정하는 민법의 규정상 이를 부정할 이유가 없다는 견해[2)]가 대립한다. 입양은 법원의 허가가 요구되므로 법원이 후견적 입장에서 양자의 복리를 고려하여 개별적으로 판단할 수 있다고 본다. 원칙적으로 입양능력을 인정하는 것이 타당하다.

성년의제는 민법상의 행위능력에만 적용되고, 공법 기타 사회법규에는 적용되지 않는다. 따라서 형법이나 소년법상 19세 미만의 자는 여전히 미성년자로 다루어진다.

이혼이나 혼인취소, 당사자 일방의 사망으로 혼인관계가 소멸하더라도 성년의제의 효과는 계속되는 것으로 보아야 할 것이다. 거래의 안전, 혼인 중에 출생한 자녀에 대한 친권의 문제 등을 고려한 해석이다.

---

1) 김주수/김상용, 친족상속법, 2019, 136면; 지원림, 민법강의, 2007, 1517면.

2) 양수산, 친족상속법, 1998, 247면; 박동섭, 친족상속법, 2006, 141면; 김용한, 친족상속법, 2004, 131면 : 송덕수, 친족상속법, 2018, 57면.

## (4) 부부의 일상가사대리권

### 1) 의의

부부의 공동생활에 필요한 통상의 사무에 대하여 부부는 법률상 대리권을 갖게 되는데(제827조), 이를 부부의 일상가사대리권이라고 한다.

### 2) 일상가사의 범위

일상가사의 범위는 부부의 직업이나 사회적 지위, 재산 정도, 부부가 생활하는 지역의 생활수준 등을 참작하여 개별적으로 판단하여야 할 것이다. 대체로 기본적인 의류, 식료품, 연료 등 생활필수품 구입은 생활수준에 맞지 않는 고가품이 아닌 한 일상가사에 해당하고, 자녀의 양육 및 교육비, 의료비, 주택의 임차계약체결이나 임료지급 등도 일상가사대리권의 범위로 인정된다. 또한 주택이나 아파트의 구입이 부부공동체를 유지하기 위하여 필수적인 주거공간을 마련하기 위한 것이라면 일상의 가사에 속한다고 볼 여지가 있다.[1] 대법원은 배우자 소유의 부동산에 근저당권을 설정하거나 소유권을 이전하는 것은 특별한 사정이 없는 한 일상가사의 범위를 벗어난 행위라고 보고 있지만,[2] 이 경우 일상가사대리권을 기본대리권으로 한 표현대리(제126조)가 성립할 수 있다는 입장이다.

---

1) 대판 1999. 3. 9., 98다46877.

2) 대판 2009. 4. 23., 2008다95861.

### 3) 일상가사대리권의 제한

배우자는 상대방에 대한 의사표시로 일상가사대리권을 제한할 수 있다. 그러나 대리권의 제한은 선의의 제3자에 대항하지 못한다(제827조 제2항).

**[사례 9]**

乙녀는 남편 甲이 정신병원에 장기간 입원하게 되자, 입원비, 생활비, 자녀교육비 등을 마련하기 위해 남편소유의 주택을 丙에게 시가에 매도하여 그 비용에 충당하고, 나머지로 아이와 함께 들어가 살 집을 매수하였다. 甲이 완쾌하여 퇴원한 후 이 사실을 알게 되었다. 甲은 자신의 허락 없이 아내가 임의로 매도한 것이라며 丙에게 주택의 반환을 청구한다. 丙은 주택의 소유권을 반환하여야 하는가?

## 2. 재산적 효력

### (1) 부부재산계약

### 1) 개념

혼인 후의 재산적 법률관계에 대하여 혼인의 당사자들이 혼인 전에 체결하는 계약을 말한다(제829조). 부부재산계약이 체결된 경우 당사자는 혼인성립까지 그 등기를 하여야 하며 이를 하지 않을 경우 부부의 승계인 또는 제3자에게 대항하지 못한다(제829조 제4항).

### 2) 부부재산계약의 요건

① 혼인신고 전에 계약이 체결되어야 한다.

② 낙성, 불요식의 계약이나, 등기하지 않으면 부부의 승계인 및

제3자에게 대항하지 못한다. 등기는 남편이 될 자의 주소지를 관할하는 지방법원, 지원 또는 등기소에 신청하여야 한다(부부재산약정 등기 사무처리지침 제1조).

③ 계약당사자에게 행위능력이 요구되는지에 관하여 이를 긍정하는 견해[1]도 있지만, 통설[2]은 혼인에 부가하여 이루어지는 계약이므로 혼인능력만 있으면 된다고 볼 것이다. 따라서 혼인의 동의를 받은 미성년자도 부부재산계약을 유효하게 체결할 수 있다.

④ 혼인 후의 재산적 법률관계를 대상으로 하여야 한다. 혼인 해소 시의 재산분할에 대비하기 위해서도 부부재산계약이 가능하다는 견해[3]가 있으나, 이혼을 전제로 하는 재산분할은 혼인의 취지에 반할 뿐만 아니라 혼인종료시의 법률관계이므로 그 효력이 없다고 할 것이다.[4] 기본적인 부부관계를 부정하거나(부양의무를 지지 않기로 하는 약정), 부부평등에 반하는 것을 내용으로 하는 경우(일방의 모든 재산행위에 상대방의 동의를 받아야 한다거나 가사는 일방 배우자가 전담한다는 등)나 이혼사유를 정하는 것도(생활비를 일정기간 주지 않을 경우 등) 반사회적 법률행위로 효력이 없다.

### 3) 효과

부부재산계약이 체결된 범위 내에서는 제830조 이하의 법정재산제가 적용되지 않는다. 부부재산계약은 혼인관계의 종료로 소멸한다. 또한 사기나 강박에 의하여 계약이 체결된 경우, 취소가 가능하다고

---

1) 이은영, 민법 II, 2002, 1025면.
2) 양수산, 친족상속법, 1998, 257면; 김용한, 친족상속법, 2004, 135면 등.
3) 지원림, 민법강의, 2007, 1519면.
4) 김주수/김상용, 친족상속법, 2019, 139면.

해석된다(제816조 제3호 유추적용).

#### 4) 부부재산계약의 변경

부부재산계약은 혼인 중 변경하지 못한다. 다만 정당한 사유가 있을 때에는 법원의 허가를 얻어 변경할 수 있다(제829조 제2항). 계약상 부부 일방이 타방의 재산을 관리하는 경우에 부적당한 관리로 인하여 그 재산을 위태하게 한 때에는 다른 일방은 자기가 관리할 것을 법원에 청구할 수 있고, 그 재산이 부부의 공유인 때에는 그 분할을 청구할 수 있다(제829조 제3항). 이 경우에도 등기를 하지 아니하면 부부의 승계인 또는 제3자에게 대항하지 못한다(제829조 제5항).

### (2) 법정재산제

#### 1) 부부별산제

민법 제830조는 부부재산계약이 체결되지 않은 경우에 적용될 부부 사이의 재산관계에 대하여 정하고 있다. 일반적으로 부부재산에 관하여 통상 세 가지 유형이 존재한다. 부부 각자가 자신의 재산을 갖고 또한 독립적으로 관리하는 별산제와 부부의 재산을 공유로 하는 공유제, 부부의 특유재산은 인정하나 남편이 아내의 재산을 관리하는 관리공동제가 그것이다. 우리나라 구민법은 관리공동제를 취하였으나 이는 부부평등의 원칙에 위배되는 것으로 현행민법은 부부별산제를 원칙으로 하되 누구에게 속한 것인지 분명하지 아니한 재산에 대하여서만 공유로 추정하고 있다(제830조).

### 2) 구체적인 내용

① 부부의 일방이 혼인 전부터 가진 고유재산과 혼인 중 자기의 명의로 취득한 재산은 그 특유재산으로 한다(제830조 제1항). 판례는 부부가 혼인 중에 협력하여 마련한 재산이라도 일방의 명의로 되어 있는 경우라면 그 명의자의 특유재산으로 추정된다고 하면서 "그 부동산을 취득함에 있어 상대방의 협력이 있었다거나 혼인생활에 있어 내조의 공이 있었다는 것만으로는 위 추정을 번복할 수 있는 사유가 되지 못하고 그 부동산을 부부 각자가 대금의 일부씩을 분담하여 매수하였다거나 부부가 연대채무를 부담하여 매수하였다는 등의 실질적 사유가 주장·입증되는 경우에 한하여 위 추정을 번복하고 그 부동산을 부부의 공유로 인정할 수 있다."[1]는 입장을 취한다. 이에 따라 부동산매입자금의 원천이 남편의 수입에 있다고 하더라도 처가 남편과 18년간의 결혼생활을 하면서 여러 차례 부동산을 매입하였다가 이익을 남기고 처분하는 등의 방법으로 증식한 재산으로써 그 부동산을 매입하게 된 것이라면 위 부동산의 취득은 부부쌍방의 자금과 증식노력으로 이루어진 것으로서 부부의 공유재산이라고 보았다.[2]

② 특유재산은 각자가 관리, 사용 수익한다(제831조).

③ 부부의 누구에게 속한 것인지 분명하지 아니한 재산은 부부의 공유로 추정한다(제830조 제2항).

채권자는 채무자와 그 배우자의 공유로서 채무자가 점유하거나 그 배우자와 공동으로 점유하고 있는 유체동산을 압류할 수 있다(민

---

1) 대판 1986. 9. 9., 85다카1337.

2) 대판 1990. 10. 23., 90다카5624.

사집행법 제190조). 이 규정에 따라 압류한 유체동산을 매각하는 경우에 배우자는 매각기일에 출석하여 우선매수할 것을 신고할 수 있다(동법 제206조 제1항). 공유부동산에 대하여는 채무자의 지분에 대하여서만 압류할 수 있으므로 채무자 명의의 부동산이더라도 해당 부동산의 공유지분을 주장하는 채무자의 배우자는 제3자 이의의 소를 제기할 수 있고(동법 제48조) 또 공유자로서 우선매수권도 갖는다(동법 제140조). 부부공유재산의 추정과 부부공유의 유체동산에 대한 압류는 혼인관계가 유지되고 있는 부부를 전제로 한다.[1)]

### (3) 가사로 인한 채무의 연대책임

부부의 일방이 일상의 가사에 관하여 제3자와 법률행위를 한 때에는 다른 일방은 이로 인한 채무에 대하여 연대책임이 있다. 그러나 이미 제3자에 대하여 다른 일방의 책임 없음을 명시한 때에는 그러하지 아니하다(제832조).

다만 가사로 인한 연대책임은 통상의 연대채무와 달리 부담부분에 관한 규정들(제418조 제2항, 제419조, 제421조, 제424조)이 적용되지 않는다. 따라서 부부일방은 타방의 채권으로 제한 없이 상계할 수 있고, 면제의 효과도 전면적으로 발생하며, 일방의 채무가 시효로 인하여 소멸한 경우에 타방의 채무도 소멸한다고 해석된다. 가사로 인한 채무의 연대책임은 혼인 해소 후에도 소멸하지 않으나 보

---

1) "협의이혼에도 불구하고 원고와 소외인 사이에 사실상의 부부관계가 여전히 유지되고 있다는 등의 특별한 사정이 없는 한 원고가 그 거주지에서 점유하고 있는 동산들을 원고와 소외인의 공유로 추정할 수 없음에도 원심이 원고와 소외인 사이에 압류 당시 부부관계 유지 여부에 대한 심리·판단 없이 위 동산들을 원고와 소외인의 공유로 추정하여 그에 대한 강제집행이 가능하다고 판단한 데에는 부부공유재산의 추정에 관한 법리를 오해한 위법이 있다."(대판 2013. 7. 11., 2013다201233)

통의 연대채무로 변경된다.

#### (4) 생활비용의 공동부담

부부의 공동생활에 필요한 비용, 즉 부부를 중심으로 하는 가족 공동체의 유지를 위한 비용은 당사자 사이에 특별한 약정이 없으면, 부부가 공동으로 부담한다. 공동부담이 동일한 비율로 부담한다는 것은 아니고, 당사자의 구체적인 상황을 고려하여 결정한다. 만약 남편만 직업활동을 하고 아내가 전업주부인 경우 그 비용은 남편이 모두 부담하여야 할 것이다. 부담의 비율과 방법 등은 부부의 협의를 통하여 결정함이 원칙이다. 그러나 협의가 이루어지지 않으면 가정법원의 조정, 심판에 의한다(가사소송법 마류 가사비송사건).

## IV. 혼인의 해소

### 1. 혼인의 해소사유

혼인은 혼인의 취소와 이혼 및 사망에 의하여 해소된다. 그 외에 실종선고에 의하여서도 혼인이 해소된다. 혼인의 취소에 대하여는 이미 설명하였고, 이혼에 대하여는 절을 나누어 설명한다.

#### (1) 사망에 의한 혼인의 해소

##### 1) 배우자 사이의 권리의무의 해소

당사자의 일방이 사망한 경우 부부관계가 해소되고, 혼인의 효력으로 발생한 배우자 사이의 의무도 소멸하게 된다. 그러나 소급효는 없으므로 이미 발생한 의무, 예를 들어 일상가사로 인한 연대책임 등에는 영향이 없다.

2) 상속

생존배우자는 상대방 배우자를 상속하게 된다(제1003조).

3) 인척관계의 해소

생존배우자와의 부부관계가 일방배우자의 사망에 의하여 해소된 경우 인척관계는 생존배우자가 재혼한 때에 해소된다(제775조 제2항).

### (2) 실종선고에 의한 혼인의 해소

실종선고를 받은 경우 실종기간이 만료된 때에 사망한 것으로 되고, 이때에 혼인관계도 해소된다. 그런데 이러한 실종선고가 취소되었을 경우, 실종선고 후 그 취소 전에 이루어진 법률행위가 선의인 경우에는 그 법률행위의 효력에 영향을 미치지 않는다(제29조 제1항). 즉 실종선고 후에 다른 사람과 혼인을 한 경우 그 혼인이 선의로 이루어진 것이라면 후혼도 취소하지 못하고 유효하게 되어 중혼이 된다는 결론이 된다.

여기서 학설은 후혼의 당사자 모두가 선의이어야 하느냐, 한 사람만 선의이면 되느냐의 문제에 대하여 의견이 나뉜다.[1)]

하지만 선의나 악의로 구별하여 법률행위의 효력을 구별하는 경

1) 이러한 의견대립에 대하여는 김재형/곽윤직, 민법총칙, 2016, 152면 참조.

우는 거래의 안전을 보호할 것이냐에 대한 판단을 위하여서만 이루어져야 하며, 결국 제3자만을 기준으로 해야 한다. 예를 들어 제107조 내지 제110조에서 선의의 제3자를 보호하거나 제548조에서 제3자의 권리를 해하지 못하도록 하는 규정은 이러한 이유에서이며, 같은 취지에서 제29조 제1항에는 비록 제3자에 대한 언급이 없지만 제3자가 선의인 경우로 해석하여야 하는 것이다.

따라서 실종자의 배우자가 실종선고를 믿고 다른 사람과 재혼하였는데 그 후 실종자가 생환하였다면 실종자의 배우자가 선의이더라도 재혼의 상대방 배우자가 악의인 경우에는 재혼이 중혼이 되어 후혼은 혼인취소사유가 된다(제818조). 반면 실종자의 배우자가 악의였고 상대방 배우자가 선의였던 경우는 전혼은 부활하지 않게 되어 후혼만 유효하게 된다. 다만 재혼의 상대방 배우자는 사기를 이유로 혼인을 취소할 수 있으며(제816조 제3호), 혼인을 계속할 수 없는 중대한 사유로 인정되면 이혼을 청구할 수도 있다(제840조 제6호).

## 제4절 이혼

## I. 이혼의 의의

### 1. 이혼의 개념

유효하게 성립된 혼인관계를 부부의 생존 중에 인위적으로 해소하는 것을 말한다. 본래 혼인은 영속적인 부부공동체생활을 내용으로 맺어지는 결합관계이다. 그러나 이러한 결합을 법률이 강제하고 그 해소를 인정하지 않을 경우, 인간의 존엄에 반하는 결과를 초래할 수 있다. 따라서 현대의 법률은 이혼제도를 두어 당사자가 혼인관계를 해소할 수 있는 길을 열어 두고 있다.

### 2. 이혼의 변천

#### 1) 이혼제도의 변천

초기 기독교의 영향 아래에 있던 중세까지만 하더라도 이혼은 "하나님이 짝지어 주신 것을 사람이 나누지 못할 지니라."(마 19:6)라는 성경 말씀을 기초로 엄격하게 금지되었다. 하지만 이러한 이혼금지는 실제로 막을 수도 없었을 뿐만 아니라 불륜의 부작용만 초래하게 되었다. 결국 로마교황청은 별거를 인정하기에 이르렀고, 이미 성립된 이혼에 대하여 "하나님이 짝지어 주신 것이 아니"라는 법왕의 혼인무효선언, 또는 혼인이 아직 완전하지 않은 동안에는 이혼이 가능하다는 불완성혼 등의 법리를 이용하여 이혼제도를 사실상 인정하기에 이른다. 그 후 16세기 종교개혁이 일어나고 자연법사상이 등장하자, 이혼법은 교회를 떠나서 국가법원의 관할로 옮겨지게 되어 결국 이혼이 국가에 의하여 정식으로 인정되기에 이른다. 현대의 국가에서 방식에 차이가 있을 뿐 이혼을 인정하지 않는 나라는 거의 존재하지 않는다.

## II. 협의이혼

### 1. 의의

당사자의 협의에 의하여 부부가 이혼하는 경우로 그 이유는 묻지 않는다. 협의의혼은 우리 민법이나 일본 민법 이외에는 존재하지 않는 매우 독특한 제도이다. 당사자의 의사의 합치에 의하여 이혼을 인정한다는 점에서 당사자의 자율적 의사가 존중되는 측면이 있을 것이지만 순간적인 감정에 의해 이혼을 결정할 수 있다는 단점이 있다. 민법의 개정으로 이혼숙려기간이 도입되고 또 자녀의 양육에 대한 합의를 전제로 하는 등의 절차들이 도입되어 경솔한 이혼을 막는 장치들이 마련되어 있다.

## 2. 협의이혼의 요건

### (1) 이혼의사의 합치

협의이혼을 하려면 당사자 사이에 이혼의사의 합치가 있어야 한다. 피성년후견인은 부모나 성년후견인의 동의를 받아 협의이혼을 할 수 있다(제835조).

이혼의사가 구체적으로 무엇을 의미하느냐에 대하여 실질의사설과 형식의사설이 대립한다. 실질의사설은 당사자 사이에 혼인관계를 실제로 해소하려는 의사가 있어야 한다는 견해[1]이다. 이에 반해 형식의사설은 혼인공동체관계를 해소하려는 의사와 상관없이 단지 이혼신고를 하려는 의사의 합치가 있으면 된다는 견해[2]이다.

두 견해는 다른 목적을 위하여 이혼신고를 하는 가장이혼에 대하여 그 효과를 달리한다. 즉 실질의사설은 가장이혼을 무효로 보아 이혼이 되지 않았다고 보나 형식의사설은 이혼이 유효한 것으로 본

1) 김주수/김상용, 친족상속법, 2019, 168면.

2) 대판 1976. 9. 14., 76도107; 1981. 7. 28., 80므77; 1993. 6. 11., 93므171.

다. 대법원[1]은 혼인의 경우와 달리 이혼의 경우에 형식의사설을 따른다. 대법원이 가장혼인과 달리 가장이혼을 효력이 있는 것으로 보는 이유는 혼인신고의 경우 실질적인 의사를 묻지 않고 금혼 사유에 해당하지 않는 한 담당공무원이 이를 수리하여야 하지만(제813조), 이혼의 경우에는 가정법원에서 그 의사의 확인을 구하는 절차가 있다는 점에 근거한다.[2]

"법률상의 부부관계를 해소하려는 당사자 간의 합의에 따라 이혼이 성립한 경우 그 이혼에 다른 목적이 있다 하더라도 당사자 간에 이혼의 의사가 없다고 말할 수 없고, 이혼이 가장이혼으로서 무효가 되려면 누구나 납득할 만한 특별한 사정이 인정되어야 한다. 그리고 이혼에 따른 재산분할은 부부가 혼인 중에 취득한 실질적인 공동재산을 청산·분배하는 것을 주된 목적으로 하는 제도로서 재산의 무상이전으로 볼 수 없으므로 그 이혼이 가장이혼으로서 무효가 아닌 이상 원칙적으로 증여세 과세대상이 되지 않는다."[3]

### (2) 가정법원의 확인 및 숙려기간의 경과

#### 1) 협의이혼의사확인신청

협의상 이혼을 하려는 자는 가정법원이 제공하는 이혼에 관한 안내를 받아야 하고, 가정법원은 필요한 경우 당사자에게 전문적인 지식과 경험을 갖춘 전문상담인의 상담을 받을 것을 권고할 수 있다

1) "협의이혼에 있어서 이혼의사는 법률상 부부관계를 해소하려는 의사를 말하므로 일시적으로나마 법률상 부부관계를 해소하려는 당사자 간의 합의하에 협의이혼신고가 된 이상 협의이혼에 다른 목적이 있더라도 양자 간에 이혼의사가 없다고는 말할 수 없고 따라서 이와 같은 협의이혼은 무효로 되지 아니한다."(대판 1993. 6. 11., 93므171)

2) 대판 1996. 11. 22., 96도2049.

3) 대판 2017. 9. 12., 2016두58901.

(제836조의2 제1항). 이혼을 하려는 부부에게 미성년 자녀가 있는 경우 가정법원의 확인을 받기 위하여는 자녀의 양육과 면접교섭 및 친권자에 관한 사항이 정해져야 한다. 따라서 가정법원에 협의이혼 의사확인신청서를 제출할 때에 이혼 당사자는 미성년 자녀의 양육자, 양육비용의 부담, 면접교섭권이 인정되는 경우 그 방법, 친권자에 관한 협의서 또는 이에 대한 가정법원의 심판정본 및 확정증명서를 첨부하여야 한다(제836조의2 제4항, 가족관계의 등록 등에 관한 규칙 제75조 제2항).

#### 2) 숙려기간의 도과

가정법원에 이혼의사의 확인을 신청한 당사자는 가정법원의 안내를 받은 날부터 양육하여야 할 자(포태 중인 자를 포함한다)가 있는 경우에는 3개월, 그 외의 경우에는 1개월이 지난 후에 이혼의사의 확인을 받을 수 있다(제836조의2 제2항). 다만 가정법원은 폭력으로 인하여 당사자 일방에게 참을 수 없는 고통이 예상되는 등 이혼을 하여야 할 급박한 사정이 있는 경우에는 제2항의 기간을 단축 또는 면제할 수 있다(제836조의2 제3항).

### (3) 이혼신고

이혼은 가정법원의 확인을 받은 후 신고함으로써 비로소 효력이 발생한다(제836조 제1항). 따라서 이혼의 합의를 하고 가정법원의 확인을 받았다고 하더라도 이혼신고가 수리되지 않은 이상 이혼은 이루어지지 않는다.[1] 신고는 당사자 쌍방과 성년자인 증인 2인이 연

1) 대판 1983. 7. 12., 83므11.

서한 서면으로 하여야 하며(제836조 제2항), 가정법원으로부터 확인서등본을 교부 또는 송달받은 날부터 3개월 이내에 확인서의 등본을 첨부하여 이루어져야 한다. 3개월의 기간이 경과한 경우 가정법원의 확인은 효력을 상실한다(가족관계등록법 제75조 제3항).

이혼의사는 신고서가 수리되는 때에도 존재해야만 한다. 따라서 신고서가 일방에 의하여 제출되기 전에 다른 일방이 이혼의사철회서를 제출할 수 있으며(가족관계등록규칙 제80조), 이 경우 이혼신고서가 수리되더라도 이혼은 효력이 없다.

## 3. 협의이혼의 무효와 취소

### (1) 협의이혼의 무효

이혼신고가 수리되었더라도 당사자 사이에 이혼의사의 합치가 없으면 협의이혼은 무효가 된다. 구체적으로 이혼신고의 수리 전에 일방이 이혼의사를 철회한 경우, 의사무능력의 상태에서 이혼이 이루어진 경우 등이다. 이혼신고서에 기록된 증인 2인의 서명날인이 위조된 경우에도 일단 신고서가 수리된 이상 이혼의 효력에는 영향을 미치지 않는다.[1)]

가사소송법 제2조 제1항은 이혼무효의 소를 가류 가사소송사건으로 규정하고 있는데, 이러한 이혼무효의 소는 혼인무효의 경우와 마찬가지로 확인의 소에 해당한다고 볼 것이다.

1) 대판 1962. 11. 15., 62다610.

### (2) 협의이혼의 취소

사기나 강박으로 인하여 이혼의 의사를 표시한 자는 그 취소를 가정법원에 청구할 수 있다(제838조). 사기에 의한 이혼이란 허위의 사실을 고지하여 이혼에 이르게 한 것이고, 강박에 의한 이혼이란 해악의 고지로 인한 공포의 상황에서 이혼을 결정하도록 한 경우이다. 민법총칙의 사기나 강박에 관한 규정(제110조 제2항 및 제3항)이 적용되지 않아, 선의의 제3자에게 대항할 수 있고, 제3자의 사기, 강박의 경우에도 상대방의 선의, 무과실과 상관없이 취소할 수 있다.

이혼의 취소는 가정법원에 제기하여야 하며, 가사소송법상의 나류 가사소송사건으로 조정전치주의가 적용된다. 하지만, 이 사항은 당사자가 임의로 처분할 수 없는 사항으로 조정에 의하여 임의로 취소할 수는 없다.[1)]

이혼의 취소는 혼인의 취소와 달리 소급효가 인정된다.[2)] 따라서 당사자가 이혼신고 후 재혼하였다면 이혼의 취소로 인하여 중혼이 성립한다.

> "협의상 이혼의 의사표시가 기망에 의하여 이루어진 것일지라도 그것이 취소되기까지는 유효하게 존재하는 것이므로, 협의상 이혼의사의 합치에 따라 이혼신고를 하여 호적에 그 협의상 이혼사실이 기재되었다면, 이는 공정증서원본부실기재죄에 정한 부실의 사실에 해당하지 않는다."[3)]

**[사례 10]**

乙녀는 甲남과 혼인하여 아이 둘을 낳았다. 그런데 乙은 첫째 아이를 출산한 후

1) 김주수/김상용, 친족상속법, 2019년, 64면.
2) 윤진수, 친족상속법강의, 2018, 86면.
3) 대판 1997. 1. 24., 95도448.

부터 정신이상 증세를 보이게 되었고, 결혼 후 6년경부터는 사고내용 및 사고연상과정에 이상이 발생하여 전문적인 정신과 치료를 받아야 할 정도에 이르게 되었다. 이때부터 甲은 乙을 구타하며 학대하기 시작하였는데, 甲은 乙이 어느 정도 정신이 돌아왔음을 기화로 乙을 기망하여 가정법원에 데리고 가서 협의이혼을 하였다.

그 후 乙은 자신이 속은 것을 알고 甲을 상대로 사기를 이유로 한 이혼 취소의 소를 제기하였다. 甲은 변론과정에서 乙도 법원에서 이혼한다고 하였으므로 사기가 있을 수 없다고 항변한다.[1] 이에 대한 법원의 판단은?

# III. 재판상 이혼

## 1. 의의

부부가 이혼에 합의하지 못하는 경우 이혼을 원하는 당사자는 재판을 통하여 이혼을 할 수 있다. 이러한 재판상 이혼과 관련하여 크게 유책주의와 파탄주의의 입법례가 존재한다.

유책주의는 법률이 정하는 배우자의 유책사유가 있는 경우에만 이혼을 인정하는 제도이다. 이 경우 책임있는 당사자는 이혼을 청구하지 못하게 되고 그 상대방만이 이혼청구권을 갖는다. 이에 반하여 파탄주의는 배우자 일방의 책임귀속여부를 떠나 혼인관계가 회복될 수 없을 정도로 파괴되었을 경우에 이혼을 허용하자는 원칙이다. 이에 따를 경우 혼인관계 파탄의 원인을 제공한 당사자도 이혼을 청구할 수 있게 된다. 독일민법 제1565조 제1항은 “혼인이 파탄된 경우에는 이혼을 할 수 있다. 배우자의 생활공동체가 존재하지 아니하고 배우자가 그 생활공동체를 회복시키는 것이 기대되지 아니할 때에는 혼

1) 대판 1987. 1. 20., 86므86의 사안을 변형한 것임.

인은 파탄된 것으로 본다"고 하여 파탄주의를 명시하고 있다. 반면 우리 민법 제840조는 개별적인 이혼 사유에 대해 열거한 후에 제6호에서 기타 혼인을 계속하기 어려운 중대한 사유가 있을 때를 이혼의 원인으로 규정하고 있다. 이 규정은 민법이 원칙적으로 유책주의를 취하되 예외적으로 파탄주의를 허용하는 태도를 보이는 것으로 이해된다.[1)]

## 2. 이혼사유

민법 제840조는 6가지의 이혼사유를 규정하고 있다. 제1호에서 제5호는 개별적인 이혼사유를 규정하고 제6호에서는 "기타 혼인을 계속하기 어려운 중대한 사유가 있을 때"라는 포괄적인 규정을 두고 있는데 각 호의 이혼사유에 해당하는지 혹은 제1호에서 제5호가 제6호의 예시적 사유에 해당하는지에 대하여 논의가 있다. 대법원은 "재판상 이혼사유에 관한 민법 제840조는 동조가 규정하고 있는 각 호 사유마다 각 별개의 독립된 이혼사유를 구성하는 것이고, 원고가 이혼청구를 구하면서 위 각 호 소정의 수 개의 사유를 주장하는 경우 법원은 그중 어느 하나를 받아들여 원고의 청구를 인용할 수 있는 것이다. 이와 달리 법원은 각 이혼원인을 판단함에 있어 원고가 주장하는 이혼원인 중 제1호 내지 제5호 사유의 존부를 먼저 판단하고, 그것이 인정되지 않는 경우에 비로소 제6호의 원인을 최종적으로 판단할 수 있는 것이라는 주장은 독자적인 견해에 불과하다"고 하

1) 김용한, 친족상속법, 2004, 146면; 지원림, 민법강의, 2007, 1524면; 윤진수, 친족상속법강의, 2018, 87면.

여 제6호를 독립된 이혼사유로 보고 있다.[1)]

### (1) 배우자의 부정한 행위

배우자의 부정한 행위(제840조 제1호)란 간통을 포함하는 보다 넓은 개념으로 정조의무에 충실하지 않은 일체의 행위를 말한다. 부정한 행위는 혼인 이후의 행위이어야 하며, 자의에 의한 경우만을 말한다. 따라서 강간을 당한 경우는 여기에 해당하지 않는다.

부정한 행위가 있었더라도, 상대방 배우자가 사전에 동의하였거나, 사후에 용서하였다면 이혼을 청구할 수 없다(제841조). 사전의 동의나 용서는 묵시적으로도 가능하다.

> "당사자가 더 이상 혼인관계를 지속할 의사가 없고 이혼의사의 명백한 합치가 있는 경우에는 비록 법률적으로는 혼인관계가 존속한다 하더라도 상대방의 간통에 대한 사전 동의라고 할 수 있는 종용에 관한 의사표시가 그 합의 속에 포함되어 있는 것으로 보아야 하고, 이혼의사의 명백한 합의가 있었는지 여부는 반드시 서면에 의한 합의서가 작성된 경우뿐만 아니라, 당사자의 언행 등 여러 가지 사정으로 보아 혼인당사자 쌍방이 더 이상 혼인관계를 유지할 의사가 없었던 사정이 인정되고, 어느 일방의 이혼요구에 상대방이 진정으로 응낙하는 언행을 보이는 사정이 인정되는 경우에도 그와 같은 의사의 합치가 있었다고 인정할 수 있다 할 것이다."[2)]

첩계약에 대한 처의 동의는 선량한 풍속에 반하는 것으로서 무효이므로 설령 처가 부첩관계에 동의했다고 해도 이혼청구권은 소멸하

1) 대판 2000. 9. 5., 99므1886.
2) 대판 1997. 2. 25., 95도2819; 2008. 7. 10., 2008도3599.

지 않는다.[1)] 부첩관계에 대한 사후용서는 가능하다고 할 것이지만,[2)] 이는 부첩관계가 종료된 경우로 제한되어야 하며 부첩관계가 계속되는 경우에 상대방은 여전히 이혼청구권을 갖는다.

배우자의 부정한 행위를 안 날로부터 6월이 경과하거나, 그 사유가 있은 날로부터 2년을 경과한 때에도 이혼을 청구하지 못한다(제841조). 부첩기간이 계속되는 경우에는 부정한 행위가 계속되는 경우이므로 이러한 제척기간이 개시되지 않는다.[3)]

### (2) 악의의 유기

악의의 유기(제840조 제2호)란 정당한 이유 없이 고의로 부부공동생활을 폐지하는 것을 말한다. 부부 사이의 의무인 동거, 부양, 협조의 의무를 불이행한 경우가 이에 해당된다. 예를 들어 상대방을 내쫓거나 배우자를 두고 나가버린 경우는 물론, 상대방이 집에 들어올 수 없게 만든 경우 등이 그것이다. 이혼의 사유에 해당하는 유기의 기간을 명시하는 입법례[4)]가 많으나 우리나라에는 그 기간에 대한 정함이 없다. 구체적인 정황에 따라 판단할 것이지만 상당한 기간 동안 유기의 상태가 계속되어야 한다.[5)]

---

1) 대판 1998. 4. 10., 96므1434; 김주수/김상용, 친족상속법, 2019, 185면.

2) 대판 1998. 4. 10., 96므1434; 대판 1971. 3. 23., 71므3.

3) 대판 1998. 4. 10., 96므1434.

4) 미국의 경우 많은 州가 1년으로 정하고 있고, 네덜란드, 니카라과 등이 5년, 스웨덴, 캐나다 등이 2년, 멕시코, 유고슬라비아 등이 6개월, 터키가 3개월로 규정하고 있다.

5) 양수산, 친족상속법, 1998, 287면; 김주수/김상용, 친족상속법, 2019, 188면.

### (3) 배우자 또는 그 직계존속에 의한 심히 부당한 대우

심히 부당한 대우를 받았을 때(제840조 제3호)라 함은 혼인관계의 지속을 강요하는 것이 참으로 가혹하다고 여겨질 정도의 폭행이나 학대 또는 모욕을 받았을 경우를 말한다. 다만 혼인 당사자가 아닌 배우자의 직계존속에 의한 배우자의 부당한 대우나 배우자의 직계존속에 대한 부당한 대우를 이유로 이혼을 인정하는 것은 직계존속과의 동거를 전제하는 구시대적인 것으로 제4호의 경우와 함께 현대적인 가족제도 하에서는 이를 삭제하는 것이 타당하다. 직계존속과의 불화가 있는 경우 분가하여 생활할 수 있어야 하고, 배우자가 이를 반대하여 분가가 어려운 경우에는 직계존속과의 불화가 아니라 혼인을 계속하기 어려운 중대한 사유를 이유로 이혼을 허용하는 것이 타당하다.

### (4) 직계존속에 대한 배우자의 심히 부당한 대우

민법은 자기의 직계존속에 대한 배우자의 심히 부당한 대우가 있는 경우(제840조 제4호)에도 이혼청구권을 인정한다. 배우자의 친생모의 뺨을 때리고 발로 찼다는 것이 인정되는 경우[1]나, 폭행을 한 사실이 없음에도 불구하고 생트집을 잡느라고 장모를 상대로 하여 폭행죄로 처벌을 요구하는 고소장을 제출한 사실이 있을 경우[2]가 여기에 해당된다.

---

1) 대판 1947. 5. 6., 4280민상37.
2) 대판 1958. 10. 16., 4290민상828.

### (5) 3년 이상의 생사불명

3년 이상 생사가 불명인 경우(제840조 제5호), 배우자는 이혼을 청구할 수 있다. 실종선고와 무관하며, 이혼청구 당시에도 생사불명일 것을 요구한다.

### (6) 기타 혼인을 계속하기 어려운 중대한 사유

혼인을 계속하기 어려운 중대한 사유(제840조 제6호)란 "혼인의 본질에 상응하는 부부공동 생활관계가 회복할 수 없을 정도로 파탄되고, 그 혼인생활의 계속을 강제하는 것이 일방 배우자에게 참을 수 없는 고통이 되는 경우"[1)]를 말한다. 예를 들어 아내에게 아이들의 양육과 생계를 유지하도록 하고 음주와 도박, 외박을 일삼으며 도박을 하는 과정에서 아내까지 신용불량자로 만드는 등으로 부부 사이에 더 이상 애정과 신뢰가 유지되지 않는 경우는 혼인을 계속하기 어려운 중대한 사유에 해당한다.[2)]

뚜렷한 합리적인 이유 없이 남편과의 성행위를 거부하고 결혼생활 동안 거의 매일 외간 남자와 전화통화를 하여 남편이 이혼소송을 제기하고 별거에까지 이르게 된 경우,[3)] 남편의 타이름에도 불구하고 1개월에 20일정도 외박을 하면서 도박을 하고 빚을 진 경우,[4)] 처가 신앙생활에만 전념하여 가사와 육아를 소홀히 한 경우[5)] 등은 혼인을 계속하기 어려운 중대한 사유가 될 수 있다. 반면, 혼인 후 약 2년간

---

1) 대판 1991. 7. 9., 90므1067.
2) 대판 2007. 12. 14., 2007므1690.
3) 대판 2002. 3. 29., 2002므74.
4) 대판 1991. 11. 26., 91므559.
5) 대판 1996. 11. 15., 96므851.

성관계를 맺지 않은 사실만으로는 혼인을 계속하기 어려운 중대한 사유에 해당하지 않는다.[1)]

제840조 제6호의 사유가 있을 경우, 다른 일방이 이를 안 날로부터 6월, 그 사유가 있는 날로부터 2년을 경과하면 이혼을 청구하지 못한다(제842조).

**[사례 11]**

불교 집안의 甲남과 기독교를 믿는 乙녀는 신혼 초부터 종교로 갈등을 빚고 있었다. 그런데 혼인 후 7년이 지나도 둘 사이에 아이가 생기지 않자 시어머니는 乙을 데리고 계룡산의 절에 들어가서 한밤중에 찬물로 며느리의 머리를 감기고, 귀신을 쫓는다고 하면서 인분과 재를 섞어 乙의 몸에 바르는 등의 비정상적인 행동을 하게 된다. 그러자 乙은 정신이상증세를 보이게 되었고, 병원에서 치료를 받은 후에도 현재까지 발작증세가 계속된다. 이때부터 乙은 불상에 소금을 뿌리는 등 불교에 적대적인 태도를 취한다. 이에 甲은 乙에게 이혼을 요구하였으나 乙은 이를 거부한다. 甲은 결국 절에 들어가 비구승이 된다. 甲이 절에 들어간 지 10년이 되어도 나올 것 같지 않자 乙은 이혼과 함께 위자료를 청구한다.[2)] 이혼은 가능한가?

## 3. 유책배우자의 이혼청구

유책배우자의 이혼청구를 판례는 원칙적으로 부정한다. 예를 들면, 신앙생활과 가정생활이 양립할 수 없는 객관적 상황이 아님에도 상대방 배우자가 부당하게 양자택일을 강요하기 때문에 부득이 신앙생활을 택하여 혼인관계가 파탄에 이르렀다면 그 파탄의 주된 책임은 양자택일을 강요한 상대방에게 있다고 할 것이므로 이 배우자의

1) 대판 2009. 12. 24., 2009므2413.

2) 대판 1990. 11. 9., 90므583 사안을 변형한 것임.

이혼청구는 허용할 수 없다는 입장이다.[1] 유책배우자의 이혼청구를 인정하면 혼인제도가 요구하는 도덕성에 근본적으로 배치되고, 이른바 축출이혼이 가능하게 되어 여성의 지위를 열악하게 한다는 점을 근거로 든다.[2] "다만 상대방도 그 파탄 이후 혼인을 계속할 의사가 없음이 객관적으로 명백함에도 오기나 보복적 감정에서 이혼에 응하지 아니하고 있을 뿐이라는 등의 특별한 사정이 있는 경우에만 예외적으로 유책배우자의 이혼청구권이 인정된다."[3] 그 외에 유책배우자의 인용청구을 받아들인 경우로 상대방이 반소로 이혼청구를 하거나,[4] 이혼청구자가 혼인관계 파탄의 주된 책임자가 아닌 경우[5]가 있다.

"민법 제840조 제6호 이혼사유에 관하여 유책배우자의 이혼청구를 원칙적으로 허용하지 아니하는 종래의 대법원판례를 변경하는 것이 옳다는 주장은 아직은 받아들이기 어렵다. 유책배우자의 이혼청구를 허용하지 아니하는 것은 혼인제도가 요구하는 도덕성에 배치되고 신의성실의 원칙에 반하는 결과를 방지하려는 데 있으므로, 혼인제도가 추구하는 이상과 신의성실의 원칙에 비추어 보더라도 책임이 반드시 이혼청구를 배척해야 할 정도로 남아 있지 아니한 경우에는 그러한 배우자의 이혼청구는 혼인과 가족제도를 형해화할 우려가 없고 사회의 도덕관·윤리관에도 반하지 아니하므로 허용될 수 있다. 그리하여 상대방 배우자도 혼인을 계속할 의사가 없어 일방의 의사에 따른 이혼 내지 축출이혼의 염려가 없는 경우는 물론, 나아가 이혼을 청구하는 배우자의 유책성을 상쇄할 정도로 상대방 배우자 및 자녀에 대한 보호와 배려가 이루어진 경우, 세월의 경과에 따라 혼인파탄 당시 현저하였던 유책배우자의 유책성과 상대방 배우자

1) 대판 1981. 7. 14., 81므26.
2) 대판 1987. 4. 14., 86므28.
3) 대판 2004. 9. 24., 2004므1033.
4) 대판 1987. 12. 8., 87므44.
5) 대판 1991. 7. 9., 90므1067.

가 받은 정신적 고통이 점차 약화되어 쌍방의 책임의 경중을 엄밀히 따지는 것이 더 이상 무의미할 정도가 된 경우 등과 같이 혼인생활의 파탄에 대한 유책성이 이혼청구를 배척해야 할 정도로 남아 있지 아니한 특별한 사정이 있는 경우에는 예외적으로 유책배우자의 이혼청구를 허용할 수 있다."[1]

## IV. 이혼의 효과

협의이혼은 신고함으로써 효력을 발생한다. 반면 재판상 이혼은 판결이 확정되면 이혼의 효력이 발생한다. 따라서 재판상 이혼에 따른 이혼신고는 보고적 신고에 불과하다.

### 1. 일반적 효과

#### (1) 배우자 및 인척관계의 소멸

이혼으로 혼인관계와 이로 인한 배우자 간의 일체의 권리의무가 소멸한다. 다만 일상가사로 인한 채무의 연대책임은 통상의 연대채무로 존속된다고 해석된다. 이혼으로 배우자의 친족과 맺어진 인척관계도 함께 소멸한다.

1) 대판(전) 2015. 9. 15., 2013므568.

### (2) 친자관계에 대한 효과

#### 1) 친권자의 결정

협의이혼의 경우 친권자는 부모의 협의로 정하고 협의가 이루어지지 아니한 경우 당사자의 청구에 의하여 가정법원이 이를 정한다(제909조 제4항 본문). 부모의 협의가 자의 복리에 반하는 경우에는 가정법원은 보정을 명하거나 직권으로 친권자를 정할 수 있다(제909조 제4항 단서).

재판상 이혼의 경우에는 가정법원이 직권으로 친권자를 정한다(제909조 제5항). 부모가 공동친권자가 될 수 있다.

가정법원이 친권자를 지정함에 있어서는 자의 복리를 우선적으로 고려하여야 한다(제912조 제2항 전문). 이를 위하여 가정법원은 관련 분야의 전문가나 사회복지기관으로부터 자문을 받을 수 있다(동항 후문).

> "재판상 이혼의 경우에 당사자의 청구가 없다 하더라도 법원은 직권으로 미성년자인 자녀에 대한 친권자 및 양육자를 정하여야 하며, 따라서 법원이 이혼 판결을 선고하면서 미성년자인 자녀에 대한 친권자 및 양육자를 정하지 아니하였다면 재판의 누락이 있다."[1)]

#### 2) 양육에 관한 사항의 결정

자녀의 양육에 관한 사항은 자녀의 보호와 감독에 관한 사항으로, 의식주 제공, 교육, 거소의 지정, 자의 인도청구 등을 포함한다.

---

1) 대판 2015. 6. 23., 2013므2397.

당사자는 자의 양육에 관한 사항을 협의하여 정한다(제837조 제1항). 이러한 협의가 자의 복리에 반하는 경우에는 가정법원은 보정을 명하거나 직권으로 자녀의 의사·연령과 부모의 재산상황, 그 밖의 사정을 참작하여 양육에 필요한 사항을 정한다(동조 제3항). 양육에 관한 협의가 이루어지지 않거나 협의할 수 없는 때에도 가정법원은 직권으로 또는 당사자의 청구에 따라 자의 의사·연령, 부모의 재산상황 그 밖의 사정을 참작하여 양육에 필요한 사항을 정한다(동조 제4항). 가정법원은 자의 복리를 위하여 필요하다고 인정하는 경우에는 부·모·자 및 검사의 청구 또는 직권으로 자의 양육에 관한 사항을 변경하거나 다른 적당한 처분을 할 수 있다(동조 제5항). 자녀의 양육에 관한 사항은 면접교섭권과 함께 가사소송법 마류 가사비송사건에 해당하여 조정전치주의가 적용된다(가사소송법 제50조).

당사자의 협의나 가정법원에 의하여 양육에 관한 사항이 정해진 경우라도 그 이외의 사항에 대하여는 부모의 권리의무에 영향을 주지 않는다(제837조 제6항). 즉 상속이나 부양관계, 자녀의 혼인에 대한 동의권 등에는 영향을 주지 않는다. 친권자와 양육자는 달리 정할 수 있으며 양육권과 친권이 충돌하는 경우 양육을 위하여 친권은 제한을 받는다. 공동친권이 인정될 수 있는 것과 달리 공동양육은 자녀가 일정한 장소에서 안정적인 생활을 하는 것을 방해하여 정서적인 안정을 해칠 수 있다는 점에서 원칙적으로 부정하는 것이 타당하다.[1)]

---

1) 대법원도 "갑과 을의 이혼소송에서 갑과 을을 미성년인 자 병 등의 공동양육자로 지정하여 갑이 주중에 을이 주말에 병 등을 직접 양육하게 하도록 한 원심법원의 조치가 자의 성장과 복지에 가장 도움이 되고 적합한 것이라고 보기에 충분하지 않다."(대판 2013. 12. 26., 2013므3383)는 입장을 보인다.

"자의 양육을 포함한 친권은 부모의 권리이자 의무로서 미성년인 자의 복지에 직접적인 영향을 미치므로 부모가 이혼하는 경우에 부모 중 누구를 미성년인 자의 친권을 행사할 자 및 양육자로 지정할 것인가를 정함에 있어서는, 미성년인 자의 성별과 연령, 그에 대한 부모의 애정과 양육의사의 유무는 물론, 양육에 필요한 경제적 능력의 유무, 부 또는 모와 미성년인 자 사이의 친밀도, 미성년인 자의 의사 등의 모든 요소를 종합적으로 고려하여 미성년인 자의 성장과 복지에 가장 도움이 되고 적합한 방향으로 판단하여야 한다.
수년간 별거해 온 甲과 乙의 이혼에 있어, 별거 이후 갑(父)이 양육해 온 9세 남짓의 여아인 丙에 대한 현재의 양육상태를 변경하여 乙(母)을 친권행사자 및 양육자로 지정한 원심에 대하여, 현재의 양육상태에 변경을 가하여 乙(母)을 丙에 대한 친권행사자 및 양육자로 지정하는 것이 정당화되기 위하여는 그러한 변경이 현재의 양육상태를 유지하는 경우보다 丙의 건전한 성장과 복지에 더 도움이 된다는 점이 명백하여야 함에도, 단지 어린 여아의 양육에는 어머니가 아버지보다 더 적합할 것이라는 일반적 고려만으로는 위와 같은 양육상태 변경의 정당성을 인정하기에 충분하지 아니하다."[1]

### 3) 양육비

양육권을 가지는 자가 양육비를 전부 부담하는 것은 아니다. 따라서 부모 중 일방이 양육자인 경우에는 다른 일방에 대하여 양육비를 청구할 수 있다. 특히 협의상 이혼의 경우 이혼의 당사자는 양육에 관한 협의서나 가정법원의 심판정본을 제출하여야 한다(제836조의2 제4항). 가정법원은 이 경우 당사자가 협의한 양육비부담에 관한 내용을 확인하는 양육비부담조서를 작성하여야 하며, 이러한 양육비부담조서는 가사소송법 제41조에 의하여 집행권원이 된다(제836조의2 제5항).

대법원은 부부일방이 자녀의 양육을 위하여 지출한 과거의 양육

1) 대판 2010. 5. 13., 2009므1458.

비에 대한 비용상환청구권을 인정한다.[1] 그 권리는 당사자의 합의 또는 가정법원의 심판에 의하여 구체적으로 성립하기 전에는 소멸시효가 진행하지 않는 것으로 본다.[2] 다만, 양육권이 없는 이혼의 배우자는 상대방에 대하여 양육비지급을 청구할 수 없다.[3]

> "가사소송법 제42조 제1항은 "재산상의 청구 또는 유아의 인도에 관한 심판으로서 즉시항고의 대상이 되는 심판에는 담보를 제공하게 하지 아니하고 가집행할 수 있음을 명하여야 한다"라고 규정하고, 가사소송규칙 제94조 제1항은 마류 가사비송사건의 심판에 대하여는 청구인과 상대방이 즉시항고를 할 수 있다고 규정하고 있는바, 민법 제837조에 따른 이혼 당사자 사이의 양육비 청구사건은 마류 가사비송사건으로서 즉시항고의 대상에 해당하고, 가집행선고의 대상이 된다."[4]

> "이혼한 부부 중 일방이 미성년자의 자녀에 대한 양육자 지정청구와 함께 장래의 이행을 청구하는 소로서 양육비 지급을 동시에 청구할 수 있고, 위와 같은 청구에 따라 장래의 양육비 지급을 명한 확정판결이나 이와 동일한 효력이 있는 조정조서나 화해권고결정 등에서 사건본인이 성년에 이르는 전날까지 양육비 지급을 명한 경우 재판의 확정 후 사건본인이 성년에 도달하기 전에 법률의 개정으로 성년에 이르는 연령이 변경되었다면 변경된 성년 연령이 양육비를 지급하는 종료 기준시점이 된다."[5]

---

1) 대결(전) 1994. 5. 13., 92스21.
2) 대결 2011. 7. 29., 2008스67.
3) 대결 2006. 4. 17., 2005스18,19.
4) 대판 2014. 9. 4., 2012므1656.
5) 대결 2016. 4. 22., 2016으2.

### 4) 면접교섭권

① 의의

면접교섭권이란 양육권자가 아닌 부모의 일방과 자녀가 방문이나 서신교환 또는 전화연락 등을 통해서 상호 접촉할 수 있는 권리를 말한다(제837조의2). 면접교섭권은 자녀에 대한 애정에 근거하여 자녀와 접촉하며 자녀의 성장을 지켜볼 수 있는 부모의 권리이면서 동시에 부모와의 접촉을 원하는 자녀의 권리이기도 하다. 민법도 "자를 직접 양육하지 아니하는 부모의 일방과 자(子)는 상호 면접교섭할 수 있는 권리를 가진다"고 하고 있다(제837조의2 제1항).

나아가 민법은 "자를 직접 양육하지 아니하는 부모 일방의 직계존속은 그 부모 일방이 사망하였거나 질병, 외국거주, 그 밖에 불가피한 사정으로 자를 면접교섭할 수 없는 경우 가정법원에 자와의 면접교섭을 청구할 수 있다(제837조의2 제2항)"고 규정하여 양육권자가 아닌 부모 일방의 직계존속에게도 면접교섭권을 인정하고 있다. 다만 이 규정에 따를 경우 면접교섭권을 행사할 수 있는 부모 아닌 직계존속은 양육권이 없는 부모의 일방의 직계존속으로 부모가 면접교섭권을 행사할 수 없는 경우에만 면접교섭권을 청구할 수 있게 된다. 따라서 양육권이 있는 부모의 직계존속인 경우나 양육권 없는 부모 일방의 직계존속이더라도 그 부모가 면접교섭권을 행사하지 않는 경우에는 직계비속을 볼 수 있는 기회가 없다. 나아가 부모의 형제자매 등에게도 조카 등을 볼 기회는 애초부터 인정되지 않는다. 특히 문제가 되는 경우는 자녀들 사이에 양육권자를 달리하여 형제자매가 상호 면접교섭을 할 수 없는 경우이다. 자의 복리를 해하지 않는 경우라고 한다면 이들 사이에 면접교섭을 허용할 수 있는 방안이

마련되어야 할 것이다.[1)]

> 지방법원판결 중에는 甲과 乙이 이혼하면서 자녀 丙과 丁의 각 친권자 및 양육자로 지정되었는데, 형제간인 丙과 丁의 면접교섭을 인정할 것인지 문제된 사안에서, "민법상 명문으로 형제에 대한 면접교섭권을 인정하고 있지는 아니하나 형제에 대한 면접교섭권은 헌법상 행복추구권 또는 헌법 제36조 제1항에서 규정한 개인의 존엄을 기반으로 하는 가족생활에서 도출되는 헌법상의 권리로서 특별한 사정이 없는 한 부모가 이혼한 전 배우자에 대한 적대적인 감정을 이유로 자녀들이 서로 면접교섭하는 것을 막는 것은 부모의 권리남용이고, 丙과 丁이 서로를 정기적으로 면접교섭하는 것을 간절히 원하고 있다는 등의 이유로, 丙과 丁의 면접교섭은 인정된다."[2)]고 하여 형제 사이의 면접교섭을 허용하였다. 타당한 결론이다.

② 면접교섭의 예

면접교섭은 양육을 하지 않는 부모를 만나는 경우뿐만 아니라 자택에서 일정기간 동안 함께 거하는 경우, 전화나 이메일, 문자 등을 통하여 접촉하는 모든 것을 포함한다. 예를 들어, 방학기간 동안 1주일씩 비양육자와 함께 동거하고, 명절날에 차례 및 성묘에 참여하도록 하거나,[3)] 매월 주말 한차례씩 비양육자의 집을 방문하는 것[4)]으로 정할 수 있다.

③ 면접교섭의 제한

가정법원은 자의 복리를 위하여 필요한 때에는 당사자의 청구 또는 직권에 의하여 면접교섭을 제한, 배제, 변경할 수 있다(제837조의

---

1) 윤진수, 친족상속법강의, 2018, 142면.
2) 수원지방법원 2013. 6. 28., 2013브33 결정
3) 서울고법 1987. 2. 23., 86르313.
4) 서울고법 1994. 6. 7., 93르1022, 1039.

2 제3항). 예를 들어 母가 정신질환을 앓고 있고 폭력적인 경우,[1] 자녀가 어릴 때에 헤어져 현재 재혼한 부부일방의 배우자를 친모나 친부로 알고 있는 경우[2] 등에는 자의 복리를 위하여 면접교섭권이 제한될 수 있다.

## 2. 재산적 효과

### (1) 재산분할청구권

#### 1) 의의

이혼한 당사자의 일방은 다른 일방에 대하여 재산분할을 청구할 수 있다(제839조의2, 제843조). 재산분할청구권은 혼인 중 이룩한 재산의 청산의 성격과 함께 이혼 후 경제적 자립능력이 없는 배우자의 부양의 성질을 모두 갖는 것으로 이해된다.[3] 나아가 대법원은 재산분할청구권이 당사자 일방에 대한 위자료로서의 요소도 포함될 수 있다는 입장을 취한다.[4]

재산분할이 민법 제839조의2 제2항의 규정취지에 반하여 상당하다고 할 수 없을 정도로 과대하고, 재산분할을 구실로 이루어진 재산

1) 서울가심 2001. 8. 1., 2001느단3029.

2) 자가 태어난 지 1개월 후부터 모와 부가 별거하였고, 부가 재혼하여 현재 9세인 자는 자신을 양육해 온 계모를 친어머니로 알고 있는 사건에서 "생모의 면접교섭권을 전면적으로 배제할 사유가 없으므로 자에 대한 면접교섭권은 보호받아야 할 것이나, 부모의 감정상태, 재산관계, 직업, 생활정도, 자의 연령, 현재의 양육관계 등 제반사정을 종합하면 자녀가 어느 정도 성장한 후인 2003년 3월부터 월 1회 면접교섭하는 것이 합당하다."(서울가판 1999. 12. 2., 99드단40411)고 하였다. 중학생이 되는 13세부터 면접교섭을 허용한 경우이다.

3) 윤진수, 친족상속법강의, 2018, 114면.

4) 대판 2005. 1. 28., 2004다58963.

처분이라고 인정할 만한 특별한 사정이 없는 한 사해행위로서 채권자취소권의 대상이 되지 아니하고, 위와 같은 특별한 사정이 있어 사해행위로서 채권자취소권의 대상이 되는 경우에도 취소되는 범위는 그 상당한 부분을 초과하는 부분에 한정된다.[1] 또한, 당사자 사이에 협의상이혼이 이루어질 것을 조건으로 한 재산분할의 합의는 그 합의 후 당사자가 약정한 때에도 협의상이혼이 이루어진 경우에 한하여 효력이 발생하므로 협의상이혼이 이루어지지 아니하고, 혼인관계가 존속하게 되거나 당사자 일방이 제기한 이혼청구의 소에 의하여 재판상이혼이 이루어진 경우에는 재산분할합의는 그 효력이 발생하지 않는다.[2]

### 2) 일신전속성

재산분할청구권은 이혼하는 배우자 일방의 일신전속적 권리로 양도나 상속의 대상이 되지 못한다. 이혼소송 계속 중 배우자의 일방이 사망한 때에는 상속인이 그 절차를 수계할 수 없음은 물론이고, 또 그러한 경우에 검사가 이를 수계할 수 있는 특별한 규정도 없으므로 이혼소송은 종료되고 이에 따라 이혼의 성립을 전제로 하여 이혼소송에 부대한 재산분할청구 역시 이를 유지할 이익이 상실되어 이혼소송의 종료와 동시에 종료한다.[3]

재산분할청구권의 발생에 대하여 특히 대법원은 1차적으로 이혼으로 인한 재산분할청구권은 이혼이 성립한 때에 법적 효과로서 비로소 발생하며, 2차적으로 협의 또는 심판에 의하여 구체적 내용이

1) 대판 2005. 1. 28., 2004다58963.
2) 대판 2003. 8. 19., 2001다14061.
3) 대판 1994. 10. 28., 94므246,94므253.

형성되기 전까지는 범위 및 내용이 불확정하기 때문에 구체적으로 권리가 발생하였다고 할 수 없다는 입장이다. 따라서 이러한 불확정한 상황에서 재산분할청구권을 피보전채권으로 한 채권자대위권을 행사할 수는 없으며,[1] 협의 또는 심판에 의하여 구체화되지 않은 재산분할청구권은 채무자의 책임재산에 해당하지 아니하고, 이를 포기하는 행위 또한 채권자취소권의 대상이 될 수 없게 된다.[2] 나아가 "아직 이혼하지 않은 당사자가 장차 협의상 이혼할 것을 합의하는 과정에서 이를 전제로 재산분할청구권을 포기하는 서면을 작성한 경우, 부부 쌍방의 협력으로 형성된 공동재산 전부를 청산·분배하려는 의도로 재산분할의 대상이 되는 재산액, 이에 대한 쌍방의 기여도와 재산분할 방법 등에 관하여 협의한 결과 부부 일방이 재산분할청구권을 포기하기에 이르렀다는 등의 사정이 없는 한 성질상 허용되지 아니하는 '재산분할청구권의 사전포기'에 불과할 뿐이므로 쉽사리 '재산분할에 관한 협의'로서의 '포기약정'이라고 보아서는 아니 된다"[3]고 보았다.

반면 이혼이 성립하고 재산분할청구권이 협의나 심판에 의하여 그 내용이 구체적으로 성립한 경우에는 양도성이나 상속성을 부정할 필요는 없다. 따라서 법원이 이혼과 동시에 재산분할로서 금전의 지급을 명하는 판결이 확정된 이후부터 채권 양도의 대상이 될 수 있다.[4] 재산분할청구권자는 재산분할청구권을 피보전채권으로 하여 상대방의 사해행위의 취소 및 그 원상회복을 민법 제406조 제1항에 따라 청구할 수 있다(제839조의3 제1항). 이 소는 취소원인을 안 날로

1) 대판 1999. 4. 9., 98다58016.
2) 대판 2013. 10. 11., 2013다7936.
3) 대결 2016. 1. 25., 2015스451.
4) 대판 2017. 9. 21., 2015다61286.

부터 1년, 사행행위가 있은 날로부터 5년 내에 제기되어야 한다(제839조의3 제2항, 제406조 제2항).

### 3) 재산분할청구의 대상이 되는 재산

① 혼인 중 부부의 협력으로 이룩한 재산

부부의 협력으로 혼인 중 이룩한 재산은 분할의 대상이 된다. 일방의 특유재산으로 추정되는 경우에도 다른 일방이 적극적으로 특유재산의 유지 또는 증식에 기여하였다면 분할의 대상이 될 수 있다.[1] 나아가 처가 가사노동을 분담하는 등의 방법으로 재산의 유지 또는 증가에 기여하였다면 그 재산은 쌍방의 협력으로 이룩된 재산으로 분할의 대상이 된다.[2] 제3자 명의의 재산이라고 하더라도 그것이 부부 중 일방에 의하여 명의신탁된 재산이거나 또는 부부의 일방이 실질적으로 지배하고 있는 재산으로서 부부 공동의 협력에 의하여 형성된 것이라면 이 역시 재산분할의 대상이 된다고 해석된다.[3] 다만 이 경우에 제3자가 재산분할청구권의 상대방이 될 수 없으므로 직접 그 분할을 구할 수는 없을 것이다. 따라서 이 경우 민법 제839조의2 제2항의 기타의 사정으로 참작하여야 한다.

합유재산이라는 이유만으로 이를 재산분할의 대상에서 제외할 수 없다. 다만 부부의 일방이 제3자와 합유하고 있는 재산 또는 그 지분은 이를 임의로 처분하지 못하므로, 직접 당해 재산의 분할을 명할 수는 없고 그 지분의 가액을 산정하여 이를 분할의 대상으로 삼거나 다른 재산의 분할에 참작하는 방법으로 재산분할의 대상에

1) 대결 2002. 8. 28., 2002스36.
2) 대결 1993. 5. 11., 93스6.
3) 대판 1993. 6. 11., 92므1054; 대판 1998. 4. 10., 96므1434.

포함하여야 한다.[1] 재산분할당시에 분할대상으로 심리되지 않은 재산이 재판 확정 후에 추가로 발견된 경우, 이에 대한 추가적인 재산분할청구를 할 수 있다.[2]

부부일방이 혼인 전부터 가지고 있던 고유 재산이나 혼인 중이더라도 다른 일방의 도움 없이 상속이나 증여 등에 의하여 취득한 재산은 분할의 대상이 되지 못한다.

② 퇴직금 및 연금

퇴직금 및 연금도 혼인 중에 제공한 근로에 대한 대가가 유예된 것이므로 부부의 혼인 중 이룩한 재산으로 볼 수 있다. 따라서 부부 중 일방이 이미 퇴직금을 받아서 가지고 있거나 연금을 정기적으로 받고 있는 경우, 향후 수령할 연금이나 퇴직금이 확정되어 있는 경우에는 분할의 대상이 된다.[3] 나아가 이혼 당시 부부 일방이 아직 재직 중이어서 실제 퇴직급여를 수령하지 않았더라도 이혼소송의 사실심 변론종결 시에 이미 잠재적으로 존재하여 그 경제적 가치의 현실적 평가가 가능한 재산인 퇴직급여채권은 재산분할의 대상에 포함시킬 수 있으며, 구체적으로는 이혼소송의 사실심 변론종결 시를 기준으로 그 시점에서 퇴직할 경우 수령할 수 있을 것으로 예상되는 퇴직급여 상당액의 채권이 그 대상이 된다.[4]

③ 장래의 수입

현재에는 수입이 없으나 부부 일방의 지원으로 다른 일방이 전문의 자격[5]이나 기타 장래의 수입이 있을 자격증, 학위 등을 취득한 경

1) 대판 2009. 11. 12., 2009므2840.
2) 대판 2003. 2. 28., 2000므582.
3) 대판 1995. 3. 28., 94므1584; 2002. 8. 28., 2002스36.
4) 대판(전) 2014. 7. 16., 2013므2250.
5) 서울가판 1991. 6. 13., 91드1220.

우[1] 다른 일방의 장래의 수입을 고려하여 분할급의 방식으로 재산분할을 할 수 있다.

④ 채무

부부 일방이 혼인 중 제3자에게 부담한 채무는 일상가사에 관한 것 이외에는 원칙으로 그 개인의 채무로서 청산의 대상이 되지 않으나 그것이 공동재산의 형성에 수반하여 부담한 채무인 경우에는 청산의 대상이 된다.[2] 소극재산의 총액이 적극재산의 총액을 초과하여 재산분할을 한 결과가 결국 채무의 분담을 정하는 것이 되는 경우에도 법원은 채무의 성질, 채권자와의 관계, 물적 담보의 존부 등 일체의 사정을 참작하여 이를 분담하게 하는 것이 적합하다고 인정되면 구체적인 분담의 방법 등을 정하여 재산분할 청구를 받아들일 수 있다.[3]

⑤ 분할의 대상이 되는 재산의 범위 및 가액의 기준시

협의이혼에 따른 재산분할에 있어 분할의 대상이 되는 재산과 액수는 협의이혼이 성립한 날(이혼신고일)을 기준으로 정하고,[4] 재판상 이혼 시의 재산분할에 있어 분할의 대상이 되는 재산과 그 액수는 이혼소송의 사실심 변론종결일을 기준으로 하여 정한다.[5]

1) 부(夫)가 박사학위를 소지한 경제학교수인 경우, 장래 예상되는 부의 수입을 민법 제839조의2 제2항이 규정하는 '기타 사정'으로 참작할 수 있다(대판 1998. 6. 12., 98므213).

2) 대판 1993. 5. 25., 92므501.

3) 대판 2013. 6. 20., 2010므4071.

4) 대판 2006. 9. 14., 2005다74900.

5) 대판 2000. 9. 22., 99므906.

#### 4) 재산분할청구권자

재산분할청구권은 부부가 공동으로 형성한 재산의 청산적 성격과 자립능력이 없는 배우자에 대한 부양적 성격 및 위자료적 성격 등에 비추어 이혼의 경우뿐만 아니라 혼인의 취소 및 사실혼관계해소의 경우에도 준용된다.[1] 특히 혼인 중 이룩한 재산의 청산의 성격을 고려할 경우 유책배우자의 재산분할청구권도 그 한도에서 인정된다.[2] 그러나 중혼적 사실혼 해소의 경우 법률상 배우자 있는 자가 사실혼 배우자에 대하여 재산분할을 청구하거나[3] 반대로 사실혼 배우자가 법률상 배우자 있는 상대방에 대하여 사실혼의 해소를 근거로 재산분할을 청구하는 것은 허용되지 않는다.[4]

#### 5) 제척기간

재산분할청구권은 협의상 또는 재판상 이혼한 날부터 2년의 제척기간 경과로 소멸한다(제839조의2 제3항, 제843조). 대법원은 이 기간 내에 재산의 일부에 대해서만 재산분할을 청구한 경우 청구 목적물로 하지 않은 나머지 재산에 대해서는 제척기간을 준수한 것으로 볼 수 없으므로, 재산분할청구 후 제척기간이 지나면 그때까지 청구 목적물로 하지 않은 재산에 대해서는 청구권이 소멸한다는 입장이다. 이에 따라, 재산분할재판에서 분할대상인지 여부가 전혀 심리된 바 없는 추가 재산에 대하여 분할청구를 하는 경우에도 이 제척기간

---

1) 대판 1995. 3. 28., 94므1584.
2) 대결 1993. 5. 11., 93스6에서 대법원도 이혼의 귀책사유가 있는 아내가 10년 동안 가사를 전담하며 재상형성에 기여한 점을 인정하여 재산분할청구권을 인정한다.
3) 대판 1995. 7. 3., 94스30.
4) 대판 1996. 9. 20., 96므530.

은 준수되어야 한다고 보았다.[1)]

### 6) 재산분할의 효과

재산의 분할로 곧 재산이 배우자에게 이전되지는 않고, 등기 및 인도하여야 비로소 이전의 효과가 발생한다. 당사자가 이혼이 성립하기 전에 이혼소송과 병합하여 재산분할의 청구를 하고 법원이 이혼과 동시에 재산분할로서 금전의 지급을 명하는 판결을 하는 경우 그 금전지급채무에 관하여는 그 판결이 확정된 다음날부터 이행지체책임을 지게 되고, 따라서 소송촉진등에관한특례법 제3조 제1항 단서에 의하여 같은 조항 본문에 정한 이율이 적용되지 않는다.[2)]

"부부가 협의이혼하기로 하고 이혼에 따른 자녀양육, 위자료, 재산분할 등의 조건에 관하여 합의하여 공증까지 한 후 부가 그 합의 내용의 일부를 이행하지 아니하므로 처가 이혼, 위자료 및 재산분할 등을 구하는 소송을 제기하고 위 합의의 해제를 서면으로 통지하였다면 위 재산분할 합의는 적법하게 해제되어 더 이상 존속하지 아니하므로 처는 여전히 재산분할청구권을 가진다."[3)]

**[사례 12]**

목수 일을 하는 甲남은 乙녀와의 결혼 초기에는 건축경기가 좋지 않아 단칸방에서 생활하는 등 어려운 생활을 꾸려나갔다. 그러다가 결혼 후 9년 정도부터 건축경기가 좋아져 경제적으로 어려움이 없어지고 아이가 학교에 다니기 시작하면서 乙은 무도장에 나가게 되고 그 곳에서 丙을 사귀게 된다. 乙은 甲의 통장에 있는 많은 돈을 빼내어 丙에게로 가서 지내다가 甲이 설득하여 돌아오는가 하면 짧게는 3일, 길게는 한 달씩 초등학교에 다니는 아이를 시어머니에게

1) 대결 2018. 6. 22., 2018스18.
2) 대판 2001. 9. 25., 2001므725.
3) 대판 1993. 12. 28., 93므409.

맡긴 채 丙을 만나러 집을 나가곤 하였다. 甲은 결국 乙과 丙을 간통죄로 고소한다. 이러한 상황에서 乙은 집에 돌아와 甲에게 협의이혼할 것을 요구하였고, 甲은 아이를 생각하여 협의이혼에 응하여 준다. 그러나 乙은 재산의 분할도 요구한다. 甲은 자신이 모은 재산을 분할해 주어야 하는가?

### (2) 손해배상청구권

#### 1) 이혼 상대방에 대한 손해배상청구

재판상 이혼의 경우에 이혼피해자는 유책배우자를 상대로 재산상의 손해와 정신상의 고통에 대한 손해배상청구권을 행사할 수 있다(제843조, 제806조). 그 법적 성질은 채무불이행책임과 불법행위책임 모두가 해당된다. 이혼으로 인한 위자료청구에 대해서도 과실상계의 규정이 준용되어(제763조에 의한 제396조의 준용), 혼인파탄에 쌍방의 책임정도가 대등하다고 인정되는 경우에는 그중 일방의 위자료청구는 인정될 여지가 없다.[1] 손해배상청구는 가사소송법 제2조의 다류사건으로 조정전치주의가 적용된다.

#### 2) 제3자에 대한 손해배상청구

기혼여성에 대한 강간 등은 가해자에게 배우자가 있는지의 여부와 상관없이 그 배우자에 대하여도 불법행위책임을 진다.[2] 배우자가 간통을 한 경우 배우자와 간통의 상대방은 불법행위책임을 진다.[3] 그러나 배우자의 자녀에 대한 관계에서는 특별한 사정이 없는 한 그

1) 대판 1994. 4. 26., 93므1273.
2) 대판 1965. 11. 9., 65다1582.
3) 대판 1967. 4. 25., 67다99.

자녀에 대한 관계에서 불법행위책임을 부담한다고 할 수는 없다.[1)]

## 제5절 사실혼

### I. 의의

실질적인 혼인생활에도 불구하고 혼인신고를 하지 않아 법률상의 혼인으로 인정되지 않는 부부관계를 말한다. 우리나라 민법은 법률혼주의를 채택하고 있어서 사실혼은 법률상 인정되는 완전한 혼인관계라고 할 수 없다. 그러나 혼인의 의사와 혼인의 실체가 있음에도 불구하고 단지 혼인신고가 이루어지지 않았다는 이유로 사실혼관계가 법의 보호를 전혀 받을 수 없다고 하는 것은 불합리하다고 할 것이다. 이러한 점을 고려하여 통설과 판례는 혼인관계에 관한 민법의 규정 중 혼인신고와 관련된 것을 제외한 나머지 규정은 사실혼에도 적용되는 것으로 본다.[2)] 법령 중에는 사실혼의 배우자에게 법률상 배우자와 동일한 보호를 주는 경우도 있다(공무원연금법 제3조 제1항 제2호, 군인연금법 제3조 제1항 제4호 등).

---

1) 대판 2005. 5. 13., 2004다1899.

2) 대판 1995. 3. 10., 94므1379; 대판 1997. 11. 11., 97다34273 등.

## II. 성립요건

### 1. 혼인의사의 합치

당사자 쌍방에게 혼인의사가 존재하여야 한다. 혼인의사란 판례에 따를 경우 실질적으로 부부가 되겠다는 의사의 합치를 의미한다. 따라서 혼인의 의사가 없이 간헐적으로 성관계만을 갖는 사통관계는 혼인의사의 부재로 사실상의 혼인으로 인정되지 않는다.

### 2. 부부공동생활

사회관념상 부부라고 인정을 받을 수 있는 당사자 사이의 객관적 공동생활관계가 존재하여야 한다.

> "국가유공자 등 예우 및 지원에 관한 법률 제5조 제1항 제1호는 국가유공자의 유족 또는 가족의 범위에 국가유공자의 법률상 및 사실상의 배우자를 포함시키면서 그 배우자가 국가유공자와 혼인 또는 사실혼 후 당해 국가유공자 외의 자와 사실혼 중에 있거나 있었던 경우에는 국가유공자의 유족 또는 가족의 범위에서 제외하는 것으로 규정하고 있는바, ...국가유공자의 처가 국가유공자 외의 자와의 사이에 자식을 출산하고 그 출산을 전후한 약 2개월 동안 동거 또는 간헐적인 정교관계가 있은 경우, 그것만으로는 서로 혼인의사의 합치나 혼인생활의 실체가 존재한다고 보여지지 않는다."[1)]

1) 대판 2001. 1. 30., 2000도4942.

### 3. 사회관념에 적합한 혼인관계

사실혼이 보호를 받기 위하여는 혼인의사의 합치와 부부공동생활 이외에도 사실혼관계가 사회관념에 반하지 않아야 한다. 예를 들어 중혼적 사실혼관계[1]나, 근친혼금지규정에 위반한 사실혼은 보호를 받지 못한다. 다만 대법원은 형부와 처제 사이의 사실혼관계는 그 반윤리성·반공익성이 혼인법 질서에 본질적으로 반하는 정도가 아니라고 보아 처제를 공무원연금법에 의한 유족연금의 수급자인 배우자로 보았다.[2] 혼인적령미달이나 부모의 동의 없는 혼인관계 등은 사회관념에 반하는 사실혼으로 볼 수 없어 법률상의 보호를 받을 수 있다.[3]

### 4. 사실상혼인관계존부확인청구

가사소송법은 사실상혼인관계존부확인청구를 나류사건으로 분류하여 규정하고 있다(가사소송법 제2조). 이는 사실혼관계에 있는 배우자 특히 여성을 보호하기 위한 제도로 일방적인 혼인신고를 가능하게 하여 법률혼을 성립시키려는 목적을 갖는다.

그러나 사실혼관계에 있는 자라고 하더라도 혼인신고를 통하여 법률상배우자관계가 될 의사가 없는 경우에는 사실상혼인관계존부확인청구를 통하여 혼인을 강제할 수 없다. 따라서 이러한 확인청구가 인정되는 경우는 과거에 사실상혼인관계가 존재하였으나 상대방

---

1) 대결 1995. 7. 3., 94스30.

2) 대판 2010. 11. 25., 2010두14091.

3) 양수산, 친족상속법, 1998, 322면; 다만 송덕수, 친족상속법, 2018, 123면에서는 법률상의 장애사유는 모두 사실혼에서도 장애사유가 된다고 한다.

이 사망한 경우로 확인의 이익이 존재하는 경우이다. 사실혼관계를 인정받아 산업재해보험법이나 각종 연금 관련 법에서 수급권자인 배우자가 될 수 있는 경우 확인의 이익이 존재한다.

> "사실혼 배우자는, 구 산업재해보상보험법 제3조 제3항(1994.12.22. 법률 제4826호로 전문 개정되기 전의 것, 개정법 상으로는 제4조 제3호)뿐 아니라, 공무원연금법 제3조 제1항 제2호, 선원법시행령 제29조 제1호, 근로기준법시행령 제61조 제1항 제1호, 군인연금법 제3조 제1항 제4호, 독립유공자예우에 관한 법률 제5조 제1항 제1호 등에서 각종의 급여 등을 받을 권리자로 규정되어 있는 등 법률상의 배우자가 아님에도 불구하고 특별한 법적 취급을 받고 있다.
> 이에 따라 사실혼관계는 여러 가지 법률관계의 전제가 되어 있고, 그 존부확인청구는 그 법률관계들과 관련된 분쟁을 일거에 해결하는 유효적절한 수단일 수 있는 것이다.
> 따라서 이 사건에서와 같이 사실혼관계에 있던 당사자 일방이 사망하였더라도, 현재적 또는 잠재적 법적 분쟁을 일거에 해결하는 유효적절한 수단이 될 수 있는 한, 그 사실혼관계존부확인청구에는 확인의 이익이 인정되는 것이고, 이러한 경우 친생자관계존부확인청구에 관한 민법 제865조와 인지청구에 관한 민법 제863조의 규정을 유추적용하여, 생존 당사자는 그 사망을 안 날로부터 1년 내에 검사를 상대로 과거의 사실혼관계에 대한 존부확인청구를 할 수 있다고 보아야 한다."[1)]

---

1) 대판 1995. 3. 28., 94므1447.

## III. 효과

### 1. 신분적 효과

부부공동생활을 전제로 하는 동거, 부양, 협조 및 정조의무가 인정된다. 따라서 사실혼관계에 있는 자가 다른 이성과 간통하여 사실혼관계를 파탄에 이르게 한 경우에 상대방은 그로 인한 위자료를 청구할 수 있고[1] 남편과 시모가 배우자에 대하여 함께 학대, 폭행하고 강제축출행위를 한 것이라면 두 사람 모두에 대하여 위자료지급을 청구할 수 있다.[2]

### 2. 재산적 효과

원칙적으로 법률혼에 관한 규정이 모두 적용된다. 즉 일상가사에 관한 대리권과 연대책임도 인정되며,[3] 부부공동생활비용도 특별한 약정이 없으면 사실혼부부가 공동으로 부담한다. 부부별산제에 관한 규정도 적용되나,[4] 부부재산계약을 체결할 수는 있으되 등기할 수 없으므로 제3자에 대하여는 대항할 수 없다.[5]

1) 대판 1967. 1. 24., 66므39.
2) 대판 1983. 9. 27., 83므26.
3) 대판 1980. 12. 23., 80다2077.
4) 대판 1997. 11. 11., 97다34273.
5) 김주수/김상용, 친족상속법, 2019, 277면; 다만, 김용한, 친족상속법, 2004, 167면에서는 부부재산계약을 체결할 수 없다고 한다.

### 3. 신고를 전제로 하는 효과

혼인신고를 전제로 하는 것은 사실혼에는 인정될 수 없다. 사실혼관계에 있는 자가 혼인하더라도 법률상 중혼이 성립하지 않으며, 미성년자가 사실혼관계를 맺었다고 하여도 성년이 되는 것은 아니다. 사실혼 배우자에게는 상속권도 인정되지 않는다.

### 4. 사실혼부부 사이에서 출생한 자의 법적 지위

사실혼관계에서 포태, 출생한 자는 혼인 외의 출생자가 된다. 따라서 인지를 받기 전에는 부(父)에 대하여 상속권, 부양청구권 등이 발생하지 않는다. 그러나 인지를 받게 되면 자의 출생 시로부터 친자관계가 형성된다(제859조 제1항). 모자관계는 출산에 의하여 당연히 발생한다.

## IV. 사실혼 관계의 해소

사실혼 관계는 당사자의 합의와 당사자 일방의 사망으로 해소된다. 법률혼의 경우와 달리 사실혼은 당사자 일방의 의사에 의하여서도 해소될 수 있다.[1] 다만 정당한 사유 없이 일방적으로 사실혼을 해소하거나 사실혼관계의 파탄을 초래하는 경우에는 손해배상책임이 발생한다. 정당한 사유에 대하여는 이혼사유에 관한 제840조의 규정이 준용될 수 있다. 사실혼 관계가 해소되는 경우에 재산분할청구

1) 대판 1977. 3. 22., 75므28.

권이 인정된다.[1)]

**[사례 13]**

甲과 사실혼관계에 있던 乙이 2007. 3. 12. 갑자기 의식을 잃고 쓰러져 병원에 입원하였고, 2007. 4. 16. 甲과는 혈연관계가 없는 그의 아들들에 의하여 다른 병원으로 옮겨졌으나 의식을 회복하지 못하고 2007. 5. 10.에 사망하였다. 甲은 乙이 사망하기 전인 2007. 4. 18. 사실혼관계의 해소를 주장하면서 재산분할심판청구를 하였다.[2)]

(1) 甲의 일방적인 의사표시에 의하여 사실혼관계를 해소할 수 있는가? 또, 재산분할이 가능한가?

(2) 사실혼관계를 해소할 수 있다면 심판청구의 상대방이 소송 중에 사망한 경우, 상속인이 그 소송을 수계할 수 있는가?

1) 대판 1995. 3. 28., 94므1584.

2) 대결 2009. 2. 9., 2008스105의 사안을 변형한 것임.

# 제4장

# 부모와 자녀

## 제1절 의의

민법 제4편 제4장은 부모와 자라는 제목으로 부모와 자녀 사이의 친족관계에 관한 규정을 두고 있다. 부모와 자녀 사이의 관계는 크게 친생자관계와 양친자관계로 구별할 수 있다. 전자는 자녀의 출생에 의하여 발생하는 친생부모와 미성년 자녀 사이의 자연혈족관계를 의미한다. 법률상 친자관계가 인정되지 않는 혼인 외의 자녀에 대하여는 인지에 의하여 자연혈족관계인 친생자관계가 발생한다.

양친자관계는 입양에 의하여 발생하는 법정혈족관계를 말한다. 민법은 종래의 일반입양 외에도 완전양자제도인 친양자제도를 추가하여 양자의 복리를 보다 강화하고 있다.

## 제2절 친생자관계

### I. 의의

친생자관계는 출생에 의하여 발생하는 부모와 자녀 사이의 법률관계를 말한다. 친생자관계는 혼인 중의 자녀와 혼인 외의 자녀로 구별된다. 대체로 혼인 중의 자녀는 법률상 부자관계가 인정되는 반면 혼인 외의 자녀에 대하여는 인지에 의하여 법률상의 부자관계가 발생한다.

### II. 혼인 중의 자녀

#### 1. 의의

혼인 중의 부부 사이에서 출생한 자녀를 혼인 중의 자녀라고 한다.[1] 따라서 부부 중 일방이 상대방 배우자 외의 다른 사람과 관계하여 출산한 자녀는 혼인 외의 자녀가 된다. 미혼의 남녀 사이에서 출산을 한 경우에도 혼인 외의 자녀가 된다.

민법은 모(母)의 경우에는 출산에 의하여 친생관계를 인정하고 있고,[2] 부(父)의 경우에는 처가 혼인 중에 임신한 경우에 한하여 자녀와의 친생관계를 추정하고 있다(제844조 제1항).

---

1) 통설은 혼인 중의 자녀를 부부가 혼인 중에 출생한 자녀로 정의하고 있으나 이는 법문의 내용에 반한다. 제844조 참조.

2) 대판 1967. 10. 4., 67다1791.

## 2. 모(母)의 결정

### (1) 원칙

아이가 태어난 경우 그 아이를 출산한 여성은 혼인 중의 자녀, 인지의 여부, 출생신고를 하였는지의 여부와 상관없이 당연히 자녀와 친생자관계가 발생한다.[1] 이는 아이를 직접 출산한 사람을 모(母)라고 여기기 때문이다. 하지만 이렇게 아이를 출산한 사람이 그 아이의 모가 된다는 것이 규범적으로는 그렇게 당연하지 않은 경우가 있다. 바로 대리모계약에 의하여 아이를 출산하는 경우이다.

### (2) 대리모계약

대리모계약은 특정 여성이 다른 사람을 위하여 대신 아이를 낳아주는 계약을 말한다. 이러한 대리모 계약에서는 당사자 사이에 아이를 출산한 여성이 아이의 모(母)로서의 지위를 포기하는 것이 전제되는데, 보통 두 가지 유형이 있다.

먼저 대리모가 자신의 난자와 다른 남자의 정자를 - 통상 성관계를 통하여 - 수정하여 대리모가 출산을 하는 경우로 유전대리모계약이라고 한다. 이에 반해 출산대리모계약은 다른 여성의 난자와 정자가 체외수정된 것을 대리모의 자궁에 착상시켜 출산하는 경우를 말한다.

대리모 계약에 대하여 대체로 학설[2]은 반사회적 법률행위에 해당하여 효력이 없는 것으로 보고 있다. 따라서 대리모계약을 체결한 여

1) 대판 1967. 10. 4., 67다1791.
2) 곽윤직/김재형, 민법총칙, 2016, 285면; 이은영, 민법총칙, 2009, 379면 등.

성에 대하여 대리 출산의 이행을 청구할 수도 없을 뿐만 아니라 대리모계약에 기초하여 아이를 낳은 경우라도 아이를 인도하거나 모로서의 지위를 포기하도록 요구할 수도 없게 된다.[1] 즉 대리모계약을 체결하더라도 여전히 출생한 자녀의 모(母)는 직접 출산을 한 여성이 된다. 다만 자녀를 원하는 불임의 부부를 위하여 예외적으로 대리모계약을 인정하는 입법의 필요성에 대하여 진지한 고민이 필요해 보인다.

> "혼인 외의 출생자와 생모 사이에는 생모의 인지나 출생신고를 기다리지 아니하고 자의 출생으로 당연히 법률상의 친자관계가 생기고, 가족관계등록부의 기재나 법원의 친생자관계존재확인판결이 있어야만 이를 인정할 수 있는 것이 아니다. 따라서 인지를 요하지 아니하는 모자관계에는 인지의 소급효 제한에 관한 민법 제860조 단서가 적용 또는 유추적용되지 아니하며, 상속개시 후의 인지 또는 재판의 확정에 의하여 공동상속인이 된 자의 가액지급청구권을 규정한 민법 제1014조를 근거로 자가 모의 다른 공동상속인이 한 상속재산에 대한 분할 또는 처분의 효력을 부인하지 못한다고 볼 수도 없다. 이는 비록 다른 공동상속인이 이미 상속재산을 분할 또는 처분한 이후에 그 모자관계가 친생자관계존재확인판결의 확정 등으로 비로소 명백히 밝혀졌다 하더라도 마찬가지이다."[2]

---

1) "우리 민법상 모자관계의 결정 기준이 '모의 출산사실'인 점, 가족관계등록법상 출생신고를 할 때에는 출생신고서에 첨부하는 출생증명서 등에 의하여 모의 출산사실을 증명하여야 하는 점, 인간의 존엄과 가치를 침해하는 것을 방지함으로써 생명윤리와 안전을 확보하고 국민의 건강과 삶의 질 향상에 이바지하고자 하는 생명윤리법의 입법 목적 등을 종합하여 볼 때, 남편이 배우자 아닌 여성과의 성관계를 통하여 임신을 유발시키고 자녀를 낳게 하는 고전적인 대리모의 경우뿐만 아니라, 본건과 같이 부부의 정자와 난자로 만든 수정체를 다른 여성의 자궁에 착상시킨 후 출산케 하는 이른바 '자궁(출산)대리모'도 우리 법령의 해석상 허용되지 아니한다고 할 것이고, 이러한 대리모를 통한 출산을 내용으로 하는 계약은 선량한 풍속 기타 사회질서에 위반하는 것으로써 민법 제103조에 의하여 무효라고 할 것이다."(서울가결 2018. 5. 9., 2018브15)

2) 대판 2018. 6. 19., 2018다1049.

## 3. 부(夫)의 친생자의 추정

### (1) 의의

모(母)의 경우와 달리 자녀가 출생한 경우 누가 그 자녀의 부(父)가 될 것인가는 단지 외형에 비추어 획일적 확정적으로 결정할 수가 없다. 민법은 모(母)가 자녀를 임신한 경우 혼인 중의 남편을 그 부(父)로 추정하고 있다(제844조 제1항).

### (2) 추정의 범위

남편의 친생자로 추정을 받는 자녀의 범위는 혼인 중에 임신한 자녀로 혼인이 성립한 날로부터 200일 후, 혼인관계가 종료한 날로부터 300일 이내에 출생한 자녀이다(제844조 제2항 및 제3항). 여기서 특히 혼인 중에 출생하였음에도 혼인 후 200일이 되기 이전에 출생한 자녀는 친생추정을 받지 못하게 되는데, 이 경우 친생자출생신고를 하게 되면 인지의 효력이 생기게 되므로(가족관계등록법 제57조 제1항), 자녀는 남편의 친생자가 된다.

### (3) 부(父)의 결정

재혼한 여자가 해산한 경우에 제844조의 규정에 의하여 그 자의 부(父)를 정할 수 없는 때에는 법원이 당사자의 청구에 의하여 이를 정한다(제845조). 즉 혼인관계가 소멸하고 곧 재혼을 하는 경우 전남편과 동시에 재혼한 남편의 자녀로 추정되는 경우가 발생할 수 있다. 이 경우 당사자의 청구에 의하여 가정법원이 부(父)를 결정하게 된다(가사소송법 제2조 나류 가사소송사건). 부를 정하는 소는 자녀, 어머니, 어머니의 배우자 또는 어머니의 전(前) 배우자가 제기할 수 있다(가사소송법 제27조 제1항).

### (4) 친생부인의 소

친생의 추정을 받는 자녀에 대하여 친생자관계가 존재하지 않음을 주장하는 사람은 원칙적으로 친생부인의 소를 제기하여야 한다(제846조, 제847조). 친생부인의 소는 가사소송법 나류 사건으로 조정전치주의가 적용된다(가사소송법 제50조).

> "법률상 타인의 친생자로 추정되는 자에 대하여서는 그 부로부터 친생부인의 소에서의 판결이 확정되기 전에는 아무도 인지를 할 수 없는 것이고, 또 법률상 부부관계가 계속 중에 처가 포태한 자는 부의 자로 추정된다 함이 민법 제844조 제1항에서 규정하고 있는 바이고, 이러한 자의 친생을 부인하려면 민법 제847조 제1항의 규정에 의하여 확정 판결을 받는 도리밖에 없으며, 부부가 사실상 이혼하여 여러 해에 걸쳐 별거 생활을 하던 중에 자를 포태한 경우에도 위 추정은 번복되지 않는다 할 것이고, 또 친자 부인의 소는 가사심판법 제2조 소정 병류사건(현행 가사소송법 제2조 나류사건)으로 조정을 할 수 있는 사건이고, 친생부인의 조정이 성립되었다고 하여도, 이는 같은 법 제19조 제2항 단항(현행 가사소송법 제59조 제2항 단서) 소정 본인이 임의로 처분할 수 없는 사항에 관한 것이라 할 것이므로, 친생부인의 효력이 발생되지 않는다."[1)]

#### 1) 원고적격

친생부인의 소를 제기할 수 있는 자는 자녀와 친생관계가 추정되는 남편과 그 아내로 제한된다(제847조 제1항). 여기서 아내는 자녀의 생모만을 의미하며 친생관계의 추정을 받는 전남편과 재혼한 아

---

1) 대판 1968. 2. 27., 67므34.

내는 제외된다.[1] 따라서 자녀는 비록 부(父)와 친생관계가 없음이 명확하다고 하더라도 친생부인의 소를 제기하지 못한다. 마찬가지로 자녀의 생부도 친생부인의 소를 제기할 수 없으며, 친생부인의 판결이 확정되지 않은 한 인지도 원칙적으로 허용되지 않는다.

남편이나 아내가 피성년후견인인 경우에는 그의 성년후견인이 성년후견감독인의 동의를 받아 친생부인의 소를 제기할 수 있다. 성년후견감독인이 없거나 동의할 수 없을 때에는 가정법원에 그 동의를 갈음하는 허가를 청구할 수 있다(제848조 제1항). 성년후견인이 친생부인의 소를 제기하지 아니하는 경우에는 피성년후견인은 성년후견종료의 심판이 있은 날부터 2년 내에 친생부인의 소를 제기할 수 있다(제848조 제2항).

남편이나 아내가 유언으로 친생부인의 의사를 표시한 때에는 유언집행자는 친생부인의 소를 제기하여야 한다(제850조).

부(夫)가 자(子)의 출생 전에 사망하거나 부(夫) 또는 처(妻)가 제847조 제1항의 기간 내에 사망한 때에는 부(夫) 또는 처(妻)의 직계존속이나 직계비속이 친생부인의 소를 제기할 수 있다(제851조).

### 2) 피고적격

소의 상대방은 부부의 다른 일방 또는 자녀이다(제847조 제1항). 상대방이 될 자가 모두 사망한 때에는 그 사망을 안 날부터 2년 내에 검사를 상대로 하여 친생부인의 소를 제기할 수 있다(동조 제2항).

1) 대판 2014. 12. 11., 2013므4591.

### 3) 출소기간

친생부인의 소는 그 사유가 있음을 안 날, 즉 출생자가 친생자가 아니라는 사실을 안 때로부터 2년 내에 이를 제기하여야 한다(제847조 제1항). 부(夫) 또는 처(妻)의 직계존속이나 직계비속이 친생부인의 소를 제기하는 경우 그 사망을 안 날부터 2년 내에 친생부인의 소를 제기하여야 한다(제851조).

### 4) 자녀가 사망한 후의 친생부인

자녀가 사망한 후에도 그 직계비속이 있는 때에는 그 모를 상대로, 모가 없으면 검사를 상대로 하여 친생부인의 소를 제기할 수 있다(제849조). 손자 등의 직계비속과도 혈족관계를 부인할 이익이 있기 때문이다.

### 5) 효과

친생부인의 판결로 남편과 자녀 사이의 친생자관계는 소급적으로 소멸하게 된다.

"부적법한 (친생자관계부존재확인)청구일지라도 법원이 그 잘못을 간과하고 청구를 받아들여 친생자관계가 존재하지 않는다는 확인의 심판을 선고하고 그 심판이 확정된 이상 이 심판이 당연무효라고 할 수는 없는 것이며, 구 인사소송법(1990. 12. 31. 법률 제4300호 가사소송법에 의하여 폐지) 제35조, 제32조에 의하여 위 확정심판의 기판력은 제3자에게도 미친다고 할 것이어서 위 심판의 확정으로 누구도 소송상으로나 소송 외에서 친생자임을 주장할 수 없게 되었다고 할 것이니 이제는 위 확정심판의 기판력과 충돌되는 친생자로서의 추정의 효력은 사라져버렸다."[1)]

#### 6) 친생부인권의 소멸

자의 출생 후에 친생자(親生子)임을 승인한 자는 다시 친생부인의 소를 제기하지 못한다(제852조).

### (5) 친생부인의 허가청구

친생추정을 받는 자녀와 부(父) 사이의 관계를 부정하기 위하여서는 원칙적으로 친생부인의 소만 허용된다. 따라서 민법 제844조 제3항에 따라 혼인관계가 종료한 날로부터 300일 이내에 출생한 자녀에 대하여서도 친생부인이 소에 의하여 확정되지 않으면 비록 생부이더라도 자녀를 인지하지 못하게 된다. 그런데 이때 출생한 자녀는 전남편과의 혼인관계가 종료하기 직전이나 직후에 임신한 경우로 그 자녀는 전남편의 친생 자녀가 아닌 경우가 많다. 여기서 실제로 출생한 자녀가 전남편의 친생자가 아님이 명백하고 전남편도 친생추정을 원하지 않는 경우라면 엄격한 친생부인의 소를 거치지 않고 모나 생부가 전남편과의 친생추정을 부인하도록 할 필요성이 있다. 결국 헌법재판소는 제844조 제2항에 대한 헌법 불합치판결을 내렸고,[2)] 2017년에 개정된 민법은 제854조의2와 제855조의2를 추가하여 친생추정부인의 허가제도를 도입하게 되었다(가사소송법 제2조 라류 가사비송사건).

1) 대판 1992. 7. 24., 91므566.

2) 헌재결 2015. 4. 30., 2013헌마623.

### 1) 모 또는 전남편에 의한 친생부인의 허가청구

혼인관계가 종료된 날로부터 300일 이내에 출생한 자녀에 대하여 모(母) 또는 모(母)의 전(前) 남편은 가정법원에 친생부인의 허가를 청구할 수 있다(제854조의2 제1항). 친생부인의 허가청구가 있게 되면 가정법원은 혈액채취에 의한 혈액형 검사, 유전인자의 검사 등 과학적 방법에 따른 검사결과 또는 장기간의 별거 등 그 밖의 사정을 고려하여 허가 여부를 정한다(동조 제2항). 친생부인의 허가를 받은 경우에는 전남편과 자녀 사이에 친생자 추정이 미치지 않게 된다(동조 제3항). 친생부인의 허가청구는 혼인 중의 자녀로 출생신고가 되지 않은 경우에 한하여 인정된다(동조 제1항 단서).

### 2) 생부에 의한 인지의 허가청구

혼인관계가 종료된 날로부터 300일 이내에 출생한 자녀에 대하여 생부(生父)는 가정법원에 인지의 허가를 청구할 수 있다(제855조의2 제1항 전문). 이미 전남편과의 사이에 혼인 중의 자녀로 출생신고가 된 경우에는 인지허가청구를 하지 못한다(동조 제1항 단서). 인지허가청구가 있게 되면 가정법원은 혈액채취에 의한 혈액형 검사, 유전인자의 검사 등 과학적 방법에 따른 검사결과 또는 장기간의 별거 등 그 밖의 사정을 고려하여 허가 여부를 정한다(동조 제2항). 인지허가를 받은 생부가 가족관계등록법 제57조 제1항에 따라 친생자 출생의 신고를 하게 되면 전남편과의 친생자관계 추정이 미치지 않게 된다(동조 제3항). 즉 인지가 유효하게 되어 자녀와 생부 사이에 친생자관계가 출생 시에 소급하여 발생하게 된다(제860조).

**[사례 14]**

A남은 B녀와 혼인하여 12년 동안 자녀 C와 甲을 낳은 후 이혼하였고 乙녀와 재혼하여 자녀 D를 낳고 사망하였다. A가 사망하자 상속재산과 관련하여 甲과 乙 사이에 분쟁이 발생하였는데, 그 와중에 乙은 甲이 A의 자녀가 아니라 B가 바람을 피워 낳은 자녀라는 이야기를 전해 듣게 되었다. 실제로 유전자 감정의 결과 甲이 A남의 자녀일 수 없다는 소견이 나왔다. 乙은 甲이 A의 상속재산 분할에 관여하기를 원하지 않았다.[1)]

(1) 乙은 甲을 상대로 A와 甲이 친생자관계가 아니라는 점을 들어 친생자관계 부존재확인의 소를 제기한다. 법원의 입장은?

(2) 乙은 甲을 상대로 A가 甲의 친생자가 아니라는 친생부인의 소를 제기한다. 법원의 입장은?

# III. 혼인 외의 자녀

## 1. 의의

혼인하지 않은 부부 사이에서 출생한 자녀를 혼인 외의 자녀라고 한다(제844조 제1항 참조). 혼인한 배우자가 상대방 배우자가 아닌 다른 이성과 관계하여 출산한 경우뿐만 아니라 미혼의 남녀가 자녀를 출산한 경우에도 혼인 외의 자녀이다. 무효인 혼인관계에서 태어난 자녀도 혼인 외의 자녀에 해당한다(제855조 제1항). 혼인 외의 자녀는 비록 혈연적으로 부모의 친생자인 경우라도 법률상 자녀로 인정받지 못한다. 따라서 부모의 재산에 대한 상속이나 부양청구와 같은 법률상의 권리를 행사하지 못한다.

1) 대판 2014. 12. 11., 2013므4591의 사안을 변형한 것임.

## 2. 인지

### (1) 의의

혼인 외의 출생자를 그 생부나 생모가 자신의 자녀라고 인정하는 것을 인지라고 한다. 혼인 외의 자녀를 인지한 경우 그 자녀는 인지한 부모의 친생자녀가 된다. 생모는 출산에 의하여 당연히 친생자관계가 발생하므로 기아와 같은 특수한 경우를 제외하고는 원칙적으로 인지가 요구되지 않는다.[1] 따라서 인지는 통상 생부에 의한 인지만이 문제된다.

인지는 부모가 자발적으로 법률이 정하는 절차에 따라 하는 임의인지와 자녀가 소송의 방법으로 인지청구권을 행사하는 강제인지가 있다.

### (2) 임의인지

#### 1) 의의

임의인지는 혼인 외의 출생자에 대하여 생부가 가족관계등록법이 정하는 절차에 따라 신고함으로써 성립한다(제859조 제1항).

#### 2) 임의인지의 요건

① 인지권자

인지를 할 수 있는 자는 원칙적으로 생부이다. 일신전속적인 것

1) 대판 1967. 10. 4., 67다1791.

으로 대리가 허용되지 않는다.[1] 따라서 사실혼 관계에 있던 부(夫)의 처가 그들 간에 출생한 자녀를 친생자인 양 출생신고를 하였더라도 인지로서의 효력이 인정되지 않는다.[2] 인지는 유언으로도 이를 할 수 있는데, 이 경우에는 유언집행자가 이를 신고하여야 한다(제859조 제2항). 피성년후견인은 성년후견인의 동의를 받아 인지할 수 있다(제856조).

② 인지의 상대방

인지는 혼인 외의 출생자에 대하여서만 가능하다. 따라서 혼인 중의 처가 남편과 별거 중에 다른 남자와의 사이에 출산한 자녀이더라도 생부는 친생부인의 소에 의한 판결이 확정되지 않는 한 인지를 하지 못한다.[3]

자녀가 사망한 후에도 그 직계비속이 있는 때에는 이를 인지할 수 있으며(제857조), 포태 중에 있는 자녀에 대하여도 인지할 수 있다(제858조).

③ 인지신고

인지는 가족관계등록법 제55조 이하에서 정하는 방법에 따라 신고함으로써 효력을 발생한다(제859조 제1항, 창설적 신고). 유언에 의한 인지의 경우 유언집행자가 이를 신고하여야 한다(제859조 제2

---

1) "민법 855조 소정 인지는 혼인 외 출생자에 대하여 법률상의 부 또는 모를 정하는 친자관계를 창설하는 제도로서 사실상의 부 또는 모 즉 인지자 자신의 의사에 의하여야 하고 그 외의 타인은 어떠한 방법으로도 인지할 수 없다 할 것이므로 조부(조부)가 그의 친자의 혼인 외 출생자에 대하여 출생신고를 하였다 하여도 혼인 외 출생자에 대한 인지의 효력이 없고 법률상 당연무효라 할 것이다."(대판 1976. 4. 13., 75다948)

2) 대판 1985. 10. 22., 84다카1165.

3) 대판 1978. 10. 10., 78므29.

항, 보고적 신고).[1] 부(父)가 혼인 외의 자녀에 대하여 친생자출생신고를 한 경우에도 인지의 효력이 발생한다(가족관계등록법 제57조 제1항).

### 3) 임의 인지의 무효, 취소 및 이의의 소

인지권자가 아닌 자의 인지나 의사능력 없는 상태에서의 인지, 다른 사람의 친생자 추정을 받고 있는 자에 대한 인지 등은 효력이 없다. 인지의 무효는 절대적 무효이므로 인지무효의 소(가사소송법 가류 가사소송사건)는 확인의 소에 해당한다.[2]

사기, 강박 또는 중대한 착오로 인하여 인지를 한 때에는 사기나 착오를 안 날 또는 강박을 면한 날로부터 6월내에 가정법원에 그 취소를 청구할 수 있다(제861조, 가사소송법 제2조 나류 가사소송사건). 인지의 취소에는 소급효가 인정된다(제860조). 자녀 기타 이해관계인은 인지의 신고 있음을 안 날로부터 1년 내에 인지에 대한 이의의 소를 제기할 수 있다(제862조).

> "생부의 인지 없이 생모에 의해 임의로 생부의 친생자로 출생신고 되었다는 것을 이유로 한 인지무효확인의 확정심판은 생부 스스로 자(子)를 그의 친생자로 인정하여 출생신고를 한 바 없는데도 생모에 의해 그러한 행위를 한 것처럼 호

1) 유언집행자의 신고에 대하여 가족관계등록법 제59조가 보고적 신고에 관한 제58조를 준용하지 않고 창설적 신고에 관한 제55조 내지 제56조의 규정을 준용한다는 점을 들어 창설적 신고라고 하는 견해(윤진수, 친족상속법강의, 2018, 176면)가 있으나, 제59조가 준용하는 것은 신고에 필요한 절차를 준용하는 것이지 그 효력을 준용하는 것이 아니며, 유언의 효력은 유언자가 사망한 때에 효력을 발생한다(제1073조 제1항)는 점에서 보고적 신고라고 보는 해석이 타당하다. 특히 유언집행자가 신고를 하지 않는 경우에 창설적 신고의 견해에 의하면 인지의 효력을 부정하여야 하는데 이러한 해석은 생부나 자녀의 입장에서 보면 부당한 결론이 될 수 있다.

2) 대판 1976. 4. 13., 75다948.

적상 기재가 되어 있으니 그 출생신고에 의한 임의인지가 무효임을 확인한다는 것이 심판대상임이 명백하고, 따라서 그 기판력 역시 생부의 출생신고에 의한 임의인지가 무효라는 점에 한하여 발생할 뿐이며, 나아가 생부와 자(子) 사이에 친생자관계가 존재하는지의 여부에 대해서까지 그 확정심판의 효력이 미치는 것은 아니므로, 그 확정심판의 효력은 자(子)와 생부 사이에 친생자관계가 존재함을 전제로 하여 재판상인지를 구하는 청구에는 미치지 아니한다."[1]

### (3) 강제인지

#### 1) 의의

자녀나 그 직계비속 또는 그 법정대리인이 생부 또는 생모를 상대로 하여 인지청구의 소를 제기하여 인지를 받는 경우를 강제인지라고 한다(제863조, 가사소송법 나류 가사소송사건). 부(父)에 대한 인지청구의 소는 형성의 소이며 모(母)에 대한 경우는 확인의 소이다.

인지청구권은 본인의 일신 전속적인 신분관계상의 권리로서 포기할 수 없는 권리이므로 화해가 재판상 이루어지고 그것이 화해조항에 표시되었다 할지라도 이 화해는 그 효력이 없으며,[2] 실효의 법리가 적용될 여지도 없다.[3] 따라서 혼인 외의 자가 친생자관계의 부존재를 확인하는 대가로 금원 등을 지급받으면서 추가적인 금전적 청구를 포기하기로 합의하였다 하더라도 이러한 합의는 당사자가 임의로 처분할 수 없는 사항에 관한 처분을 전제로 한 것이므로, 이에 반하여 인지청구를 하고 그 확정판결에 따라 상속분상당가액지급청구를 하더라도 신의칙 위반으로 보기 어렵다.[4]

---

1) 대판 1999. 10. 8., 98므1698.
2) 대판 1987. 1. 20., 85므70.
3) 대판 2001. 11. 27., 2001므1353.
4) 대판 2007. 7. 26., 2006므2757.

### 2) 인지청구권자

인지청구권자는 자녀나 그 직계비속 또는 법정대리인이다. 다른 사람의 친생자로 추정되는 자녀는 원칙적으로 인지청구를 하지 못한다. 다만 대법원은 "호적상의 부모의 혼인중의 자로 등재되어 있는 자라 하더라도 그의 생부모가 호적상의 부모와 다른 사실이 객관적으로 명백한 경우에는 그 친생추정이 미치지 아니한다고 봄이 상당하고, 따라서 그와 같은 경우에는 곧바로 생부모를 상대로 인지청구를 할 수 있다"고 하고 있다.[1] 다른 사람의 양자가 된 경우에도 친양자가 아니면 생부를 상대로 인지청구를 할 수 있다고 보아야 할 것이다.[2]

### 3) 인지청구의 상대방

인지청구의 상대방은 생부 또는 생모이고, 부 또는 모가 사망한 때에는 그 사망을 안 날로부터 2년 내에 검사를 상대로 하여 인지청구의 소를 제기할 수 있다(제864조).

## (4) 준정

혼인 외의 출생자는 그 부모가 혼인한 때에는 그때로부터 혼인 중의 출생자로 본다(제855조 제2항). 이를 혼인에 의한 준정이라고 한다. 하지만 혼인에 의하여 혼인 중의 출생자가 되더라도 여전히 부(夫)의 친생자로서 추정은 미치지 않는다. 따라서 인지를 하거나 혹은 친생자의 출생신고를 하게 됨으로써 친생자가 된다(가족관계등록

1) 대판 2000. 1. 28., 99므1817.

2) 윤진수, 친족상속법강의, 2018, 179면.

법 제57조 제1항). 결국 혼인 외의 출생자를 혼인 중의 출생자로 인정하여 주는 준정은 그 자체로 친생자관계와 관련한 법률적 효력을 직접적으로 주는 것은 아니다.

### (5) 인지의 효과

인지된 자녀는 출생 시에 소급하여 부(父)와의 사이에 친생자관계가 생긴다(제860조 전문). 그러나 제3자가 취득한 권리를 해하지 못한다(제860조). 대법원은 이미 상속재산분할로 취득한 공동상속인의 권리 및 공동상속인들의 처분행위에 의해 양수한 권리를 인지의 소급효에도 불구하고 보호받는 제3자의 권리로 보고 있다.[1] 반면 인지받은 자의 후순위상속인의 상속권은 여기에 해당하지 않는 것으로 보고 있다.[2]

자녀가 인지된 경우에 자의 양육책임과 면접교섭권에 관하여 제837조 및 제837조의2의 규정이 준용된다. 이 경우 자녀를 혼자 양육한 모(母)는 부(父)에 대하여 과거의 양육비를 상환청구할 수 있다. 인지의 경우 자녀는 부모의 협의에 따라 종전의 성과 본을 계속 사용할 수 있다. 부모가 협의할 수 없거나 협의가 이루어지지 아니한 경우에는 자녀는 법원의 허가를 받아 종전의 성과 본을 계속 사용할 수 있다(제781조 제5항).

**[사례 15]**

乙회사에서 근무하던 甲은 근무 도중 사망하였다. 甲은 유족으로 모친 丙이 있었다. 丙은 乙을 상대로 甲에 대한 손해배상금의 이행을 내용으로 하는 손해

---

1) 대판 2007. 7. 26., 2006다83796.

2) 대판 1993. 3. 12., 92다48512.

배상청구소송을 제기하여 1991. 9. 6. 일부승소판결을 선고받았다. 그런데 사망 당시 甲에게는 X와의 사이에 혼인 외의 자녀인 丁이 있었다. 丁은 丙이 乙을 상대로 손해배상청구소송을 제기하였다는 소식을 듣고 1991. 3. 9. 乙에게 내용증명우편으로 "자신이 甲의 친생자이므로 丙에게 손해배상금을 지급하지 말 것"을 요구하였고, 1991. 5. 18. 인지청구소송을 제기한 후 소제기접수증 및 소장 등의 사본을 乙에게 보냈다. 그러나 乙과 丙은 손해배상금액에 합의하여 乙은 지연손해금을 포함한 97,677,047원에서 일부를 면제받고, 합의한 금 85,000,000의 손해배상액을 丙에게 지급하였다. 丁의 인지청구소송은 1991. 12. 27. 승소로 확정되었다.[1] 丁은 乙을 상대로 손해배상금의 지급을 청구하는 소송을 제기하고 동시에 丙을 상대로 부당이득반환청구소송을 제기하였다. 법원의 입장은?

## 3. 친생자관계존부확인의 소

### (1) 의의

친생자관계존부확인의 소는 친생자관계의 존재 또는 부존재를 확인해 줄 것을 구하는 소이다.

### (2) 청구의 요건

#### 1) 청구권자

친생자관계존부확인의 소는 부(父)를 정하는 소(제845조), 친생부인의 소(제846조, 제850조, 제851조), 인지에 대한 이의의 소(제862조), 인지청구의 소(제863조)의 규정에 의하여 원고적격이 인정되는 사람이 제기할 수 있다(제865조).

1) 대판 1995. 1. 24., 93다32200의 사안을 변형한 것임.

### 2) 상대방

친자관계가 문제되는 어느 한쪽이 친생자관계존부확인소송을 제기할 때는 타방의 당사자를 상대방으로 한다. 예를 들어 친자로 되어 있는 자녀는 아버지를 상대로, 아버지로 되어 있는 사람은 자녀를 상대방으로 하여 친생자관계부존재확인의 소송을 제기할 수 있다(가사소송법 제28조, 제24조). 이 경우 타방 당사자가 사망한 때에는 그 사망을 안 날로부터 2년 내에 검사를 상대로 하여 소를 제기할 수 있다(제865조 제2항). 제3자가 이 소를 제기할 때에는 아버지와 자녀 모두를 상대로 하고 이 중 어느 한쪽이 사망한 경우에는 그 생존자를 상대방으로 한다(가사소송법 제28조, 제24조). 친생자관계존부확인소송은 소송물이 일신전속적인 것이므로, 제3자가 친자 쌍방을 상대로 제기한 친생자관계부존재확인소송이 계속되던 중 친자 중 어느 한편이 사망하였을 때에는 생존한 사람만 피고가 되고, 사망한 사람의 상속인이나 검사가 절차를 수계할 수 없다. 이 경우 사망한 사람에 대한 소송은 종료된다.[1)]

### 3) 확인의 이익

친생자관계존부확인의 소를 제기할 수 있는 경우를 민법은 부(父)를 정하는 소(제845조), 친생부인의 소(제846조, 제850조, 제851조), 인지에 대한 이의의 소(제862조), 인지청구의 소(제863조)에 해당하지 않는 사유로 제한한다. 따라서 제844조에 의하여 친생추정을 받는 자녀에 대하여는 부에 의한 친생부인의 소가 확정되기 전

1) 대판 2018. 5. 15., 2014므4963.

에는 친생자관계부존재확인의 소를 제기할 수 없다.[1] 대법원은 가정법원의 허가를 요건으로 정하는 입양에 관한 2012년 민법 개정이 있기 전에 허위의 친생자출생신고가 입양의 의사로 이루어진 경우 그 입양은 유효한 것으로 인정하여 왔다.[2] 이렇게 형성된 양친자관계는 파양에 의하여 해소될 수 있는 점을 제외하고는 법률적으로 친생자관계와 똑같은 내용을 갖게 되므로 파양에 의하여 그 양친자관계를 해소할 필요가 있는 등 특별한 사정이 없는 한 그 가족관계등록부의 기재 자체를 말소하여 법률상 친자관계의 존재를 부인하게 하는 친생자관계부존재확인청구는 허용될 수 없다.[3]

"인지에 대한 이의의 소 또는 인지무효의 소는 민법 제855조 제1항, 호적법 제60조의 규정에 의하여 생부 또는 생모가 인지신고를 함으로써 혼인 외의 자를 인지한 경우에 그 효력을 다투기 위한 소송이며, 위 각 법조에 의한 인지신고에 의함이 없이 일반 출생신고에 의하여 호적부상 등재된 친자관계를 다투기 위하여는 위의 각 소송과는 별도로 민법 제865조가 규정하고 있는 친생자관계부존재확인의 소에 의하여야 할 것인바, 호적법 제62조에 부가 혼인 외의 자에 대하여 친생자 출생신고를 한 때에는 그 신고는 인지의 효력이 있는 것으로 규정되어 있으나, 그 신고가 인지신고가 아니라 출생신고인 이상 그와 같은 신고로 인한 친자관계의 외관을 배제하고자 하는 때에도 인지에 관련된 소송이 아니라

---

1) "민법 제844조 제1항의 친생추정은 반증을 허용하지 않는 강한 추정이므로, 처가 혼인 중에 포태한 이상 그 부부의 한쪽이 장기간에 걸쳐 해외에 나가 있거나, 사실상의 이혼으로 부부가 별거하고 있는 경우 등 동거의 결여로 처가 부(부)의 자를 포태할 수 없는 것이 외관상 명백한 사정이 있는 경우에만 그 추정이 미치지 않을 뿐이고, 이러한 예외적인 사유가 없는 한 누구라도 그 자가 부의 친생자가 아님을 주장할 수 없는 것이어서, 이와 같은 추정을 번복하기 위하여는 부가 민법 제846조, 제847조에서 규정하는 친생부인의 소를 제기하여 그 확정판결을 받아야 하고, 이러한 친생부인의 소가 아닌 민법 제865조 소정의 친생자관계부존재확인의 소에 의하여 그 친생자관계의 부존재확인을 구하는 것은 부적법하다."(대판 2000. 8. 22., 2000므292)

2) 대판 2018. 5. 15., 2014므4963.

3) 대판(전) 2001. 5. 24., 2000므1493.

친생자관계부존재확인의 소를 제기하여야 한다."[1]

**[사례 16]**

甲은 무정자증인 관계로 乙과 혼인 후에도 아이를 가질 수 없는 상황이었다. 결혼 초기에는 아이가 없어도 괜찮다고 생각하였지만 그 후 마음이 바뀌어 부부는 다른 사람의 정자를 체외수정하는 방법에 의하여서라도 자녀를 갖기로 합의하였다. 이렇게 하여 丙의 정자와 乙의 난자를 체외수정하는 방법으로 丁을 출산하게 되었고 甲은 丁을 자신의 친생자로 출생신고하였다. 그런데 처음의 생각과 달리 출산 후 3년이 지난 甲은 乙이 자신의 모습과 너무나 다른 丁을 예뻐하고 애지중지하는 것을 보고 丁에 대한 서운한 감정을 품게 되었다. 이렇게 시작된 감정은 乙에 대한 미움으로 번져 甲과 乙은 잦은 부부싸움을 하게 되었다. 甲은 丁과의 법률상 친자관계를 부정하고 가족관계등록부의 기재를 정정하기를 원한다.[2] 가능한가?

1) 대판 1993. 7. 27., 91므306.

2) 대판(전) 2019. 10. 23., 2016므0000.

# 제3절 양친자관계

## I. 의의

### 1. 개념

양친자관계란 법률이 정하는 입양절차에 의하여 형성된 양부모와 양자 사이의 혈족관계를 말한다. 민법은 출생에 의한 자연혈족관계 이외에 유일하게 입양에 의한 법정혈족관계를 인정하고 있다.

개인의 복리에 앞서 가족공동체의 지속을 중요시하던 종래의 전통적 유교사회에서는 입양제도가 주로 가계계승의 수단으로 인식되었다. 즉 가계에 직계비속의 남자가 없는 경우 그 가계에 합당하다고 여겨지는 동성동본의 남자를 가장이 입양하여 자신의 자녀로 삼아 가계를 계승하는 수단으로 입양제도를 활용하였던 것이다. 반면 현대의 입양제도는 이러한 가문의 대를 잇는 목적에서 벗어나 정상적인 가정을 갖지 못하는 자녀의 복리를 위한 제도로 변모하였다. 이러한 목적에 걸맞게 국가는 입양을 장려함과 아울러 입양제도의 개선과 절차에 적극적으로 개입하게 되었고 민법도 입양자녀의 복리를 최우선으로 하는 절차를 마련하게 된다.

### 2. 종류

민법은 양친자관계를 일반양친자관계와 친양자관계로 구별하여 규정하고 있다. 먼저 일반양친자관계는 일반입양에 의하여 형성되는 경우로 입양에도 불구하고 친생부모와 자녀 사이의 법률관계가 원칙적으로 유지되는 경우이다. 이에 반하여 친양자관계는 친양자입양에 의하는 경우로 친생부모와 자녀 사이의 관계가 단절되는 경우이다.

## II. 일반입양

### 1. 의의

일반입양은 친생부모와 자녀 사이의 법률관계가 입양으로 양친자관계가 형성된 이후에도 여전히 유지되는 경우이다. 민법은 2012년 개정을 통하여 입양제도에 대한 대폭적인 변화를 주었는데, 미성년 자녀에 대한 입양의 경우 일반입양에도 가정법원의 적극적인 개입을 인정하여 그 복리에 가장 도움이 되도록 하였다.

### 2. 성립요건

#### (1) 당사자의 합의

입양은 양친자관계를 형성시키는 법률행위로 당사자 사이에 입양의 합의가 있어야 한다. 다만 양자가 되려는 자가 미성년자인 경우, 민법은 의사표시와 관련하여 특별한 규정을 두고 있다.

##### 1) 미성년자를 입양하는 경우

양자가 되려는 자가 미성년자인 경우, 원칙적으로 법정대리인의 동의가 있어야 한다. 미성년자의 입양을 위해서는 양친이 되려는 자의 청약과 미성년자의 승낙이 있어야 한다.

① 양친이 되려는 자의 청약

양친이 되려는 자는 성년자에 한한다. 혼인한 미성년자는 성년으로 의제되므로(제826조의2) 양친이 될 수 있다. 다만 가정법원은 양친이 될 자의 나이나 양육능력 등을 고려하여야 할 것이다.[1)]

② 양자가 되려는 미성년자의 승낙

양자가 될 사람이 13세 이상의 미성년자라면 그는 법정대리인의 동의를 받아 입양을 승낙할 수 있다(제869조 제1항). 양자가 될 사람이 13세 미만인 경우에는 법정대리인이 그에 갈음하여 입양을 승낙한다(제869조 제2항). 법정대리인의 동의나 승낙은 가정법원의 입양허가가 있기 전까지 철회할 수 있다(제869조 제5항).

법정대리인이 미성년 자녀에 대한 입양의 동의나 승낙을 정당한 이유 없이 거부할 경우에도 가정법원은 입양의 허가를 할 수 있다. 다만 법정대리인이 친권자인 경우에는 3년 이상 자녀에 대한 부양의무를 이행하지 않은 경우, 자녀를 학대 또는 유기하거나 그 밖에 자녀의 복리를 현저히 해친 경우에 한하여 입양의 허가를 할 수 있다(제869조 제3항 제1호). 이 경우 가정법원은 법정대리인을 심문하여야 한다(제869조 제4항). 법정대리인의 소재를 알 수 없는 등의 사유로 동의 또는 승낙을 받을 수 없는 경우에도 가정법원은 입양의 허가를 할 수 있다(제869조 제3항 제2호).

양자가 될 미성년자는 법정대리인 이외에 부모의 동의도 받아야 한다(제870조 제1항). 이러한 동의는 법원의 허가가 있기 전까지 철회할 수 있다(제870조 제3항). 부모가 법정대리인인으로서 입양에 동의나 승낙을 한 경우에는 부모를 위한 별도의 절차가 필요하지 않다(제870조 제1항 제1호). 또한 부모가 친권상실의 선고를 받은 경우

1) 윤진수, 친족상속법강의, 2018, 196면.

및 부모의 소재를 알 수 없는 등의 사유로 동의를 받을 수 없는 경우에도 부모의 동의는 필요하지 않다(제870조 제1항 제2호 및 제3호). 가정법원은 부모가 3년 이상 자녀에 대한 부양의무를 이행하지 아니한 경우 또는 부모가 자녀를 학대 또는 유기하거나 그 밖에 자녀의 복리를 현저히 해친 경우 중 어느 하나에 해당하는 사유가 있는 경우에는 부모가 동의를 거부하더라도 입양의 허가를 할 수 있다(제870조 제2항 전문). 이 경우 가정법원은 부모를 심문하여야 한다(제870조 제2항 후문).

③ 가정법원의 허가

미성년자를 입양하려는 사람은 가정법원의 허가를 받아야 한다(제867조 제1항). 가정법원은 양자가 될 미성년자의 복리를 위하여 그 양육 상황, 입양의 동기, 양부모의 양육능력, 그 밖의 사정을 고려하여 제1항에 따른 입양의 허가를 하지 아니할 수 있다(제867조 제2항).

### 2) 성년자가 입양되는 경우

성년자를 양자로 입양하는 경우 당사자 사이의 입양에 대한 합의가 있어야 한다. 양자가 되려는 성년자는 부모의 동의를 받아 입양을 승낙하여야 한다(제871조 제1항 전문). 부모의 소재를 알 수 없는 등의 사유로 동의를 받을 수 없는 경우에는 동의 없이 입양을 승낙할 수 있다(제871조 제1항 후문). 부모가 정당한 이유 없이 동의를 거부하는 경우에 양부모가 될 사람이나 양자가 될 사람의 청구에 따라 가정법원은 부모를 심문한 후 부모의 동의를 갈음한 심판을 할 수 있다(제871조 제2항).

### 3) 피성년후견인의 입양

피성년후견인은 성년후견인 및 부모의 동의를 받아 입양을 할 수 있고 양자가 될 수 있다(제873조 제1항). 피성년후견인이 입양을 하거나 양자가 되는 경우에는 가정법원의 허가를 받아야 한다(제873조 제2항, 제867조). 가정법원은 성년후견인이 정당한 이유 없이 동의를 거부하거나 피성년후견인의 부모가 정당한 이유 없이 동의를 거부하는 경우에 그 동의가 없어도 입양을 허가할 수 있다. 이 경우 가정법원은 성년후견인 또는 부모를 심문하여야 한다(제873조 제3항).

## (2) 부부의 공동입양

양친이 되려는 자가 혼인하여 배우자가 있는 경우에는 배우자와 공동으로 입양하여야 한다(제874조 제1항). 따라서 부부의 일방만 양친자관계가 발생하도록 하는 것은 허용되지 않는다. 하지만 양친이 되려는 자에게 반드시 배우자가 있어야 하는 것은 아니다. 배우자 있는 사람은 배우자의 동의를 받아야 양자가 될 수 있다(제874조 제2항).

부부공동입양에 의하여 유효하게 성립한 양친자관계는 양부모의 이혼[1]이나 사망[2]에도 불구하고 여전히 유지된다.

1) 대판 2001. 5. 24., 2000므1493.

2) 대판 2001. 8. 21., 99므2230.

### (3) 연장자 등의 입양금지

양친자가 될 사람의 존속이나 연장자를 입양하는 것은 금지된다(제877조).

### (4) 입양신고

입양은 가족관계등록법에 정한 절차에 따라 신고하여야 효력이 발생한다(제878조). 외국에서 입양신고를 하는 경우에는 외국에서의 혼인에 관한 제814조의 규정이 준용된다(제882조).

2012년 민법이 개정되기 전에는 미성년자의 경우이더라도 가정법원의 허가절차가 없어서 입양의 신고만으로 입양이 성립하였다. 그런데 이때 양친자에 의해 입양신고가 아니라 흔히 친생자출생신고가 이루어졌다. 이러한 친생자출생신고는 형식이 잘못되어 효력이 없을 것이지만 대법원은 무효행위의 전환 법리(제138조)에 따라 입양의 효력을 인정하여 왔다.[1] 하지만 민법이 개정된 이후 이러한 법리는 더 이상 효력을 갖지 못하게 되었다.

## 3. 입양의 무효와 취소

### (1) 입양의 무효

당사자 사이에 입양의 합의가 없는 경우, 미성년자나 피성년후견인을 입양하면서 가정법원의 허가를 받지 않은 경우, 13세 미만의 자에 대한 입양을 하면서 법정대리인의 대락이 없는 경우, 존속이나

1) 대판 2018. 5. 15., 2014므4963.

연장자를 입양하는 경우에는 입양은 효력이 없다(제883조).

대법원은 입양이 다른 목적을 위하여 이루어진 가장입양의 경우 입양의 합의가 없는 것으로 보아 무효라고 보았다.[1] 입양의 무효에 과실이 있는 자는 상대방에 대하여 위자료를 포함한 손해배상책임을 부담한다(제897조, 제806조).

**[사례 17]**

A는 1969년 7월경에 甲을, 1970년 5월경에는 乙을 데려와 친생자로 출생신고를 하고 동성애 관계로 동거하던 B와 함께 양육하였다. B는 1988년 2월경 乙을 양자로 입양하고 입양신고를 하였다. A와 B는 甲과 乙이 결혼하여 분가할 때까지 함께 거주하였다. 특히 A는 乙이 결혼할 당시에 결혼자금을 보태 주었고 乙은 결혼 이후에도 병원에 입원한 A를 간병하여 자주 들르곤 하면서 계속적인 왕래를 하고 있었다. A가 2010년 12월경에 많은 재산을 남기고 사망하자 甲은 乙을 상대로 친생자관계부존재확인의 소를 제기하였다.[2] 법원의 판단은?

### (2) 입양의 취소

#### 1) 입양취소의 사유

입양의 요건을 갖추지 못한 경우 중에서 무효사유에 해당하지 않은 경우 및 입양 당시 양부모와 양자 중 어느 한쪽에게 악질이나 그 밖에 중대한 사유가 있음을 알지 못한 경우, 사기 또는 강박으로 인하여 입양의 의사표시를 한 경우 취소권자는 가정법원에 그 취소를

---

1) "입양신고가 고소사건으로 인한 처벌 등을 모면하게 할 목적으로 호적상 형식적으로만 입양한 것처럼 가장하기로 하여 이루어진 것일 뿐 당사자 사이에 실제로 양친자로서의 신분적 생활관계를 형성한다는 의사의 합치는 없었던 것이라면, 이는 당사자 간에 입양의 합의가 없는 때에 해당하여 무효라고 보아야 할 것이다."(대판 1995. 9. 29., 94므1553)

2) 대판 2014. 7. 24., 2012므806의 사안을 변형한 것임.

청구할 수 있다(제884조 제1항).

2) 입양취소청구권자 및 제척기간

① 미성년자의 입양

미성년자가 입양을 한 경우(제866조) 양부모, 양자와 그 법정대리인 또는 직계혈족은 입양의 취소를 청구할 수 있다(제885조). 이 경우 양부모가 성년이 되면 입양의 취소를 청구하지 못한다(제889조).

② 동의 없는 13세 이상 미성년자의 입양

13세 이상의 미성년자가 법정대리인의 동의나 부모의 동의를 받지 않은 경우(제869조 제1항, 제870조 제1항), 가정법원이 법정대리인의 동의나 승낙을 받을 수 있었음에도 받을 수 없다고 오판하여 동의나 승낙 없이 입양의 허가를 하여 준 경우(제869조 제3항 제2호) 양자나 동의권자는 입양의 취소를 청구할 수 있다(제886조). 이 경우 양자가 성년이 된 후 3개월이 지나거나 사망하면 취소를 청구하지 못하며(제891조 제1항), 취소권자가 그 사유 있음을 안 날로부터 6개월, 그 사유 있은 날로부터 1년이 경과한 경우에도 취소권이 소멸한다(제894조).

③ 부모의 동의 없는 성년자의 입양

성년자가 부모의 동의 없이 양자가 된 경우(제871조 제1항)에는 부모는 입양의 취소를 청구할 수 있다(제886조). 이 경우에도 양자가 사망한 경우(제891조 제2항), 취소권자가 그 사유 있음을 안 날로부터 6개월, 그 사유 있은 날로부터 1년이 경과한 경우 취소권이 소멸한다(제894조).

④ 후견인의 동의 없는 피성년후견인의 입양

피성년후견인이 성년후견인의 동의를 받지 않고 입양을 하거나 양자가 된 경우(제873조 제1항)에 피성년후견인과 성년후견인이 입양의 취소를 청구할 수 있다(제887조). 하지만 성년후견개시의 심판이 취소된 후 3개월이 경과하거나(제893조), 취소권자가 그 사유 있음을 안 날로부터 6개월, 그 사유 있은 날로부터 1년이 경과한 경우 취소권이 소멸한다(제894조).

⑤ 배우자의 동의 없는 입양

배우자의 동의 없이 입양을 하거나 양자가 된 경우(제874조) 그 배우자는 입양의 취소를 청구할 수 있다(제888조). 이 경우에도 취소권자가 그 사유 있음을 안 날로부터 6개월, 그 사유 있은 날로부터 1년이 경과한 경우 취소권이 소멸한다(제894조).

**[사례 18]**

甲과 乙은 1967년경 혼인하여 생활하다 크게 다투고 별거하던 중 丙을 만나 동거를 시작하였다. 이후 甲은 乙과 협의이혼을 시도하였으나 乙이 협의이혼절차에 협력하지 않고 행방을 감추어 버렸다. 甲은 乙은 물론 丙과의 사이에도 자녀가 없자 1982년경 생후 5개월 된 丁을 그 친생부모의 동의를 얻어 데려와 양육하였다. 乙과의 이혼이 이루어지지 않은 상태에서 丁의 취학 연령이 다가오자 1988년 甲은 丁을 甲과 乙 사이의 친생자로 출생신고를 하였다. 1995년 甲이 상당한 재산을 남기고 사망하였다. 乙은 甲이 사망한 후 1년이 지나 乙과 丁 사이, 甲과 丁 사이에 친생자관계부존재확인소송을 제기하였다.[1] 법원의 입장은?

⑥ 악질 기타 중대한 사유가 있는 경우

그 외에 입양 당시 양부모와 양자 중 어느 한쪽에게 악질(惡疾)이나 그 밖에 중대한 사유가 있음을 알지 못한 경우(제884조 제1항 제2호)에 양부모와 양자는 입양의 취소를 청구할 수 있다(제896조). 그러나 사유가 있음을 안 날로부터 6개월이 경과하면 취소청구권은

1) 대법원 1998. 5. 26., 97므25의 사안을 변형한 것임.

소멸한다(제896조)

⑦ 사기 또는 강박에 의한 입양

사기 또는 강박으로 인하여 입양의 의사표시를 한 경우(제884조 제1항 제3호)에도 의사표시자는 입양을 취소할 수 있다. 의사표시자가 사기를 안 날 또는 강박을 면한 날로부터 3개월이 경과한 때에는 그 취소를 청구하지 못한다(제897조, 제823조).

### 3) 입양취소의 불허

가정법원은 양자의 복리를 위하여 그 양육상황, 입양의 동기, 양부모의 양육능력, 그 밖의 사정을 고려하여 입양의 취소를 허용하지 않을 수 있다(제884조 제2항, 제867조 제2항).

### 4) 입양취소의 방법 및 효과

입양의 취소는 소송의 방법으로 하여야 하며 이는 형성의 소이다. 입양이 취소되더라도 취소의 효력은 소급하지 않는다(제897조, 제824조). 입양의 취소에 과실이 있는 자는 상대방에 대하여 위자료를 포함한 손해배상책임을 부담한다(제897조, 제806조). 입양으로 인한 친족관계는 입양의 취소로 인하여 종료한다(제776조).

"민법 제884조 제3호가 규정하는 '사기 또는 강박으로 인하여 입양의 의사표시를 한 때'의 입양취소는 그 성질상 그 입양의 의사를 표시한 자에 한하여 원고 적격이 있고, 사기를 안 날 또는 강박을 면한 날로부터 3월을 경과한 때에는 그 취소를 청구하지 못하며(제897조, 제823조), 입양의 취소의 효력은 기왕에 소급하지 않는바(제897조, 제824조), 그 원인 사유 및 효력 등에 있어서 친생자관계존부확인의 소와는 구별되는 것이므로, 이 사건에서 원고가 입양의 취소를 구하는 의미에서 친생자관계부존재확인을 구할 수는 없다고 할 것이다."[1]

## 4. 입양의 효력

양자는 입양된 때부터 양부모의 친생자와 같은 지위를 가진다(제882조의2 제1항). 양자와 양부모 및 그 혈족, 인척사이의 친계와 촌수는 입양한 때로부터 혼인 중의 출생자와 동일한 것으로 본다(제772조 제1항). 양자의 배우자, 직계비속과 그 배우자는 양자의 친계를 기준으로 하여 촌수를 정한다(제772조 제2항).

일반입양의 경우 양자의 입양 전의 친족관계는 존속한다(제882조의2 제2항). 따라서 양부모가 사망한 경우는 물론 친생부모가 사망한 경우에도 그 직계비속으로 상속인이 되며, 양자가 사망한 경우 양부모와 친생부모는 모두 직계존속으로 상속인이 된다.[2]

## 5. 파양

### (1) 의의

파양이란 양친자 사이의 관계를 해소하는 것을 말한다. 민법은 재판상 파양뿐만 아니라 협의에 의한 파양도 인정하고 있다.

1) 대판 2010. 3. 11., 2009므4099.

2) 대결 1995. 1. 20., 94마535.

### (2) 협의상 파양

성년의 양자와 양부모는 협의를 통하여 파양할 수 있다. 양자가 미성년자이거나 피성년후견인인 경우에 협의상 파양은 허용되지 않는다(제898조). 양부모가 피성년후견인인 경우 그는 성년후견인의 동의를 받아 협의상 파양을 할 수 있다(제902조). 부부공동입양의 원칙에 비추어 파양도 부부가 공동으로 하여야 한다고 해석하여야 할 것이다. 다만 부부 일방이 사망한 경우에는 단독으로 파양을 할 수 있다. 협의상 파양은 가족관계등록법이 정하는 절차에 따라 신고하여야 효력이 생긴다(제904조, 제878조).

사기 또는 강박으로 인한 협의상 파양은 취소할 수 있으나, 사기를 안 날 또는 강박을 면한 날로부터 3월을 경과한 때에는 그 취소권이 소멸한다(제904조, 제823조).

### (3) 재판상 파양

#### 1) 재판상 파양의 사유

양부모가 양자를 학대 또는 유기하거나 그 밖에 양자의 복리를 현저히 해친 경우, 양부모가 양자로부터 심히 부당한 대우를 받은 경우, 양부모나 양자의 생사가 3년 이상 분명하지 아니한 경우, 그 밖에 양친자관계를 계속하기 어려운 중대한 사유가 있는 경우에 권리자는 가정법원에 파양을 청구할 수 있다(제905조).

#### 2) 파양청구권자

재판상 파양은 양친자 관계의 일방이 파양의 사유에 원인을 제공한 자를 상대방으로 하여 제기할 수 있다. 따라서 양조부와 같은 제

3자에게는 재판상 파양의 원고적격이 인정되지 않는다.[1] 양자가 13세 미만인 경우에는 입양을 대락한 법정대리인(제869조 제2항)이 양자를 갈음하여 파양을 청구할 수 있다. 다만, 파양을 청구할 수 있는 사람이 없는 경우에는 제777조에 따른 양자의 친족이나 이해관계인이 가정법원의 허가를 받아 파양을 청구할 수 있다(제906조 제1항).

양자가 13세 이상의 미성년자인 경우에 양자는 입양에 동의를 한 부모의 동의를 받아 양친을 상대로 파양을 청구할 수 있다. 다만, 부모가 사망하거나 그 밖의 사유로 동의할 수 없는 경우에는 동의 없이 파양을 청구할 수 있다(제906조 제2항).

양부모나 양자가 피성년후견인인 경우에는 성년후견인의 동의를 받아 파양을 청구할 수 있다(제906조 제3항).

검사는 미성년자나 피성년후견인인 양자를 위하여 파양을 청구할 수 있다(제906조 제4항).

#### 3) 파양청구권의 소멸

파양청구권자는 재판상 파양의 사유가 있음을 안 날부터 6개월, 그 사유가 있었던 날부터 3년 내에 파양을 청구하여야 한다(제907조).

### (3) 파양의 효과

파양으로 양친자 관계 및 그로 인한 친족관계는 장래를 향하여 소멸한다(제776조). 재판상 파양에 과실이 있는 자는 상대방에 대하여 위자료를 포함한 손해배상책임을 부담한다(제908조, 제806조).

---

1) 대판 1983. 9. 13., 83므16.

파양의 경우 친생부모 일방 또는 쌍방, 미성년자, 미성년자의 친족은 그 사실을 안 날부터 1개월, 파양된 날부터 6개월 내에 가정법원에 친생부모 일방 또는 쌍방을 친권자로 지정할 것을 청구할 수 있다(제909조의2 제2항). 파양하더라도 6촌 이내의 양부모계의 혈족이었던 자와 4촌 이내의 양부모계의 인척이었던 자 사이에서는 혼인하지 못한다(제809조 제3항).

## III. 친양자입양

### 1. 의의

친양자제도는 일반입양과 달리 양자가 친양자입양으로 종래의 친생부모 및 그 혈족과의 관계가 소멸되고 양친의 혼인 중의 출생자로 본다는 점(제908조의3)에서 자녀와 양친의 관계를 친생관계에 보다 더 가깝게 하려는 제도이다.

### 2. 요건

친양자입양을 하려는 사람은 제908조의2 제1항 각호의 요건을 갖추어야 한다.

#### (1) 3년 이상 혼인 중인 부부로서 공동으로 입양할 것

3년 이상 혼인 중인 부부만이 원칙적으로 친양자입양을 할 수 있으며, 이 경우 부부공동입양의 원칙이 적용된다(동항 제1호). 따라서 사실혼 부부의 경우나 미혼 혹은 이혼한 독신자의 경우에는 일반입

양만 가능하고 친양자입양은 하지 못한다.[1)]

혼인 중인 부부의 한쪽이 그 배우자의 친생자를 친양자로 하는 경우에는 1년의 혼인기간만 유지되면 된다(동항 제1호 단서). 자녀를 가진 사람이 재혼한 경우 상대방 배우자가 친양자입양을 하는 경우를 배려한 규정이다.

### (2) 친양자가 될 사람이 미성년자일 것

친양자가 될 사람은 미성년자이어야 하며 성년자는 친양자입양이 되지 못한다(동항 제2호). 미성년자라면 일반입양 후에 친양자로 변경하는 것도 가능하며 다른 사람의 친양자였던 사람도 다시 다른 부부의 친양자가 되는 것도 가능하다.

### (3) 친양자가 될 사람의 법정대리인의 동의 및 대락과 친생부모의 동의

친양자가 될 사람이 13세 미만인 경우 법정대리인이 그를 갈음하여 입양을 승낙하여야 한다(동항 제5호). 친양자가 될 사람이 13세 이상인 경우에는 법정대리인의 동의를 받아 본인이 입양을 승낙하여야 한다(동항 제4호). 두 경우 모두 법정대리인이 부모가 아닌 경우에는 친생부모의 동의도 함께 있어야 한다(동항 제3호). 일반입양이 되었던 양자가 친양자입양이 되는 경우에는 친생부모뿐만 아니라 양부모의 동의도 받아야 할 것이다.[2)] 다만 부모가 친권상실의 선고를 받거나 소재를 알 수 없거나 그 밖의 사유로 동의할 수 없는 경우에

1) 헌재 2013. 9. 26., 2011헌가42.
2) 윤진수, 친족상속법강의, 2018, 214면.

는 그러하지 아니하다.

가정법원은 법정대리인이 정당한 이유 없이 동의 또는 승낙을 거부하는 경우에도 친양자입양의 청구를 인용할 수 있다. 다만 법정대리인이 친권자인 경우에는 친생부모가 자신에게 책임이 있는 사유로 3년 이상 자녀에 대한 부양의무를 이행하지 아니하고 면접교섭을 하지 아니한 경우, 친생부모가 자녀를 학대 또는 유기하거나 그 밖에 자녀의 복리를 현저히 해친 경우에 한하여 친양자 입양의 청구를 인용할 수 있다. 이때 가정법원은 동의권자 또는 승낙권자를 심문하여야 한다(제908조의2 제2항).

#### (4) 가정법원의 심판

친양자를 입양하려는 사람은 상기의 실질적 요건이 갖추어진 경우 가정법원에 친양자입양을 청구하여야 한다(제908조의2 제1항). 청구에 대하여 가정법원은 친양자가 될 사람의 복리를 위하여 그 양육상황, 친양자 입양의 동기, 양부모의 양육능력, 그 밖의 사정을 고려하여 친양자 입양의 여부를 심판한다. 가정법원에 의하여 청구가 인용되면 그 때에 친양자입양의 효력이 발생하고 일반입양의 경우와 달리 입양신고는 보고적 신고가 된다. 가정법원은 친양자입양이 적당하지 아니하다고 인정하는 경우에는 친양자입양의 청구를 기각할 수 있다(제908조의2 제3항).

### 3. 친양자입양의 취소

친양자로 될 사람의 친생(親生)의 부(父) 또는 모(母)는 자신에게 책임이 없는 사유로 인하여 동의절차에 참여할 수 없었던 경우에 친양자입양의 사실을 안 날부터 6개월 안에 가정법원에 친양자입양의 취소를 청구할 수 있다(제908조의4 제1항). 하지만 가정법원은 친양자의 복리를 위하여 그 양육상황, 친양자 입양의 동기, 양부모의 양육능력, 그 밖의 사정을 고려하여 취소청구를 기각할 수 있다(제908조의6). 친양자입양의 취소의 효력은 소급하지 않는다(제908조의7 제2항).

친양자입양의 경우 일반입양의 무효(제883조)나 취소(제884조)에 관한 규정 외에는(제908조의4 제2항) 일반입양의 규정이 준용된다(제908조의8).

### 4. 친양자입양의 효력

친양자는 부부의 혼인 중 출생자로 본다(제908조의3 제1항). 원칙적으로 친양부의 성과 본을 따른다(제781조). 친생부모이더라도 인지를 하지 못하며 입양 전에 인지로 인하여 발생한 친생자관계도 소멸한다.

친양자의 입양 전의 친족관계는 친양자입양이 확정된 때에 종료한다(제908조의4 제2항). 따라서 입양 전의 친족관계로 인한 법률관계는 종료하게 된다. 다만, 부부의 일방이 그 배우자의 친생자를 단독으로 입양한 경우에 있어서의 배우자 및 그 친족과 친생자 간의 친족관계는 그러하지 아니하다(제908조의3 제2항 단서).

### 5. 친양자입양의 파양

친양자입양의 경우 협의상 파양은 허용되지 않고 재판상 파양만이 허용된다. 즉 양친이 친양자를 학대 또는 유기하거나 그 밖에 친양자의 복리를 현저히 해하는 때 또는 친양자의 양친에 대한 패륜행위로 인하여 친양자관계를 유지시킬 수 없게 된 때에 한하여 양친, 친양자, 친생의 부 또는 모나 검사는 가정법원에 친양자의 파양을 청구할 수 있다. 친양자의 파양도 공동입양원칙에 비추어 공동으로 이루어져야 한다. 다만 재혼한 자녀를 부부의 일방이 입양한 경우에는 단독으로 파양하는 것을 허용하여야 한다.[1] 가정법원은 친양자의 복리를 위하여 그 양육상황, 친양자입양의 동기, 양부모의 양육능력, 그 밖의 사정을 고려하여 친양자 파양이 적당하지 아니하다고 인정하는 경우에는 파양의 청구를 기각할 수 있다(제908조의6, 제908조의2 제3항).

민법은 친양자입양이 취소되거나 파양된 경우 친양자관계는 소멸하게 되고 입양 전의 친족관계는 부활한다고 규정한다(제908조의7 제1항).

## 제4절 친권

### I. 의의

#### 1. 개념

친권이란 미성년 자녀에 대하여 부모가 갖는 권리와 의무를 말한다. 친권은 그 명칭에 비추어 부모의 이익을 위한 권리적인 측면이 강조되는 것처럼 보이지만 친권은 자녀를 보호하고 양육하기 위하여 부

1) 윤진수, 친족상속법강의, 2018, 218면.

모가 부담하는 의무적인 성격이 더 강하다.[1] 따라서 자녀의 복리에 반하는 친권의 행사는 권리남용에 해당하고 친권을 제한하는 사유가 될 수 있다.

## 2. 친권과 양육

친권은 미성년 자녀의 보호와 성장을 위하여 부모가 갖는 권리의 무를 말한다. 이에 반해 양육은 의식주를 포함하여 미성년 자녀에게 필요한 물질의 제공뿐만 아니라 개인의 정체성을 확립하고 정신적인 안정감을 주며 장차 성년으로 독립하여 살아갈 장래를 준비하는데 필요한 환경적, 교육적인 모든 지원을 의미한다. 친권과 양육은 밀접한 관련을 갖지만 인지나 이혼 등의 경우에는 친권자와 양육권자가 다를 수 있다(제837조, 제864조의2).[2] 친권자와 양육권자의 의견이 충돌하는 경우에 특별한 사정이 없는 한 현실적으로 자녀의 성장에 더 영향을 주는 양육권이 우선한다고 볼 것이다.

---

1) "친권은 미성년인 자의 양육과 감호 및 재산관리를 적절히 함으로써 그의 복리를 확보하도록 하기 위한 부모의 권리이자 의무의 성격을 갖는 것"이다(대결 1993. 3. 4., 93스3).

2) 대판 2012. 4. 13., 2011므4719.

# II. 친권자

## 1. 부모

### (1) 혼인 중의 부모

혼인 중의 부모는 미성년자인 자의 친권자가 된다. 양자의 경우에는 양부모(養父母)가 친권자가 된다(제909조 제1항). 혼인 중인 부모는 이를 공동으로 행사한다. 여기서 공동으로 행사한다는 것은 공통된 의사가 있으면 족한 것이고 반드시 공동의 명의이어야 하는 것은 아니다. 하지만 부모의 의견이 일치하지 아니하는 경우에는 당사자의 청구에 의하여 가정법원이 이를 정한다(제909조 제2항). 문제는 부모의 의견이 일치하지 않는 상황에서 부모의 일방이 친권을 행사한 경우인데 부모의 의사가 일치되지 않는다는 사실을 친권행사의 상대방이 알고 있는 경우가 아닌 한 친권의 행사는 원칙적으로 유효한 것으로 보아야 할 것이다.

다만 자를 대리하거나 자의 법률행위에 동의를 하는 경우 등과 같이 자녀의 행위를 보조하는 보조적 친권행위에는 미성년자와 제3자와의 법률행위의 효력이 문제되는 경우이므로 이 한도에서는 부모의 공동명의가 필요하다고 할 것이다. 제920조의2는 이러한 전제하에서 이에 대한 예외를 규정하고 있다. 즉 부모의 일방이 공동명의로 자를 대리하거나 자의 법률행위에 동의한 때에는 다른 일방의 의사에 반하는 때에도 제3자의 보호를 위하여 효력이 있다(제920조의2). 그러나 상대방이 악의인 때에는 그러하지 아니한다(제920조의2 단서).

부모의 일방이 행방불명이나 친권상실 기타 사유로 친권을 행사할 수 없을 때에는 다른 일방이 단독으로 이를 행사한다(제909조제

3항). 부모의 일방이 사망한 경우에도 마찬가지이다. 부모의 일방이 피성년후견인인 경우 친권을 행사할 수 없다고 보는 견해[1]가 있으나 친권은 자녀에 대한 부모로서의 권리의무이므로 명시적 규정이 없는 한 함부로 제한할 수 없다고 보아야 한다. 친권상실의 선고가 있지 않는 한 피성년후견인도 친권을 행사할 수 있다고 볼 것이다. 피한정후견인은 친권행사에 아무런 제한을 받지 않는다.

### (2) 부모가 혼인 중의 부부가 아닌 경우

부모가 혼인 중의 부부가 아닌 경우에는 친권공동행사의 원칙이 적용되지 않는다. 따라서 단독친권자가 정하여지는 것이 원칙이다. 하지만 공동친권자를 정하는 것도 가능하다.[2]

임의인지의 경우와 협의이혼의 경우에는 부모의 협의로 친권자를 정하여야 하고, 협의할 수 없거나 협의가 이루어지지 아니하는 경우에는 가정법원은 직권으로 또는 당사자의 청구에 따라 친권자를 지정하여야 한다(제909조 제4항 본문). 다만, 부모의 협의가 자녀의 복리에 반하는 경우에는 가정법원은 보정을 명하거나 직권으로 친권자를 정한다(동항 단서)

혼인의 취소, 재판상 이혼, 인지청구의 소의 경우에는 가정법원이 직권으로 친권자를 정한다(제909조 제5항). 가정법원이 친권자를 지정함에 있어서는 자녀의 복리를 우선적으로 고려하여야 한다. 이를 위하여 가정법원은 관련 분야의 전문가나 사회복지기관으로부터 자문을 받을 수 있다(제912조 제2항). 친권자가 이미 정해진 경우에도

1) 윤진수, 친족상속법강의, 2018, 224면.

2) 대판 2012. 4. 13., 2011므4719.

가정법원은 자의 복리를 위하여 필요하다고 인정되는 경우에는 자의 4촌 이내의 친족의 청구에 의하여 정하여진 친권자를 다른 일방으로 변경할 수 있다(제909조 제6항).

### (3) 단독친권자의 사망 등을 원인으로 한 친권자의 변경

단독친권자로 정하여진 부모의 일방이 사망한 경우 생존하는 부 또는 모, 미성년자, 미성년자의 친족은 그 사실을 안 날부터 1개월, 사망한 날부터 6개월 내에 가정법원에 생존하는 부 또는 모를 친권자로 지정할 것을 청구할 수 있다(제909조의2 제1항).

입양이 취소되거나 파양된 경우 또는 양부모가 모두 사망한 경우 친생부모 일방 또는 쌍방, 미성년자, 미성년자의 친족은 그 사실을 안 날부터 1개월, 입양이 취소되거나 파양된 날 또는 양부모가 모두 사망한 날부터 6개월 내에 가정법원에 친생부모 일방 또는 쌍방을 친권자로 지정할 것을 청구할 수 있다(제909조의2 제2항). 반면, 친양자의 양부모가 사망한 경우에는 친생부모의 후견청구가 허용되지 않고 미성년후견인이 선임된다(동항 단서).

친권자 지정의 청구가 생존하는 부 또는 모, 친생부모 일방 또는 쌍방의 양육의사 및 양육능력, 청구 동기, 미성년자의 의사, 그 밖의 사정을 고려하여 미성년자의 복리를 위하여 적절하지 아니하다고 인정하면 청구를 기각할 수 있고, 이 경우 가정법원은 직권으로 미성년후견인을 선임하여야 한다(제909조의2 제4항).

## 2. 미성년후견인

친권자 지정의 청구가 없을 때에 가정법원은 직권으로 또는 미성년자, 미성년자의 친족, 이해관계인, 검사, 지방자치단체의 장의 청구에 의하여 미성년후견인을 선임할 수 있다. 이 경우 생존하는 부 또는 모, 친생부모 일방 또는 쌍방의 소재를 모르거나 그가 정당한 사유 없이 소환에 응하지 아니하는 경우를 제외하고 그에게 의견을 진술할 기회를 주어야 한다(제909조의2 제3항).

미성년후견인의 선임 청구가 생존하는 부 또는 모, 친생부모 일방 또는 쌍방의 양육의사 및 양육능력, 청구 동기, 미성년자의 의사, 그 밖의 사정을 고려하여 미성년자의 복리를 위하여 적절하지 아니하다고 인정하면 청구를 기각할 수 있고 이 경우 생존하는 부 또는 모, 친생부모 일방 또는 쌍방을 친권자로 지정하여야 한다(제909조의2 제4항).

가정법원은 미성년후견인이 선임된 경우라도 미성년후견인 선임 후 양육상황이나 양육능력의 변동, 미성년자의 의사, 그 밖의 사정을 고려하여 미성년자의 복리를 위하여 필요하면 생존하는 부 또는 모, 친생부모 일방 또는 쌍방, 미성년자의 청구에 의하여 후견을 종료하고 생존하는 부 또는 모, 친생부모 일방 또는 쌍방을 친권자로 지정할 수 있다(제909조의2 제6항).

### 3. 친권대행자

가정법원은 단독친권자가 사망한 경우, 입양이 취소되거나 파양된 경우, 양부모가 모두 사망한 경우에 직권으로 또는 미성년자, 미성년자의 친족, 이해관계인, 검사, 지방자치단체의 장의 청구에 의하여 친권자가 지정되거나 미성년후견인이 선임될 때까지 그 임무를 대행할 사람을 선임할 수 있다(제909조의2 제5항).

친권을 대행할 사람에 대하여는 제25조 및 제954조를 준용한다. 즉 친권대행자는 미성년자의 재산에 대한 보존행위, 대리의 목적인 물건이나 권리의 성질을 변하지 아니하는 범위에서 그 이용 또는 개량하는 행위를 할 수 있으나 이를 넘는 행위에 대하여는 법원의 허가를 얻어야 한다(제909조의2 제5항, 제25조). 가정법원은 직권으로 또는 미성년자, 제777조에 따른 친족, 그 밖의 이해관계인, 검사, 지방자치단체의 장의 청구에 의하여 미성년자의 재산상황을 조사하고, 후견대행자에게 재산관리 등 대행임무의 수행에 관하여 필요한 처분을 명할 수 있다(제909조의2, 제954조).

## III. 친권의 내용

### 1. 미성년 자녀의 보호와 교양

친권자는 자를 보호하고 교양할 권리의무가 있다(제913조). 친권자는 자녀가 거주할 장소를 지정할 권한이 있다(제914조). 또한 자녀를 보호 또는 교양하기 위하여 법원의 허가를 얻어 감화 또는 교정기관에 위탁할 수 있다(제915조). 친권의 행사에 있어서는 친권자는 자녀의 복리를 우선적으로 고려하여야 한다(제912조 제1항).

친권에는 친권자가 보호하고 교양하는 자녀에 대한 인도청구권을 포함한다. 부모 이외의 제3자는 물론이고 양육권 및 친권이 없는 부모에 대하여서도 인도청구권을 행사할 수 있다.

"이 사건 자녀의 양육에 관한 사항을 협정하여 피청구인에게 그 양육의 권리의무가 있게 되지 아니한 이 사건에 있어서는 위 자녀를 친권자이며 양육책임자인 청구인의 가정에서 보호, 교양, 양육하는 것보다 피청구인이 보호, 교양, 양육하는 것이 합리적이라고 보아야 할 특별한 사정이 없는 한 피청구인은 친권의 행사와 양육의 책임을 다하기 위해 위 자녀의 인도를 구하는 청구인의 청구를 거절할 수는 없을 것이다."[1]

## 2. 친권의 대행

친권자는 그 친권에 따르는 미혼의 미성년 자녀에 갈음하여 그 자녀에 대한 친권을 행사한다(제910조). 반면 미성년의 자녀이더라도 혼인을 하게 되면 성년으로 의제되므로 더 이상 부모의 친권에 따르지 않게 되고 그 자녀에 대한 친권도 직접 행사하게 된다.

## 3. 자녀재산의 관리권

### (1) 원칙

자녀가 자신의 명의로 취득한 재산은 자녀의 특유재산이 된다. 미성년 자녀의 이러한 재산은 친권자인 법정대리인이 관리를 한다(제916조). 여기서의 관리는 보존뿐만 아니라 이용과 개량 나아가 처분까지도 할 수 있다.[2] 다만 이용이나 개량행위, 혹은 처분행위는 사실적인 경우로 제한되며, 이러한 행위가 제3자와의 법률행위에 해당하는 경우, 예를 들어 임대차계약 혹은 양도계약인 경우에는 친권자 자신의 이름으로 할 수는 없고 자녀의 법정대리인의 자격으로 대리하여 행위할 수 있을 뿐이다(제920조). 친권자가 그 자녀에 대한 재산관리권을 행사함에는 자기의 재산에 관한 행위와 동일한 주의를 하여야 한다(제922조).

---

1) 대판 1986. 3. 11., 86므2.
2) 윤진수, 친족상속법강의, 2018, 239면.

### (2) 제3자가 무상으로 수여한 재산의 관리

무상으로 자녀에게 재산을 수여한 제3자가 친권자의 관리에 반대하는 의사를 표시한 때에는 친권자는 그 재산을 관리하지 못한다(제918조 제1항). 이 경우 제3자는 그 재산에 대한 재산관리인을 지정할 수 있고, 이러한 지정이 없는 경우에는 법원은 재산의 수여를 받은 자 또는 제777조의 규정에 의한 친족의 청구에 의하여 관리인을 선임한다(제918조 제2항). 제3자가 지정한 관리인의 권한이 소멸하거나 관리인을 개임할 필요 있는 경우에 제3자가 다시 관리인을 지정하지 아니한 때에도 마찬가지이다(제918조 제3항).

법원이 선임한 관리인에게는 부재자의 재산관리인에 관한 규정이 준용된다(제918조 제4항).

### (3) 친권의 소멸과 관리의 계산

법정대리인인 친권자의 권한이 소멸한 때에는 그 자의 재산에 대한 관리의 계산을 하여야 한다(제923조 제1항). 이 경우 그 자의 재산으로부터 수취한 과실은 그 자의 양육, 재산관리의 비용과 상계한 것으로 본다(제923조 제2항 본문). 이 규정에도 불구하고 비용을 초과하는 수익이 있으면 자녀에게 반환하여야 한다고 보는 견해[1)]가 있으나 법문에 반하는 해석이다.

무상으로 자에게 재산을 수여한 제3자가 반대의 의사를 표시한 때에는 그 재산에 관하여는 그러하지 아니하다. 즉 이 경우에 한하여 친권자가 자녀의 재산을 관리한 경우에 비용과 수익에 대하여 명확한 계산을 하여야 한다(제923조 제2항 단서). 다만 친권자는 비용상

1) 윤진수, 친족상속법강의, 2018, 240면.

환청구권을 자동채권으로 하여 상계할 수 있다.

## 4. 법정대리권

### (1) 자녀의 법률행위에 대한 동의권

친권을 행사하는 부모는 미성년자인 자녀의 법정대리인이 된다(제911조). 미성년자는 재산상 행위능력이 제한되어 법률행위를 하는 경우에는 법정대리인의 동의를 받아야 한다. 법정대리인의 동의 없이 이루어진 자녀의 법률행위는, 권리만을 얻거나 의무만을 면하는 경우(제5조 제1항), 처분이 허락된 재산을 처분하는 경우(제6조), 허락된 영업행위(제8조)가 아닌 한 미성년자나 법정대리인이 취소할 수 있다(제5조 제2항).

민법은 미성년자의 신분상 법률행위의 경우에도 부모의 동의를 요구하는 경우가 있다. 미성년자의 약혼(제801조), 혼인(제808조), 양자가 되는 경우(제870조) 등이 여기에 해당된다.

가정법원은 친권자의 동의가 필요한 행위에 대하여 친권자가 정당한 이유 없이 동의하지 아니함으로써 자녀의 생명, 신체 또는 재산에 중대한 손해가 발생할 위험이 있는 경우에는 자녀, 자녀의 친족, 검사 또는 지방자치단체의 장의 청구에 의하여 친권자의 동의를 갈음하는 재판을 할 수 있다(제922조의2). 이러한 동의에 갈음하는 재판으로 자녀의 복리를 충분히 보호할 수 없는 경우 가정법원은 친권의 상실 또는 일시 정지(제924조), 친권의 일부 제한(제924조의2) 또는 대리권·재산관리권의 상실 선고(제925조)를 할 수 있다(제922조의2).

### (2) 자녀의 재산에 관한 법률행위에서의 대리권

법정대리인은 자녀의 재산에 관한 법률행위에 대하여 그 자녀를 대리한다. 친권자가 그 자녀에 대한 법률행위의 대리권을 행사함에는 자기의 재산에 관한 행위와 동일한 주의를 하여야 한다(제922조).

자녀를 피용자로 하는 고용계약과 같이 자녀의 행위를 목적으로 하는 채무를 부담하는 경우에는 본인의 동의를 얻어야 한다. 나아가 근로기준법 제67조 제1항은 친권자이더라도 자녀의 근로를 내용으로 하는 근로계약을 대리하여 체결하지 못하도록 하고 있다. 따라서 자녀는 친권자의 동의를 받아 직접 근로계약을 체결하여야 한다(제5조).

판례는 대리권 남용이론을 친권자에 의한 법정대리의 경우에도 적용하고 있다.[1)]

> "법정대리인인 친권자의 대리행위가 객관적으로 볼 때 미성년자 본인에게는 경제적인 손실만을 초래하는 반면, 친권자나 제3자에게는 경제적인 이익을 가져오는 행위이고 행위의 상대방이 이러한 사실을 알았거나 알 수 있었을 때에는 민법 제107조 제1항 단서의 규정을 유추적용하여 행위의 효과가 자(子)에게는 미치지 않는다고 해석함이 타당하나, 그에 따라 외형상 형성된 법률관계를 기초로 하여 새로운 법률상 이해관계를 맺은 선의의 제3자에 대하여는 같은 조 제2항의 규정을 유추적용하여 누구도 그와 같은 사정을 들어 대항할 수 없으며, 제3자가 악의라는 사실에 관한 주장·증명책임은 무효를 주장하는 자에게 있다."[2)]

---

1) "친권자인 모(母)가 미성년자인 자(自)의 법정대리인으로서 자의 유일한 재산을 아무런 대가도 받지 않고 증여하였고 상대방이 그 사실을 알고 있었던 경우, 그 증여행위는 친권의 남용에 의한 것이므로 그 효과는 자에게 미치지 않는다."(대판 1997. 1. 24., 96다43928)

2) 대판 2018. 4. 26., 2016다3201.

### (3) 이해상반행위의 금지

#### 1) 개념

이해상반행위란 미성년 자녀를 본인으로 하는 친권자의 대리행위가 친권자에게는 이익이 되는 반면 미성년 자녀에게는 손해가 될 수 있는 경우와 미성년 자녀들을 복수로 대리함으로써 일부 자녀에게는 손해가 되고 그로 인하여 다른 일부 자녀에게는 이익이 발생할 수 있게 되는 이익관계의 충돌의 경우를 말한다. 이해상반행위의 대표적인 경우로 부모와 자녀, 혹은 자녀들이 공동상속인이 되어 상속재산분할협의[1]를 하면서 부모가 자녀들을 대리하는 상황을 들 수 있다.

법정대리인인 친권자와 그 자녀 사이에 이해상반되는 행위를 함에는 친권자는 법원에 그 자의 특별대리인의 선임을 청구하여야 한다(제921조 제1항). 법정대리인인 친권자가 그 친권에 따르는 수인의 자 사이에 이해상반되는 행위를 하는 경우에도 법원에 그 자 일방의 특별대리인의 선임을 청구하여야 한다(제921조 제2항). 이해상반의 상황임에도 불구하고 특별대리인의 선임이 없이 이루어진 친권자의 대리행위는 무권대리가 되어 본인에게 효력을 미치지 않는다. 특히 공동상속인인 친권자와 미성년인 수인의 자 사이에 상속재산분할협의를 하게 되는 경우에는 미성년자 각자마다 특별대리인을 선임하여 각 특별대리인이 각 미성년자인 자를 대리하여 상속재산분할의 협의를 하도록 하여야 한다. 특별대리인의 선임 없이 친권자의 대리행위에 의하여 이루어진 상속재산분할협의는 피대리인의 전원에 의한 추인이 없는 한 무효이다.[2]

1) 대판 1987. 3. 10., 85므80.
2) 대판 1993. 4. 13., 92다54524.

이해상반행위는 법정대리인에 의하여 자녀의 재산이나 이익이 침해되는 것을 막기 위한 취지이다. 따라서 친권자가 무상으로 미성년 자녀에게 증여하는 계약을 자기계약으로 체결하는 것은 미성년자에게 이익만을 주는 경우이므로 이해상반행위에 해당하지 않는다.[1] 또한 미성년 자녀 사이의 이해상반행위만을 규정하므로 미성년 자녀를 대리하여 성년의 자녀와 증여계약을 체결하여 미성년 자녀의 이익을 침해하는 경우에는 이해상반행위에는 해당하지 않고 대리권 남용의 문제만 발생한다.

[사례 19]

甲과 乙은 모두 丙의 자녀로 甲은 전처와의 사이에 태어난 자녀이고 乙은 丙이 재혼한 丁과의 사이에서 태어난 자녀이다. 丙은 丁의 노후를 생각해 A토지를 구입하여 이 토지를 乙에게 증여하면서 丁의 노후를 부탁하였고, 甲에게는 B토지를 구입하여 증여하였다. 그런데, 甲은 증여받은 B토지의 상당 부분을 처분하여 버리고는 丙에게 A토지를 자기 앞으로 이전해 줄 것을 종용하였다. 이에 丙은 乙의 법정대리인으로서 乙의 반대에도 불구하고 A토지를 甲에게 증여하였다. 증여 당시 乙은 이미 18년 5월 남짓하여 수개월이 지나면 성년이 될 나이에 있었고, 이 증여행위도 乙을 위한 것이 아니라 甲을 위한 것이어서 이 처분행위 당시 乙은 증여를 강력히 반대하였다. 이 처분행위로 乙은 아무런 대가도 지급받지 못하였다. 乙은 甲을 상대로 증여행위의 무효를 주장하여 등기말소의 소를 제기한다.[2] 이에 대한 법원의 입장은?

### 2) 이해상반행위의 판단

이해상반행위를 판단하는 기준과 관련하여 실질적 판단설과 형식적 판단설이 대립한다. 실질적 판단설은 미성년 자녀의 대리행위

1) 대판 1981. 10. 13., 81다649.

2) 대판 1981. 10. 13., 81다649를 변형한 것임.

를 위한 친권자의 동기와 및 대리행위로 인하여 실제로 불이익이 발생하였는지의 여부 등을 종합적으로 고려하여 실제적으로 미성년 자녀에게 불이익이 발생하였는지를 판단하여야 한다는 견해이다. 이에 반해 형식적 판단설은 미성년 자녀에게 불이익이 될 수 있는 이행상반의 상황이 있는 경우에는 친권자의 동기나 자녀의 실질적인 손해여부와 상관없이 대리권의 효력을 부정하여야 한다는 견해이다. 대법원은 형식적 판단설의 입장을 따른다. 따라서 친권자가 수인의 미성년자의 법정대리인으로서 상속재산분할협의를 한 경우,[1] 친권자가 자기를 위하여 본인 명의로 타인으로부터 금전을 차용함에 있어 미성년자인 자녀의 소유부동산에 저당권을 설정한 경우[2]는 이해상반행위로서 무효로 본다. 반면, 법정대리인인 친권자가 부동산을 미성년자인 자에게 명의신탁하는 경우,[3] 친권자인 모가 자신이 대표이사로 있는 주식회사의 채무 담보를 위하여 자신과 미성년인 자(子)의 공유재산에 대하여 근저당권을 설정한 경우[4]는 이해상반행위에 해당하지 않는다는 입장이다.

> "친권자인 모가 자신이 연대보증한 차용금 채무의 담보로 자신과 미성년인 자녀의 공유인 토지 중 자신의 공유지분에 관하여는 공유지분권자로서, 자의 공유지분에 관하여는 그 법정대리인의 자격으로 각각 근저당권설정계약을 체결한 경우, 위 채권의 만족을 얻기 위하여 채권자가 위 토지 중 자의 공유지분에 관한 저당권의 실행을 선택한 때에는, 그 경매대금이 변제에 충당되는 한도에 있어서 모의 책임이 경감되고, 또한 채권자가 모에 대한 연대보증책임의 추구를 선택하여 변제를 받은 때에는, 모는 채권자를 대위하여 위 토지 중 자의 공

1) 대판 1993. 4. 13., 92다54524.
2) 대판 1971. 7 27., 71다1113.
3) 대판 1998. 4. 10., 97다4005.
4) 대판 1996. 11. 22., 96다10270.

유지분에 대한 저당권을 실행할 수 있는 것으로 되는바, 위와 같이 친권자인 모와 자 사이에 이해의 충돌이 발생할 수 있는 것이, 친권자인 모가 한 행위 자체의 외형상 객관적으로 당연히 예상되는 것이어서, 모가 자를 대리하여 위 토지 중 자의 공유지분에 관하여 위 근저당권설정계약을 체결한 행위는 이해상반행위로서 무효라고 보아야 한다."[1]

## IV. 친권의 상실, 일시 정지 및 일부 제한

### 1. 의의

친권의 상실, 일시 정지, 일부 제한제도는 친권자가 친권의 취지에 반하여 친권을 남용함으로써 자녀의 복리를 침해하거나 침해할 위험이 생기는 것을 막기 위한 제도이다.

민법은 친권의 남용이 있는 경우 제1차적으로 제922조의2에 따른 동의에 갈음하는 재판 등의 조치에 의하여 자녀의 복리를 보호하도록 하고 있고, 이러한 조치에 의해서도 자녀의 복리가 충분히 보호되지 못한다면, 제2차적으로 친권의 일시 정지, 일부 제한 또는 대리권과 재산관리권의 상실 선고를 하도록 하고 있다(제925조의2 제2항). 나아가 이러한 조치들에 의해서도 자녀의 복리가 충분히 보호받지 못한다고 판단될 경우, 민법은 친권자의 친권을 박탈하는 친권상실을 선고할 수 있다고 규정한다(제925조의2 제1항).

친권의 상실, 일시 정지, 일부 제한 또는 대리권과 재산관리권의 상실이 선고된 경우에도 부모의 자녀에 대한 그 밖의 권리와 의무에는 변화가 없다(제925조의3).

---

1) 대판 2002. 1. 11., 2001다65960.

## 2. 친권의 상실과 일시 정지

### (1) 의의

친권의 상실이란 부모의 친권 전부를 재판을 통하여 박탈하는 것을 말하고, 친권의 일시 정지는 일정한 기간 동안 부모의 친권 전부를 정지시키는 경우이다. 가정법원은 부 또는 모가 친권을 남용하여 자녀의 복리를 현저히 해치거나 해칠 우려가 있는 경우에는 자녀, 자녀의 친족, 검사 또는 지방자치단체의 장의 청구에 의하여 그 친권의 상실 또는 일시 정지를 선고할 수 있다(제924조).

### (2) 요건

친권의 남용이란 친권을 자녀의 복리에 합당하지 않게 행사하는 경우를 말한다. 자녀를 학대하거나 특별한 이유 없이 자녀를 학교에 보내지 않거나 자녀의 재산을 낭비하는 등의 사례가 친권의 남용에 해당된다.

친권의 남용으로 인하여 자녀의 복리를 현저하게 침해하거나 침해할 우려가 있어야 한다. 따라서 한 차례의 친권남용행위가 있다고 하여 곧 친권상실을 선고하거나 친권의 일시 정지를 선고하지는 못하고, 미성년 자녀에 대한 지속적인 폭력의 행사나 학대, 자녀의 재산에 대한 낭비 등으로 부모에게 친권을 행사하도록 하는 것이 자녀의 복리를 크게 침해하는 정도에 이르러야 한다.

친권 상실의 선고는 부모의 친권을 완전히 박탈하는 경우이므로 그 결정에 신중을 기하여야 할 것이다.[1] 민법도 친권의 상실은 친권의 일시 정지(제924조), 친권의 일부 제한(제924조의2), 대리권·재산관리권의 상실 선고(제925조) 또는 그 밖의 다른 조치에 의해서는 자녀의 복리를 충분히 보호할 수 없는 경우에만 할 수 있는 것으로 규정하고 있다(제925조의2 제1항).

친권의 일시 정지(제924조)도 제922조의2에 따른 동의를 갈음하는 재판 또는 그 밖의 다른 조치에 의해서는 자녀의 복리를 충분히 보호할 수 없는 경우에만 할 수 있다(제925조의2 제2항).

가정법원은 친권의 일시 정지를 선고할 때에는 자녀의 상태, 양육상황, 그 밖의 사정을 고려하여 그 기간을 정하여야 한다. 이 경우 그 기간은 2년을 넘을 수 없다(제924조 제2항).

가정법원은 자녀의 복리를 위하여 친권의 일시 정지 기간의 연장이 필요하다고 인정하는 경우에는 자녀, 자녀의 친족, 검사, 지방자치단체의 장, 미성년후견인 또는 미성년후견감독인의 청구에 의하여 2년의 범위에서 그 기간을 한 차례만 연장할 수 있다(제924조 제3항).

가정법원은 후견적 입장에서 친권상실의 청구가 있더라도 청구취지에 구애됨이 없이 친권 일부 제한의 선고를 할 수 있다.[2]

---

1) "친권은 미성년인 자의 양육과 감호 및 재산관리를 적절히 함으로써 그의 복리를 확보하도록 하기 위한 부모의 권리이자 의무의 성격을 갖는 것으로서, 민법 제924조에 의한 친권상실선고사유의 해당 여부를 판단함에 있어서도 친권의 목적이 자녀의 복리보호에 있다는 점이 판단의 기초가 되어야 하고, 설사 친권자에게 간통 등의 비행이 있어 자녀들의 정서나 교육 등에 악영향을 줄 여지가 있다 하더라도 친권의 대상인 자녀의 나이나 건강상태를 비롯하여 관계인들이 처해 있는 여러 구체적 사정을 고려하여 비행을 저지른 친권자를 대신하여 다른 사람으로 하여금 친권을 행사하거나 후견을 하게 하는 것이 자녀의 복리를 위하여 보다 낫다고 인정되는 경우가 아니라면 섣불리 친권상실을 인정하여서는 안 된다."(대결 1993. 3. 4., 93스3)

2) 대결 2018. 5. 25., 2018스520.

## 2. 친권의 일부 제한

가정법원은 거소의 지정이나 그 밖의 신상에 관한 결정 등 특정한 사항에 관하여 친권자가 친권을 행사하는 것이 곤란하거나 부적당한 사유가 있어 자녀의 복리를 해치거나 해칠 우려가 있는 경우에는 자녀, 자녀의 친족, 검사 또는 지방자치단체의 장의 청구에 의하여 구체적인 범위를 정하여 친권의 일부 제한을 선고할 수 있다(제924조의2). 친권의 일부 제한 선고는 제922조의2에 따른 동의를 갈음하는 재판 또는 그 밖의 다른 조치에 의해서는 자녀의 복리를 충분히 보호할 수 없는 경우에만 할 수 있다(제925조의2 제2항).

## 3. 대리권, 재산관리권 상실의 선고

가정법원은 법정대리인인 친권자가 부적당한 관리로 인하여 자녀의 재산을 위태롭게 한 경우에는 자녀의 친족, 검사 또는 지방자치단체의 장의 청구에 의하여 그 법률행위의 대리권과 재산관리권의 상실을 선고할 수 있다(제925조). 마찬가지로 대리권·재산관리권의 상실 선고도 제922조의2에 따른 동의를 갈음하는 재판 또는 그 밖의 다른 조치에 의해서는 자녀의 복리를 충분히 보호할 수 없는 경우에만 할 수 있다(제925조의2 제2항).

다만 대리권, 재산관리권의 상실의 청구권자에 자녀가 빠져있는 것은 의문이다. 입법의 불비로 친권의 상실 등의 경우와 마찬가지로 자녀도 청구권자가 될 수 있다고 해석할 것이다.

## 4. 실권의 회복

친권의 상실이나 정지 또는 일부제한 및 대리권 및 재산관리권의 상실 선고의 원인이 소멸된 경우에는 본인, 자녀, 자녀의 친족, 검사 또는 지방자치단체의 장의 청구에 의하여 실권의 회복을 선고할 수 있다(제926조).

## 5. 대리권 및 재산관리권의 사퇴

법정대리인인 친권자는 정당한 사유가 있는 때에는 법원의 허가를 얻어 그 법률행위의 대리권과 재산관리권을 사퇴할 수 있다(제927조 제1항). 대리권 및 재산관리권을 사퇴할 사유가 소멸한 때에는 그 친권자는 법원의 허가를 얻어 사퇴한 권리를 회복할 수 있다(제927조 제2항).

## 6. 친권의 상실, 일시 정지 또는 일부 제한과 친권자의 지정

혼인 외의 자가 인지된 경우와 부모가 이혼한 경우에 단독친권자로 정해진 부모의 일방이나 양부모 쌍방(친양자의 양부모를 제외한다)이 친권상실, 친권 일시 정지, 친권 일부 제한, 대리권과 재산관리권 상실의 선고를 받은 경우 및 대리권과 재산관리권을 사퇴한 경우, 소재불명 등 친권을 행사할 수 없는 중대한 사유가 있는 경우에는 제909조의2 제1항에 따라 가정법원은 생존하는 부 또는 모를 친권자로 지정하거나 미성년후견인을 선임할 수 있다. 이 경우 친권자 또는 미성년후견인의 임무는 친권이 일부 제한된 범위나 대리권과 재산관리권이 상실된 범위로 한정된다(제927조의2 제1항).

친권의 상실 등으로 친권자가 지정되거나 미성년후견인이 선임된 후 실권이 회복되거나 사퇴한 권리를 회복한 경우, 소재불명이던 부 또는 모가 발견되는 등 친권을 행사할 수 있게 된 경우에는 그 부모 일방 또는 쌍방, 미성년자, 미성년자의 친족의 청구에 의하여 친권자를 새로 지정할 수 있다(제927조의2 제2항).

## 제5절 양육

### I. 의의

양육이란 부모가 미성년 자녀를 부양하는 것으로 부모는 당연히 자녀를 부양할 의무를 진다. 즉 부모는 자녀가 태어나 성년이 되기 전까지 자신의 경제적 상황과 상관없이 자녀의 성장과 교육을 위하여 물질적, 재정적 지원을 하여야 한다.

민법은 친권의 효력으로 친권자가 자녀를 보호하고 교양할 권리 의무가 있다(제913조)고 규정하여 간접적으로 이러한 양육권을 인정하고 있다. 반면 양육의 의무는 친생관계가 전제되는 한 부모로서 당연히 부담하는 자연법상의 의무이다.

### II. 양육의무

양육의무는 미성년 자녀의 성장을 위하여 필요한 최소한의 물질적 재정적 공급은 물론이고 교육과 교양에 필요한 지원도 그 내용으로 한다. 자녀의 양육을 위하여 어느 정도의 수준까지 지원해주어야 하느냐에 대하여 일률적으로 말할 수는 없지만 부부사이의 부양의무와 마찬가지로 부양의무자의 직업이나 사회적 지위, 재산상황에 비추어 동일한 정도의 생활수준을 유지시켜 주어야 할 것이다. 이러한 양육의무는 부모가 가난하다고 하여 혹은 부모의 일방이 양육권을 갖지 않는다고 하여 면제되지 않는다. 가난한 경우에도 함께 가난한 상황에서 자녀를 양육하여야 하며, 이혼하여 다른 부모 일방이 양육권을 갖는다고 하더라도 일정한 양육비의 부담을 통하여 계속적으로 이행하여야 한다.

민법은 자녀를 가진 부부가 이혼을 하는 경우에 양육하여야 할 자녀가 있다면 당사자는 양육자와 양육비용의 부담에 관한 협의서 또는 가정법원의 심판정본을 가정법원에 제출하도록 하고 있다. 이에 근거하여 가정법원은 양육비부담조서를 작성하게 되는데(제836조의2) 이러한 양육비부담조서는 집행권원이 되어(가사소송법 제41조) 권리자는 바로 강제집행을 할 수 있다.

## III. 양육의무의 이행강제 및 양육비의 상환

### 1. 양육의무의 이행을 확보하기 위한 수단

가사소송법은 양육의무의 이행을 확보하기 위하여 여러 가지 장치를 마련해 두고 있다((1) 직접지급명령, (2) 담보제공, (3) 감치).

먼저 양육비 직접지급명령제도를 두어 가정법원은 양육비를 정기적으로 지급할 의무가 있는 사람이 정당한 사유 없이 2회 이상 양육비를 지급하지 아니한 경우에 정기금 양육비 채권에 관한 집행권원을 가진 채권자의 신청에 따라 양육비채무자에 대하여 정기적 급여채무를 부담하는 소득세원천징수의무자에게 양육비채무자의 급여에서 정기적으로 양육비를 공제하여 양육비채권자에게 직접 지급하도록 명할 수 있다(동법 제63조의2 제1항). 이러한 양육비직접지급명령은 민사집행법에 따라 압류명령과 전부명령을 동시에 명한 것과 같은 효력이 발생한다(동조 제2항). 다만, 민사집행법 제40조 제1항과 관계없이 해당 양육비 채권 중 기한이 되지 아니한 것에 대하여도 양육비 직접지급명령을 할 수 있다.

또한 가정법원은 양육비를 정기금으로 지급하게 하는 경우에 그 이행을 확보하기 위하여 또는 양육비채무자가 정당한 사유 없이 그 이행을 하지 아니하는 경우에는 양육비채권자의 신청에 의하여 양육비채무자에게 상당한 담보의 제공을 명할 수 있다(동법 제63조의3 제1항 및 제2항).

양육비의 일시금 지급명령을 받은 사람이 30일 이내에 정당한 사유 없이 그 의무를 이행하지 아니한 경우에 가정법원은 권리자의 신청에 의한 결정으로 30일의 범위 내에서 의무의 이행이 있을 때까지 의무자에 대한 감치를 명할 수 있다(동법 제68조 제1항 제3호).

## 2. 과거의 양육비 상환청구

미성년 자녀에 대한 부모의 양육의무는 어떠한 경우에도 면제되지 않으므로 이를 이행하지 않은 경우 불이행의 책임을 부담하게 된다. 따라서 자녀가 현재 양육의무를 이행하지 않는 부모에 대하여 부양의무의 이행을 청구할 수 있고, 과거에 이행하지 않은 양육비에 대하여서도 이행을 청구할 수 있다.

또한 직접 자녀를 양육하는 부부 일방도 양육의무를 이행하지 않는 상대방에 대하여 양육의무의 이행을 청구할 수 있으며 과거에 이행하지 않은 양육비에 대하여도 그 상환을 청구할 수 있다.

과거의 양육비상환과 관련하여 자녀와 홀로 자녀를 양육한 부부의 일방 중 누가 청구권자가 될 것인지가 문제되나 이 경우 홀로 자녀를 양육한 부부의 일방이 청구권자가 된다고 보아야 할 것이다. 자녀의 경우에는 홀로 양육을 받은 경우라고 하더라도 부모로부터 양육을 받은 것이고 그 양육은 홀로 양육한 부모의 일방이 부담하였다고 보는 것이 타당하기 때문이다. 따라서 부모의 일방이 과거의 확정된 양육비를 자동채권으로 하여 자신의 채무를 상계하는 것도 가능하다고 볼 것이다.[1] 양육권을 갖지 못한 자가 임의로 자녀를 양육하였다면 이러한 위법한 양육으로 인한 양육비는 상환청구의 대상이 되지 않는다.[2]

**[사례 20]**

乙녀는 대학교수가 된 甲남을 만나 결혼하여 딸 丙을 낳았다. 그러나 아이를 낳은 후부터 甲과 乙의 부부관계는 금이 가기 시작하였고, 두 사람은 결국 별거를 하게 되었다. 이때부터 丙은 乙이 혼자 도맡아서 키우게 되었다.

별거한 지 2년이 되어 甲과 乙은 결국 협의이혼을 하게 되었다. 아이는 아직 어리고 또 지금까지 엄마가 키워 왔기 때문에 엄마가 계속 양육하되 양육비로 아이가 성년이 되기까지 甲이 매달 100만원을 乙에게 지급하기로 합의하였다.

⑴ 협의이혼 후 乙은 甲을 상대로 丙을 홀로 양육하느라 발생한 과거의 양육비의 상환을 청구한다.[3] 법원의 입장은?

⑴-1 만약 乙이 丙을 10년 이상을 홀로 양육한 상황에서 양육비상환청구를 하였다면 甲은 10년 이전의 양육비 채권이 시효로 소멸하였음을 항변할 수 있는가?

⑴-2 과거의 양육비를 甲이 지급하여야 하고 乙도 甲에게 재산분할을 해 줄 의무를 질 경우 乙은 과거의 양육비 채권을 자동채권으로 하여 상계할 수 있는가?

---

1) 대판 2006. 7. 4., 2006므751.

2) 대결 2006. 4. 17., 2005스18.

3) 대판 1994. 5. 13., 92스21의 사안을 변형한 것임.

(2) 甲이 양육비를 주지 않을 경우에 乙이 취할 수 있는 구제수단은 무엇이 있는가?

# 제5장
# 후견

## 제1절 의의

후견이란 일반적으로 능력이나 역량이 부족한 사람에 대하여 뒤를 돌보아 주는 것을 말한다. 법률적인 의미에서의 후견은 행위능력이 제한된 자의 재산이나 기타 신상에 관한 사무를 보조 및 대리해 주는 것을 말한다. 민법은 이러한 후견과 관련하여 미성년후견, 성년후견, 한정후견, 특정후견, 임의후견의 제도를 구별하여 규정하고 있다.

## 제2절 미성년후견

### I. 의의

미성년의 경우에는 통상 부모가 친권자로서 법정대리인이 되며 자녀에 대하여 재산관리권과 대리권을 갖는다. 하지만 친권자가 없거나 친권자가 친권상실, 친권의 일시 정지(제924조), 친권 일부의 제한(제924조의2), 대리권과 재산관리권의 상실(제925조) 및 사퇴(제927조 제1항) 등에 따라 친권의 전부 또는 일부를 행사할 수 없는 경우에는 친권자를 대신할 사람이 필요하게 된다. 이러한 경우를 위하여 민법은 미성년후견인을 두도록 하고 있다(제928조). 미성년후견이 개시되면 미성년후견인은 취임일로부터 1개월 내에 그 신고를 하여야 한다(가족관계등록법 제80조 제1항)

## II. 미성년후견인의 지정, 선임 및 변경 등

### 1. 유언에 의한 미성년후견인의 지정

미성년자에게 친권을 행사하는 부모는 유언으로 미성년후견인을 지정할 수 있다(제931조 제1항). 다만 이 경우에도 미성년자의 복리를 위하여 필요하면 생존하는 부 또는 모, 미성년자의 청구에 의하여 후견을 종료하고 생존하는 부 또는 모를 친권자로 지정할 수 있다(제931조 제2항).

지정된 미성년후견인은 지정에 관한 유언서 그 등본 또는 유언녹음을 기재한 서면을 신고서에 첨부하여 신고하여야 한다(가족관계등록법 제82조 제1항). 법률행위의 대리권과 재산관리권이 없는 친권자는 이러한 지정후견인을 선임할 수 없다(제931조 제1항 단서). 가정법원은 친권자의 재산관리권이나 대리권의 상실에 대한 심판을 하면서 필요한 경우 미성년후견인을 직권으로 선임하게 된다(제932조 제2항).

## 2. 가정법원에 의한 미성년후견인의 선임

친권자의 사망에도 불구하고 후견인을 지정하지 않는 경우 또는 기존의 미성년후견인이 없게 된 경우 가정법원은 직권으로 또는 미성년자, 친족, 이해관계인, 검사, 지방자치단체의 장의 청구에 의하여 미성년후견인을 선임한다(제932조 제1항). 이 경우에도 생존하는 부 또는 모, 미성년자, 미성년자의 친족은 그 사실을 안 날로부터 1개월, 사망한 날로부터 6개월 내에 가정법원에 생존하는 부 또는 모를 친권자로 지정할 것을 청구할 수 있다(제909조의2 제1항).

친권자가 친권상실, 친권의 일시 정지(제924조), 친권 일부의 제한 선고(제924조의2), 대리권과 재산관리권의 상실 선고(제925조)를 받게 되어 미성년후견인을 선임할 필요가 있는 경우에 가정법원은 직권으로 미성년후견인을 선임한다(제932조 제2항).

친권자가 대리권 및 재산관리권을 사퇴한 경우에 친권자는 지체 없이 가정법원에 미성년후견인의 선임을 청구하여야 한다(제932조 제3항). 친권자가 이러한 청구를 하지 않거나 할 수 없는 경우에는 제932조 제1항을 유추적용할 것이다.

## 3. 미성년후견인의 수와 자격

미성년후견인의 수는 1인으로 제한된다(제930조 제1항). 법인은 성년후견인의 경우와 달리 미성년후견인이 되지 못하는 것으로 해석된다(제930조 제3항 참조). 다만 이러한 제한을 둘 필요가 있는지에 대하여는 의문이다.

미성년자나 피성년후견인, 피한정후견인, 피특정후견인, 피임의후견인, 회생절차개시결정 또는 파산선고를 받은 자, 자격정지 이상의 형의 선고를 받고 그 형기(刑期) 중에 있는 사람, 법원에서 해임된 법정대리인, 법원에서 해임된 성년후견인, 한정후견인, 특정후견인, 임의후견인과 그 감독인, 행방이 불분명한 사람, 피후견인인 미성년자를 상대로 소송을 하였거나 하고 있는 사람과 그 사람의 배우자와 직계혈족은 후견인의 결격사유에 해당하여 미성년후견인이 되지 못한다(제937조).

## 4. 미성년후견인의 사임 및 변경

미성년후견인은 정당한 사유가 있는 경우에는 가정법원의 허가를 받아 사임할 수 있고, 이 경우 그 미성년후견인은 사임청구와 동시에 가정법원에 새로운 미성년후견인의 선임을 청구하여야 한다(제939조).

가정법원은 미성년자의 복리를 위하여 미성년후견인을 변경할 필요가 있다고 인정하면 직권으로 또는 피후견인, 친족, 미성년후견감독인, 검사, 지방자치단체의 장의 청구에 의하여 미성년후견인을 변경할 수 있다(제940조).

## 5. 미성년후견감독인

### (1) 의의

미성년후견인의 업무를 감독하기 위하여 민법은 미성년후견감독인제도를 두고 있다. 다만 미성년후견감독인은 필요한 경우에 한하여 둘 수 있는 경우로 미성년후견이 개시되더라도 반드시 두어야 하는 필요적 사항은 아니다.

### (2) 미성년후견감독인의 지정 및 선임

미성년후견인을 지정할 수 있는 사람, 즉 친권자는 유언으로 미성년후견감독인을 지정할 수 있다(제940조의2). 이러한 지정이 없는 경우 가정법원은 필요하다고 인정하면 직권으로 또는 미성년자, 친족, 미성년후견인, 검사, 지방자치단체의 장의 청구에 의하여 미성년후견감독인을 선임할 수 있다(제940조의3 제1항). 미성년후견감독인이 사망, 결격, 그 밖의 사유로 없게 된 경우에도 직권으로 또는 미성년자, 친족, 미성년후견인, 검사, 지방자치단체의 장의 청구에 의하여 가정법원은 미성년후견감독인을 선임할 수 있다(제940조의3 제2항).

제779조에 해당하는 미성년후견인의 가족은 미성년후견감독인이 될 수 없다(제940조의5).

### (3) 미성년후견감독인의 직무

미성년후견감독인은 후견인의 사무를 감독하며, 미성년후견인이 없는 경우 지체 없이 가정법원에 미성년후견인의 선임을 청구하여야 한다(제940조의6 제1항). 미성년후견감독인은 미성년자의 신상이나 재산에 대하여 급박한 사정이 있는 경우 그의 보호를 위하여 필요한 행위 또는 처분을 할 수 있다(제940조의6 제2항). 미성년후견인과 미성년자 사이에 이해가 상반되는 행위에 관하여는 미성년후견감독인이 미성년자를 대리한다(제940조의6 제3항). 그 외에도 미성년후견인이 친권을 대행하거나 미성년자의 재산과 관련한 중요한 행위를 함에 있어서 미성년후견감독인은 동의권을 갖는다(제945조, 제950조 참조). 미성년후견감독인은 언제든지 미성년후견인에게 그의 임무수행에 관한 보고와 재산목록의 제출을 요구할 수 있고 미성년자의 재산상황을 조사할 수 있다(제953조). 미성년후견감독인은 그 직무와 관련하여 위임 및 후견인의 규정을 준용한다(제940조의7).

## III. 미성년후견인의 직무

### 1. 재산의 조사와 목록의 작성

#### (1) 의의

미성년후견인은 지정 후 또는 선임된 후 지체 없이 후견을 받는 미성년자의 재산을 조사하여 2개월 내에 그 목록을 작성하여야 한다. 다만 정당한 사유가 있으면 법원의 허가를 받아 그 기간을 연장할 수 있다(제941조 제1항). 미성년후견인이 재산조사와 목록작성을 완료하기까지는 긴급 필요한 경우가 아니면 그 재산에 관한 권한을 행사하지 못한다(제943조 본문). 다만 이를 행사한 경우 선의의 제3자에게 대항하지 못한다(제943조 단서).

#### (2) 미성년후견감독인의 관여

미성년후견감독인이 있는 경우 미성년자의 재산조사와 그 목록의 작성에는 미성년후견감독인의 참여가 있어야 하며, 이러한 미성년후견감독인의 참여가 없으면 그 목록은 효력이 없다(제941조 제2항). 특히 미성년후견인과 미성년자 사이에 채권·채무의 관계가 있는 경우 미성년후견감독인이 있는 경우에는 미성년후견인은 재산목록의 작성을 완료하기 전에 그 내용을 미성년후견감독인에게 제시하여야 한다(제942조 제1항). 미성년후견인이 미성년자에 대한 채권이 있음을 알고도 미성년후견감독인에게 제시하지 않은 경우 그 채권은 포기한 것으로 본다(제942조 제2항).

### (3) 미성년자가 미성년후견인 취임 후에 포괄적 재산을 취득한 경우

미성년후견인이 취임한 후에 후견의 대상인 미성년자가 상속, 유증 등으로 포괄적 재산을 취득한 경우에도 미성년후견인의 재산조사 및 목록작성의무, 미성년후견감독인의 이에 대한 참여에 관한 규정이 준용된다(제944조).

미성년자와 미성년후견인의 이해상반행위에 대하여 미성년후견인은 법원에 미성년자의 특별대리인의 선임을 청구하여야 한다(제949조의3, 제921조). 하지만 미성년후견감독인이 있는 경우에는 미성년후견감독인이 미성년자를 대리한다(제940조의6 제3항).

## 2. 미성년후견인의 재산관리권과 대리권

### (1) 의의

재산을 조사하고 재산목록을 작성한 후 미성년후견인은 미성년자의 재산을 관리하고 그 재산에 관한 법률행위를 대리한다(제949조 제1항). 미성년자의 행위를 목적으로 하는 채무를 부담하는 경우에는 미성년자 본인의 동의를 얻어야 한다(제949조 제2항, 제920조).

### (2) 미성년후견감독인의 동의가 필요한 행위

민법은 미성년후견인의 재산관리행위나 대리행위를 함에 있어서 미성년자의 이해에 중요한 사안에 대하여 미성년후견감독인이 있으면 그의 동의를 얻도록 하고 있다. 즉 1. 영업에 관한 행위, 2. 금전을 빌리는 행위, 3. 미성년자가 의무를 부담하는 행위, 4. 부동산 또는 중요한 재산에 관한 권리의 득실변경을 목적으로 하는 행위, 5. 소송행위, 6. 상속의 승인, 한정승인 또는 포기 및 상속재산의 분할에 관한 협의를 함에는 미성년후견감독인의 동의를 얻어야 하고(제950조 제1항), 미성년후견감독인의 동의 없이 이루어진 미성년후견인의 행위는 미성년자 또는 미성년후견감독인이 취소할 수 있다(제950조 제3항). 이 경우 대리행위의 상대방은 민법 제15조에 따라 확답을 촉구할 권리를 갖는다(제952조). 미성년후견감독인이 있음에도 그의 동의 없이 이루어진 미성년후견인의 중요한 대리행위는 정해진 기간의 경과로 취소한 것으로 본다(제15조 제3항).

미성년후견감독인의 동의가 필요한 행위에 대하여 미성년후견감독인이 미성년자의 이익이 침해될 우려가 있음에도 동의를 하지 아니하는 경우에는 가정법원은 미성년후견인의 청구에 의하여 미성년후견감독인의 동의를 갈음하는 허가를 할 수 있다(제950조 제2항).

### (3) 미성년자에 대한 제3자의 권리의 양수

미성년자에 대한 제3자의 권리를 미성년후견인이 양수하는 경우에 미성년후견감독인이 있다면 미성년후견인은 미성년후견감독인의 동의를 받아야 하고 동의 없이 이루어진 미성년후견인의 행위는 미성년자 또는 미성년후견감독인이 취소할 수 있다(제951조 제2항). 미성년후견인의 행위의 상대방은 민법 제15조에 따라 확답을 촉구할 권리를 갖는다(제952조). 상대방의 확답촉구에도 기간 내에 확답을 발하지 않으면 권리의 양수는 취소한 것으로 본다(제15조 제3항).

### 3. 친권의 대행

미성년후견인은 친권자는 아니지만 친권자의 권리를 대행한다. 즉 미성년후견인은 미성년자에 대한 보호, 교양의 권리의무 (제913조), 거소지정권(제914조), 감화 또는 교정기관에의 위탁권(제915조)을 보유한다(제945조). 다만 이러한 친권을 행사하는 경우라도 1. 친권자가 정한 교육방법, 양육방법 또는 거소를 변경하는 경우, 2. 미성년자를 감화기관이나 교정기관에 위탁하는 경우, 3. 친권자가 허락한 영업을 취소하거나 제한하는 경우에 미성년후견감독인이 있으면 그의 동의를 받아야 한다(제945조 단서).

친권자가 친권 일부의 제한 선고(제924조의2), 대리권과 재산관리권의 상실 선고(제925조) 및 사퇴(제927조 제1항) 등에 따라 친권의 전부 또는 일부를 행사할 수 없어서 미성년후견인이 선임된 경우에 미성년후견인의 직무는 제한된 친권의 범위로 한정된다(제946조).

### 4. 미성년후견인의 후견사무에 대한 가정법원의 처분명령

가정법원은 직권으로 또는 미성년자, 미성년후견감독인, 제777조에 따른 친족, 그 밖의 이해관계인, 검사, 지방자치단체의 장의 청구에 의하여 미성년자의 재산상황을 조사하고, 미성년후견인에게 재산관리 등 후견임무 수행에 관하여 필요한 처분을 명할 수 있다(제954조).

## IV. 미성년후견의 종료

미성년후견은 미성년자가 성년이 되는 경우뿐만 아니라 실권된 친권이 회복되는 경우, 사퇴한 대리권 및 재산관리권을 친권자가 회복하는 경우, 소재불명이던 부 또는 모가 발견되는 등으로 친권을 행사할 수 있게 된 경우에도 일정한 자의 청구에 의하여 친권자가 새로 지정되면(제927조의2 제2항) 미성년후견은 종료한다.

미성년후견이 종료되면 미성년후견인 또는 그 상속인은 1개월 내에 미성년자의 재산에 관한 계산을 하여야 한다(제957조 제1항 본문). 다만, 정당한 사유가 있는 경우에는 법원의 허가를 받아 그 기간을 연장할 수 있다(제957조 제1항 단서). 미성년후견종료로 인한 계산에는 미성년후견감독인이 있는 경우에는 그가 참여하여야 하며 그의 참여가 없는 계산은 효력이 없다(제957조 제2항). 미성년후견인이 미성년자에게 지급할 금액이나 미성년자가 미성년후견인에게 지급할 금액에는 계산종료의 날로부터 이자를 부가하여야 한다(제958조 제1항). 미성년후견인이 자기를 위하여 미성년자의 금전을 소비한 때에는 그 소비한 날로부터 이자를 부가하고 미성년자에게 손해가 있으면 이를 배상하여야 한다(제958조 제2항). 위임종료 시의 긴급처리(제691조) 및 위임종료로 인한 상대방에 대한 통지(제692조)의 규정은 미성년후견종료의 경우에 준용된다(제959조).

## 제3절 성년후견

### I. 의의

성년후견이란 질병, 장애, 노령, 그 밖의 사유로 인한 정신적 제약으로 사무를 처리할 능력이 지속적으로 결여된 사람에 대한 가정법원의 심판으로 행위능력을 제한하는 제도를 말한다(제9조).

### II. 성년후견개시의 심판

#### 1. 성년후견개시심판의 청구 및 청구권자

성년후견개시의 심판은 본인, 배우자, 4촌 이내의 친족, 미성년후견인, 미성년후견감독인, 한정후견인, 한정후견감독인, 특정후견인, 특정후견감독인, 검사 또는 지방자치단체의 장의 청구에 의하여 이루어진다(제9조 제2항). 피성년후견인은 미성년자보다 더 큰 보호를 받는다. 따라서 미성년자에 대하여서도 성년후견개시의 심판을 할 수 있다. 미성년후견감독인을 성년후견개시심판의 청구권자로 명시한 것도 이 때문이다.[1)]

성년후견개시의 심판청구에 대하여 가정법원이 한정후견개시의 심판을 내릴 수 있느냐의 문제에 대하여 성년후견 및 한정후견의 문제는 가사비송사건으로 처분권주의가 적용되지 않는다는 점에 비추

---

1) 곽윤직/김재형, 민법총칙, 2016년, 123-124면.

어 허용된다고 보는 것이 타당하다.

## 2. 성년후견인 및 성년후견감독인

### (1) 성년후견인

#### 1) 성년후견인의 선임

성년후견개시심판이 있게 되면 그 심판을 한 가정법원은 직권으로 성년후견인을 선임하여야 한다(제929조, 제936조 제1항). 법인도 성년후견인이 될 수 있다(제930조 제3항).

성년후견인은 정당한 사유가 있는 경우에는 가정법원의 허가를 받아 사임할 수 있고, 그 성년후견인은 사임청구와 동시에 가정법원에 새로운 성년후견인의 선임을 청구하여야 한다(제939조). 성년후견인이 사망, 결격, 그 밖의 사유로 없게 된 경우에도 가정법원은 직권으로 또는 피성년후견인, 친족, 이해관계인, 검사, 지방자치단체의 장의 청구에 의하여 성년후견인을 선임하여야 한다(제936조 제2항).

#### 2) 성년후견인의 결격사유

미성년자나 피성년후견인, 피한정후견인, 피특정후견인, 피임의후견인, 회생절차개시결정 또는 파산선고를 받은 자, 자격정지 이상의 형의 선고를 받고 그 형기(刑期) 중에 있는 사람, 법원에서 해임된 법정대리인, 법원에서 해임된 성년후견인, 한정후견인, 특정후견인, 임의후견인과 그 감독인, 행방이 불분명한 사람, 피성년후견인을 상대로 소송을 하였거나 하고 있는 사람과 그 사람의 배우자와 직계혈족(피후견인의 직계비속은 제외)은 후견인의 결격사유에 해당하여 성년후견인이 되지 못한다(제937조).

가정법원이 성년후견인을 선임할 때에는 피성년후견인의 의사를 존중하여야 하며, 그 밖에 피성년후견인의 건강, 생활관계, 재산상황, 성년후견인이 될 사람의 직업과 경험, 피성년후견인과의 이해관계의 유무(법인이 성년후견인이 될 때에는 사업의 종류와 내용, 법인이나 그 대표자와 피성년후견인 사이의 이해관계의 유무를 말한다) 등의 사정도 고려하여야 한다(제936조 제4항).

#### 3) 성년후견인의 변경 및 추가 선임

가정법원은 피성년후견인의 복리를 위하여 성년후견인을 변경할 필요가 있다고 인정하면 직권으로 또는 피성년후견인, 친족, 성년후견감독인, 검사, 지방자치단체의 장의 청구에 의하여 성년후견인을 변경할 수 있다(제940조).

가정법원은 성년후견인이 선임된 경우에도 필요하다고 인정하면 직권으로 또는 피성년후견인, 친족, 이해관계인, 검사, 지방자치단체의 장의 청구에 의하여 추가로 성년후견인을 선임할 수 있다(제936조 제3항).

#### 4) 복수의 성년후견인

성년후견인은 미성년후견의 경우와 달리 피성년후견인의 신상과 재산에 관한 모든 사정을 고려하여 여러 명을 둘 수 있다(제930조 제2항). 이 경우 가정법원은 직권으로 여러 명의 성년후견인이 공동으로 또는 사무를 분장하여 그 권한을 행사하도록 정할 수 있으며, 그러한 결정을 직권으로 변경하거나 취소할 수도 있다(제949조의2 제1항, 제2항). 여러 명의 성년후견인이 공동으로 권한을 행사해야 하는 경우에 어느 성년후견인이 피성년후견인의 이익이 침해될 우려가 있음에도 법률행위의 대리 등 필요한 권한행사에 협력하지 아니할 때에는 가정법원은 피성년후견인, 성년후견인, 후견감독인 또는 이해관계인의 청구에 의하여 그 성년후견인의 의사표시를 갈음하는 재판을 할 수 있다(제949조의2 제3항).

### (2) 성년후견감독인

가정법원은 필요하다고 인정하면 직권으로 또는 피성년후견인, 친족, 성년후견인, 검사, 지방자치단체의 장의 청구에 의하여 성년후견감독인을 선임할 수 있다(제940조의4 제1항). 가정법원은 성년후견감독인이 사망, 결격, 그 밖의 사유로 없게 된 경우에는 직권으로 또는 피성년후견인, 친족, 성년후견인, 검사, 지방자치단체의 장의 청구에 의하여 성년후견감독인을 선임한다(동조 제2항). 복수의 성년후견감독인이 선임될 수 있으며, 법인도 성년후견감독인이 될 수 있다(제940조의7, 제930조 제2항, 제3항)

성년후견감독인은 성년후견인의 사무를 감독하며, 성년후견인이 없는 경우 지체 없이 가정법원에 성년후견인의 선임을 청구하여야 한다(제940조의6 제1항). 성년후견감독인은 피성년후견인의 신상이나 재산에 대하여 급박한 사정이 있는 경우 그의 보호를 위하여 필요한 행위 또는 처분을 할 수 있다(제940조의6 제2항). 피성년후견인과 성년후견인 사이에 이해가 상반되는 행위에 관하여는 성년후견감독인이 피성년후견인을 대리한다(제940조의6 제3항).

## III. 성년후견인의 직무

성년후견인은 피성년후견인의 재산을 관리하고 그 재산에 관한 법률행위에 대하여 피성년후견인을 대리한다(제949조 제1항). 다만 피성년후견인의 행위를 목적으로 하는 채무를 부담할 경우에는 그의 동의를 얻어야 한다(제949조 제2항, 제920조).

### 1. 피성년후견인의 재산조사와 목록작성

#### (1) 재산조사와 목록작성 의무

성년후견인은 지정 후 또는 선임된 후 지체 없이 후견을 받는 피성년후견인의 재산을 조사하여 2개월 내에 그 목록을 작성하여야 한다. 다만 정당한 사유가 있으면 법원의 허가를 받아 그 기간을 연장할 수 있다(제941조 제1항). 성년후견인은 재산조사와 목록작성을 완료하기까지는 긴급 필요한 경우가 아니면 그 재산에 관한 권한을 행사하지 못한다(제943조 본문). 다만 선의의 제3자에게 대항하지 못한다(제943조 단서).

#### (2) 성년후견감독인의 참여

성년후견감독인이 있는 경우 피성년후견인의 재산조사와 그 목록의 작성에는 성년후견감독인의 참여가 있어야 하며, 성년후견감독인의 참여가 없는 목록의 작성은 효력이 없다(제941조 제2항). 특히 성년후견인과 피성년후견인 사이에 채권·채무의 관계가 있는 경우 성년후견감독인이 있는 경우에는 성년후견인은 재산목록의 작성을 완료하기 전에 그 내용을 성년후견감독인에게 제시하여야 한다(제942조 제1항). 성년후견인이 피성년후견인에 대한 채권이 있음을 알고도 성년후견감독인에게 제시하지 않은 경우 그 채권은 포기한 것으로 본다(제942조 제2항).

### (3) 성년후견인 취임 후의 피성년후견인의 포괄적 재산취득

성년후견인이 취임한 후에 피성년후견인이 상속 등으로 포괄적 재산을 취득한 경우에 성년후견인의 재산조사 및 목록작성의무, 성년후견감독인의 이에 대한 참여에 관한 규정이 준용된다(제944조).

## 2. 피성년후견인에 대한 대리 및 재산관리

### (1) 법정대리

성년후견개시의 심판이 선고되면 성년후견인은 피성년후견인의 법정대리인이 된다(제938조 제1항), 피성년후견인은 성년후견개시의 심판에 의하여 행위능력이 제한되고 그가 한 법률행위는 성년후견인이 이를 취소할 수 있다(제10조 제1항). 다만 가정법원은 취소할 수 없는 법률행위의 범위를 정할 수 있고 그 범위에서 피성년후견인의 행위능력은 인정된다(제10조 제2항). 또한 일용품의 구입 및 일상생활에 필요하고 그 대가가 과도하지 아니한 피성년후견인의 법률행위는 그가 단독으로 한 것이더라도 취소하지 못한다(제10조 제4항).

피성년후견인에 대한 법률행위에 대하여 성년후견인의 동의권은 인정되지 않는다. 따라서 성년후견인의 동의를 받은 피성년후견인의 법률행위도 성년후견인은 원칙적으로 취소할 수 있다.

### (2) 성년후견감독인의 동의사항

성년후견인이 피성년후견인의 이해에 중요한 법률행위를 하는 경우 성년후견감독인이 있으면 그의 동의를 받아야 한다. 즉 1. 영업에 관한 행위, 2. 금전을 빌리는 행위, 3. 피성년후견인이 의무를 부담하는 행위, 4. 부동산 또는 중요한 재산에 관한 권리의 득실변경을 목적으로 하는 행위, 5. 소송행위, 6. 상속의 승인, 한정승인 또는 포기 및 상속재산의 분할에 관한 협의를 함에는 성년후견감독인의 동의를 얻어야 하고(제950조 제1항) 동의 없이 이루어진 성년후견인의 행위는 피성년후견인 또는 성년후견감독인이 취소할 수 있다(제950조 제3항). 이 경우 행위의 상대방은 민법 제15조에 따라 확답을 촉구할 권리를 갖고 상대방의 확답촉구에도 기간 내의 확답이 없으면 취소한 것으로 본다(동조 제3항).

성년후견감독인의 동의가 필요한 행위에 대하여 성년후견감독인이 피성년후견인의 이익이 침해될 우려가 있음에도 동의를 하지 아니하는 경우에는 가정법원은 성년후견인의 청구에 의하여 성년후견감독인의 동의를 갈음하는 허가를 할 수 있다(제950조 제2항).

### (3) 이해상반행위

피성년후견인과 성년후견인의 이해상반행위에 대하여 성년후견인은 법원에 피성년후견인의 특별대리인의 선임을 청구하여야 한다(제949조의3, 제921조). 성년후견감독인이 있는 경우에는 그 감독인이 피성년후견인을 대리한다(제940조의6 제3항).

### (4) 피성년후견인의 재산 등을 양수하는 경우

성년후견인이 피성년후견인에 대한 제3자의 권리를 양수하는 경우 피성년후견인은 이를 취소할 수 있다(제951조 제1항). 성년후견감독인이 있는 경우 성년후견인은 성년후견감독인의 동의를 받아야 하고 동의 없이 이루어진 성년후견인의 행위는 피성년후견인 또는 성년후견감독인이 취소할 수 있다(제951조 제2항). 이 경우 성년후견인의 행위의 상대방은 민법 제15조에 따라 확답을 촉구할 권리를 갖는다(제952조). 성년후견감독인의 동의 없이 이루어진 성년후견인의 재산양수행위는 정해진 기간의 경과로 취소한 것으로 본다(제15조 제3항).

### 3. 피성년후견인의 신상에 관한 권한

피성년후견인은 자신의 신상에 관하여 그의 상태가 허락하는 범위에서 단독으로 결정한다(제947조의2 제1항). 성년후견인이 피성년후견인을 치료 등의 목적으로 정신병원이나 그 밖의 다른 장소에 격리하려는 경우에는 가정법원의 허가를 받아야 한다(동조 제2항). 피성년후견인의 신체를 침해하는 의료행위에 대하여 피성년후견인이 동의할 수 없는 경우에는 성년후견인이 그를 대신하여 동의할 수 있지만(동조 제3항), 피성년후견인이 의료행위의 직접적인 결과로 사망하거나 상당한 장애를 입을 위험이 있을 때에는 가정법원의 허가를 받아야 한다. 다만, 허가절차로 의료행위가 지체되어 피성년후견인의 생명에 위험을 초래하거나 심신상의 중대한 장애를 초래할 때에는 사후에 허가를 청구할 수 있다(동조 제4항). 성년후견인이 피성년후견인을 대리하여 피성년후견인이 거주하고 있는 건물 또는 그 대지에 대하여 매도, 임대, 전세권 설정, 저당권 설정, 임대차의 해지, 전세권의 소멸, 그 밖에 이에 준하는 행위를 하는 경우에도 가정법원의 허가를 받아야 한다(동조 제5항).

### 4. 가정법원의 후견사무에 관한 처분명령

가정법원은 직권으로 또는 피성년후견인, 성년후견감독인, 제777조에 따른 친족, 그 밖의 이해관계인, 검사, 지방자치단체의 장의 청구에 의하여 피성년후견인의 재산상황을 조사하고, 성년후견인에게 재산관리 등 후견임무 수행에 관하여 필요한 처분을 명할 수 있다(제954조).

### 5. 성년후견인의 주의의무 및 보수 등

성년후견인은 피성년후견인의 재산관리와 신상보호를 할 때 여러 사정을 고려하여 그의 복리에 부합하는 방법으로 사무를 처리하여야 한다. 이 경우 성년후견인은 피성년후견인의 복리에 반하지 아니하면 피성년후견인의 의사를 존중하여야 한다(제947조). 성년후견인이 후견사무를 수행하는 데 필요한 비용은 피성년후견인의 재산 중에서 지출한다(제955조의2).

법원은 성년후견인의 청구에 의하여 피성년후견인의 재산상태 기타 사정을 참작하여 피성년후견인의 재산 중에서 상당한 보수를 성년후견인에게 수여할 수 있다(제955조).

## IV. 성년후견의 종료

성년후견은 피성년후견인의 사망 이외에도 성년후견종료의 심판이 있는 때에 종료한다. 즉, 성년후견개시의 원인이 소멸된 경우에는 가정법원은 본인, 배우자, 4촌 이내의 친족, 성년후견인, 성년후견감독인, 검사 또는 지방자치단체의 장의 청구에 의하여 성년후견종료의 심판을 한다(제11조). 가정법원이 피성년후견인에 대하여 한정후견개시의 심판을 할 때에는 성년후견의 종료심판을 하여야 한다(제14조의3 제2항).

성년후견이 종료되면 성년후견인 또는 그 상속인은 1개월 내에 피성년후견인의 재산에 관한 계산을 하여야 한다(제957조 제1항 본문). 다만, 정당한 사유가 있는 경우에는 법원의 허가를 받아 그 기간을 연장할 수 있다(제957조 제1항 단서). 성년후견종료로 인한 계산에는 성년후견감독인이 있는 경우에는 그가 참여하여야 하며 그의 참여가 없는 계산은 효력이 없다(제957조 제2항). 성년후견인이 피성년후견인에게 지급할 금액이나 피성년후견인이 성년후견인에게 지급할 금액에는 계산종료의 날로부터 이자를 부가하여야 한다(제958조 제1항). 성년후견인이 자기를 위하여 피성년후견인의 금전을 소비한 때에는 그 소비한 날로부터 이자를 부가하고 피성년후견인에게 손해가 있으면 이를 배상하여야 한다(제958조 제2항). 위임종료 시의 긴급처리(제691조) 및 위임종료로 인한 상대방에 대한 통지(제692조)의 규정은 성년후견종료의 경우에 준용된다(제959조).

## 제4절 한정후견

### I. 의의

한정후견이란 질병, 장애, 노령, 그 밖의 사유로 인한 정신적 제약으로 사무를 처리할 능력이 부족한 사람에 대하여 본인, 배우자, 4촌 이내의 친족, 미성년후견인, 미성년후견감독인, 성년후견인, 성년후견감독인, 특정후견인, 특정후견감독인, 검사 또는 지방자치단체의 장의 청구로 가정법원이 행위능력에 대한 일정한 처분을 하는 제도를 말한다(제9조).

## II. 한정후견인 및 한정후견감독인

### 1. 한정후견인

가정법원은 한정후견개시의 심판을 하는 경우 직권으로 한정후견인을 선임하여야 한다(제959조의3 제1항). 한정후견인은 피한정후견인의 신상과 재산에 관한 모든 사정을 고려하여 여러 명 둘 수 있고, 법인도 한정후견인이 될 수 있다(제959조의3 제2항, 제930조 제2항 및 제3항). 가정법원이 한정후견인을 선임할 때에는 피한정후견인의 의사를 존중하여야 하며, 그 밖에 피한정후견인의 건강, 생활관계, 재산상황, 한정후견인이 될 사람의 직업과 경험, 피한정후견인과의 이해관계의 유무(법인이 한정후견인이 될 때에는 사업의 종류와 내용, 법인이나 그 대표자와 피한정후견인 사이의 이해관계의 유무를 말한다) 등의 사정도 고려하여야 한다(제959조의3 제2항, 제936조 제4항). 가정법원은 한정후견인이 선임된 경우에도 필요하다고 인정하면 직권으로 또는 피한정후견인, 친족, 이해관계인, 검사, 지방자치단체의 장의 청구에 의하여 추가로 한정후견인을 선임할 수 있다(제959조의3 제2항, 제936조 제3항).

미성년자나 피성년후견인, 피한정후견인, 피특정후견인, 피임의후견인, 회생절차개시결정 또는 파산선고를 받은 자, 자격정지 이상의 형의 선고를 받고 그 형기(刑期) 중에 있는 사람, 법원에서 해임된 법정대리인, 법원에서 해임된 성년후견인, 한정후견인, 특정후견인, 임의후견인과 그 감독인, 행방이 불분명한 사람, 피한정후견인을 상대로 소송을 하였거나 하고 있는 사람과 그 사람의 배우자와 직계혈족

(피한정후견인의 직계비속은 제외)은 후견인의 결격사유에 해당하여 한정후견인이 되지 못한다(제959조의3 제2항, 제937조).

가정법원은 피한정후견인의 복리를 위하여 한정후견인을 변경할 필요가 있다고 인정하면 직권으로 또는 피한정후견인, 친족, 한정후견감독인, 검사, 지방자치단체의 장의 청구에 의하여 한정후견인을 변경할 수 있다(제940조).

### 2. 한정후견감독인

가정법원은 필요하다고 인정하면 직권으로 또는 피한정후견인, 친족, 한정후견인, 검사, 지방자치단체의 장의 청구에 의하여 한정후견감독인을 선임할 수 있다(제959조의5 제1항). 한정후견감독인의 임무는 성년후견감독인의 경우에 준하여 다루어진다(제959조의5 제2항). 다만, 피한정후견인은 성년후견과는 달리 동의를 받아 행위를 할 수 있는 경우도 있으므로 그 경우 동의권자는 한정후견감독인이 된다(제940조의6 제3항 참조).

## III. 한정후견인의 직무

### 1. 재산관리 및 대리권

한정후견인은 피한정후견인의 재산권을 관리하고 가정법원으로부터 대리권을 수여받은 경우 그 범위 내에서 피한정후견인을 대리한다. 다만 피한정후견인의 행위를 목적으로 하는 채무를 부담하는 법률행위를 하는 경우에는 그의 동의를 얻어야 한다(제959조의6, 제949조 제2항, 제920조). 그 외에 제949조의2(성년후견인이 여러 명인 경우 권한의 행사), 제949조의3(이해상반행위), 제950조(후견감독인의 동의를 필요로 하는 행위), 제951조(피후견인의 재산 등의 양수) 제955조(보수) 등에 대한 규정이 준용된다.

## 2. 동의권

피한정후견인은 원칙적으로 행위능력을 갖는다. 하지만 가정법원은 피한정후견인이 한정후견인의 동의를 받아야 하는 행위의 범위를 정할 수 있고, 그 한도에서 피한정후견인의 행위능력은 제한을 받는다. 즉 한정후견인의 동의가 필요한 법률행위를 피한정후견인이 한정후견인의 동의 없이 하였을 때에는 그 법률행위를 취소할 수 있다(제13조 제4항 본문). 다만, 일용품의 구입 등 일상생활에 필요하고 그 대가가 과도하지 아니한 법률행위에 대하여는 그러하지 아니하다(제13조 제4항 단서). 한정후견인의 동의를 필요로 하는 행위에 대하여 한정후견인이 피한정후견인의 이익이 침해될 염려가 있음에도 그 동의를 하지 아니하는 때에는 가정법원은 피한정후견인의 청구에 의하여 한정후견인의 동의를 갈음하는 허가를 할 수 있다(제13조 제3항).

가정법원은 본인, 배우자, 4촌 이내의 친족, 한정후견인, 한정후견감독인, 검사 또는 지방자치단체의 장의 청구에 의하여 제1항에 따른 한정후견인의 동의를 받아야만 할 수 있는 행위의 범위를 변경할 수 있다(제13조 제2항).

## 3. 피한정후견인의 신상에 관한 권한

피한정후견인은 자신의 신상에 관하여 그의 상태가 허락하는 범위에서 단독으로 결정한다(제959조의6, 제947조의2 제1항). 한정후견인이 피한정후견인을 치료 등의 목적으로 정신병원이나 그 밖의 다른 장소에 격리하려는 경우에는 가정법원의 허가를 받아야 한다(제959조의6, 제947조의2 제2항). 피한정후견인의 신체를 침해하는 의료행위에 대하여 피한정후견인이 동의할 수 없는 경우에는 한정후견인이 그를 대신하여 동의할 수 있지만(제959조의6, 제947조의2 제3항), 피한정후견인이 의료행위의 직접적인 결과로 사망하거나 상당한 장애를 입을 위험이 있을 때에는 가정법원의 허가를 받아야 한다. 다만, 허가절차로 의료행위가 지체되어 피한정후견인의 생명에 위험을 초래하거나 심신상의 중대한 장애를 초래할 때에는 사후에 허가를 청구할 수 있다(제959조의6, 제947조의2 제4항). 한정후견인이 피한정후견인을 대리하여 피한정후견인이 거주하고 있는 건물 또는 그 대지에 대하여 매도, 임대, 전세권 설정, 저당권 설정, 임대차의 해지, 전세권의 소멸, 그 밖에 이에 준하는 행위를 하는 경우에도 가정법원의 허가를 받아야 한다(제959조의6, 제947조의2 제5항).

## IV. 한정후견의 종료

한정후견개시의 원인이 소멸된 경우에는 가정법원은 본인, 배우자, 4촌 이내의 친족, 한정후견인, 한정후견감독인, 검사 또는 지방자치단체의 장의 청구에 의하여 한정후견종료의 심판을 한다(제14조). 가정법원이 피한정후견인에 대하여 성년후견개시의 심판을 할 때에도 한정후견의 종료심판을 하여야 한다(제14조의3 제1항).

한정후견인의 임무가 종료한 경우에 관하여는 제691조(위임종료시의 긴급처리), 제692조(위임종료의 대항요건), 제957조(성년후견사무의 종료와 관리의 계산) 및 제958조(이자의 부가와 금전소비에 대한 책임)를 준용한다(제959조의7).

## 제5절 특정후견

가정법원은 질병, 장애, 노령, 그 밖의 사유로 인한 정신적 제약으로 일시적 후원 또는 특정한 사무에 관한 후원이 필요한 사람에 대하여 본인, 배우자, 4촌 이내의 친족, 미성년후견인, 미성년후견감독인, 검사 또는 지방자치단체의 장의 청구에 의하여 특정후견의 심판을 한다(제14조의2 제1항). 특정후견은 본인의 의사에 반하여 할 수 없다(제14조의2 제2항). 특정후견은 특정한 사무나 특정한 기간에 제한적으로 적용되는 것이므로 특정후견의 심판을 하는 경우에는 특정후견의 기간 또는 사무의 범위를 정하여야 한다(제14조의2 제3항). 이러한 특정후견은 피특정후견인의 후원을 위한 처분의 형태로 이루어진다(제959조의8). 예를 들어 피특정후견인의 재산을 관리하기 위해 재산관리인을 두거나 재산의 처분을 금지하는 것도 있을 수 있고 특정후견인을 선임할 수도 있다(제959조의9 제1항). 특정후견인을 선임하는 경우 필요한 기간이나 범위를 정하여 대리권을 부여할 수 있고 특정후견인의 대리권의 행사에 가정법원의 허가를 받도록 명할 수 있다(제959조의11). 또한 추가로 특정후견감독인을 선임할 수도 있다(제959조의9 제2항).

특정후견은 그 기간이 종료하는 경우, 피특정후견인의 사망 혹은 성년후견이나 한정후견의 개시심판이 내려지는 경우 가정법원의 특정후견의 종료심판에 의하여 종료한다(제14조의3). 후견사무의 종료와 관련하여 위임종료 시의 긴급처리(제691조), 위임종료의 대항요건(제692조), 후견사무의 종료와 관리의 계산(제957조) 및 이자의 부가와 금전소비에 대한 책임(제958조)의 규정은 특정후견의 종료의 경우에도 준용된다(제959조의13).

# 제6절 후견계약

## I. 의의

### 1. 개념

후견계약은 질병, 장애, 노령, 그 밖의 사유로 인한 정신적 제약으로 사무를 처리할 능력이 부족한 상황에 있거나 부족하게 될 상황에 대비하여 자신의 재산관리 및 신상보호에 관한 사무의 전부 또는 일부를 다른 자에게 위탁하고 그 위탁사무에 관하여 대리권을 수여하는 것을 내용으로 하여 체결되는 계약이다(제959조의14 제1항). 후견계약은 후견의 내용을 피임의후견인 등이 스스로 결정하고 특히 임의후견인을 직접 선임할 수 있다는 점에서 후견에 대한 사적자치를 인정하는 제도이다.

### 2. 후견계약의 체결

후견계약은 공정증서로 체결하여야 하며(제959조의14 제2항), 등기하여야 한다(제959조의20 제1항). 임의후견감독인의 선임 전에는 본인 또는 임의후견인은 언제든지 공증인의 인증을 받은 서면으로 후견계약의 의사표시를 철회할 수 있다(제959조의18 제1항). 임의후견인의 임무는 후견계약의 내용에 따른다.

후견계약의 당사자는 본인이 체결하는 것이 원칙이나 본인의 법정대리인도 체결할 수 있다. 특히 본인이 미성년자이거나 피성년후견인인 경우에도 후견계약을 체결할 수 있다고 하고 있는데(제959조의20 제2항), 이는 법정대리인에 의한 후견계약의 체결을 염두에 둔 규정이다.

# II. 임의후견의 개시

## 1. 임의후견감독인의 선임

후견계약은 가정법원이 임의후견감독인을 선임한 때부터 효력이 발생한다(제959조의14 제3항). 즉 가정법원이 후견계약이 등기되어 있고, 본인이 사무를 처리할 능력이 부족한 상황에 있다고 인정할 때에 본인, 배우자, 4촌 이내의 친족, 임의후견인, 검사 또는 지방자치단체의 장의 청구에 의하여 임의후견감독인을 선임함으로써 임의후견이 개시된다(제959조의15 제1항). 이 경우 본인이 아닌 자의 청구에 의하여 가정법원이 임의후견감독인을 선임할 때에는 미리 본인의 동의를 받아야 한다. 다만, 본인이 의사를 표시할 수 없는 때에는 그러하지 아니하다(959조의15 제2항). 가정법원은 임의후견임감독인이 선임된 경우에도 필요하다고 인정하면 직권으로 또는 본인, 친족, 임의후견인, 검사, 지방자치단체의 장의 청구에 의하여 임의후견감독인을 추가로 선임할 수 있다(959조의15 제4항).

## 2. 임의후견의 제한

임의후견인이 제937조의 후견결격사유에 해당하거나 그 밖에 현저한 비행을 하는 경우, 후견계약에서 정한 임무에 적합하지 아니한 사유가 있는 자인 경우에는 가정법원은 임의후견감독인을 선임하지 아니한다(제959조의17 제1항).

임의후견감독인을 선임한 이후에도 임의후견인이 현저한 비행을 하거나 그 밖에 그 임무에 적합하지 아니한 사유가 있게 된 경우에는 가정법원은 임의후견감독인, 본인, 친족, 검사 또는 지방자치단체의 장의 청구에 의하여 임의후견인을 해임할 수 있다(제959조의17 제2항). 이 경우 가정법원은 새로운 임의후견인을 선임할 수 없으므로 임의후견은 종료하게 된다. 본인의 이익을 보호하기 위해서는 한정후견개시의 심판이나 성년후견개시의 심판이 있어야 한다.

### 3. 임의후견감독인의 임무

임의후견감독인은 임의후견인의 사무를 감독하며 그 사무에 관하여 가정법원에 정기적으로 보고하여야 한다(제959조의16 제1항).

가정법원은 필요하다고 인정하면 임의후견감독인에게 감독사무에 관한 보고를 요구할 수 있고 임의후견인의 사무 또는 본인의 재산상황에 대한 조사를 명하거나 그 밖에 임의후견감독인의 직무에 관하여 필요한 처분을 명할 수 있다(제959조의16 제2항). 또한 임의후견감독인은 피임의후견인의 신상이나 재산에 대하여 급박한 사정이 있는 경우 그의 보호를 위하여 필요한 행위 또는 처분을 할 수 있고, 임의후견인과 피임의후견인 사이에 이해가 상반되는 행위에 관하여는 임의후견감독인이 피임의후견인을 대리한다(제959조의16 제3항, 제940조의6제2항·제3항). 임의후견감독인은 언제든지 임의후견인에게 그의 임무 수행에 관한 보고와 재산목록의 제출을 요구할 수 있고 피임의후견인의 재산상황을 조사할 수 있다(제959조의16 제3항, 제953조).

### 4. 본인의 의사의 존중

가정법원, 임의후견인, 임의후견감독인 등은 후견계약을 이행·운영할 때 본인의 의사를 최대한 존중하여야 한다(제959조의14 제4항).

## III. 임의후견의 종료

임의후견감독인의 선임 이후 본인 또는 임의후견인은 정당한 사유가 있는 때에만 가정법원의 허가를 받아 후견계약을 종료할 수 있다(제959조의18 제2항). 임의후견인의 대리권 소멸은 등기하지 아니하면 선의의 제3자에게 대항할 수 없다(제959조의19).

## IV. 후견계약과 성년후견, 한정후견, 특정후견의 관계

후견계약이 등기되어 있는 경우에는 가정법원은 본인의 이익을 위하여 특별히 필요할 때에만 임의후견인 또는 임의후견감독인의 청구에 의하여 성년후견, 한정후견 또는 특정후견의 심판을 할 수 있다. 이 경우 후견계약은 본인이 성년후견 또는 한정후견 개시의 심판을 받은 때 종료된다(제959조의20 제1항). 특정후견개시의 심판을 받은 경우에는 후견계약이 종료되지 않는다.

본인이 피성년후견인, 피한정후견인 또는 피특정후견인인 경우에 가정법원은 임의후견감독인을 선임함에 있어서 종전의 성년후견, 한정후견 또는 특정후견의 종료 심판을 하여야 한다. 다만, 성년후견 또는 한정후견 조치의 계속이 본인의 이익을 위하여 특별히 필요하다고 인정하면 가정법원은 임의후견감독인을 선임하지 아니한다(제959조의20 제2항).

"민법 규정은 후견계약이 등기된 경우에는 사적자치의 원칙에 따라 본인의 의사를 존중하여 후견계약을 우선하도록 하고, 예외적으로 본인의 이익을 위하여 특별히 필요할 때에 한하여 법정후견에 의할 수 있도록 한 것으로서, 민법 제959조의20 제1항에서 후견계약의 등기 시점에 특별한 제한을 두지 않고 있고, 같은 조 제2항 본문이 본인에 대해 이미 한정후견이 개시된 경우에는 임의후견감독인을 선임하면서 종전 한정후견의 종료 심판을 하도록 한 점 등에 비추어 보면, 위 제1항은 본인에 대해 한정후견개시심판 청구가 제기된 후 심판이 확정되기 전에 후견계약이 등기된 경우에도 적용이 있다고 보아야 하므로, 그와 같은 경우 가정법원은 본인의 이익을 위하여 특별히 필요하다고 인정할 때에만 한정후견개시심판을 할 수 있다."[1]

1) 대결 2017. 6. 1., 2017스515.

# 제6장

# 친족 사이의 부양

## I. 의의

직계혈족 및 그 배우자간 기타 생계를 같이 하는 친족 사이에서는 상호 부양의무가 존재한다(제974조). 부양청구권은 일신전속적 권리로 이를 처분하지 못한다(제979조).

[사례 21]

甲남과 乙녀는 1975년 결혼하여 그 사이에 2명의 자녀를 두고 있다. 甲은 乙과 결혼한 후 장인의 경제적 지원을 받아 해외로 유학을 갔다가 1988년경 귀국하여 모친인 丙과 따로 살면서 경제활동을 시작하였고, 그 무렵부터 甲은 丙에게 생활비로 매월 20만원씩을 지급하여 왔다. 그 후 1999년 甲이 사망하였고 甲의 사망 이후에는 乙이 丙에게 매월 20만원씩 2012년 4월까지 계속 지급하였다. 丙은 자신은 무자력자이고 근로에 의하여 생활을 유지하기 어려운 상황이 되었다.[1]

(1) 乙은 丙에게 甲이 사망하기 이전까지의 과거의 부양료를 지급하여야 하

1) 대결 2013. 8. 30., 2013스96의 사안을 변형한 것임.

는가?

(2) 乙은 甲이 사망한 이후의 장래의 부양료를 지급하여야 하는가?

## II. 부양의 순위

부양의 의무 있는 자가 수인인 경우에 부양을 할 자의 순위에 관하여 당사자 간에 협정이 없는 때에는 법원은 당사자의 청구에 의하여 이를 정한다. 부양을 받을 권리자가 수인인 경우에 부양의무자의 자력이 그 전원을 부양할 수 없는 때에도 같다(제976조 제1항). 부양의무자나 권리자가 다수인 경우 법원은 수인의 부양의무자 또는 권리자를 선정할 수 있다(제976조 제2항).

## III. 부양의 정도 및 방법

제974조의 부양의무는 성년의 친족 사이의 부양의무로 미성년 자녀에 대한 부모의 부양이나 배우자 상호 간의 부양의무와 구별된다. 성년이 된 사람은 독립된 생활의 주체로서 자신의 근로를 통하여 자신과 가족의 생계를 스스로 꾸려나가야 한다. 민법 제974조에서 정하는 친족 사이의 부양의무는 이에 대한 예외를 인정한 것으로 이해되어야 하며 따라서 엄격하게 해석되어져야 한다. 즉 친족이라고 하더라도 자신의 생활이 사회적 지위나 직업 등에 비추어 여유가 있는 한도에서 부양의무를 부담하며 부양을 받는 자도 기초적 생활유지를 위한 부양을 받을 수 있는 권리만 인정된다.

부양의 정도 또는 방법에 관하여 당사자 간에 협정이 없는 때에는 법원은 당사자의 청구에 의하여 부양을 받을 자의 생활정도와 부양의무자의 자력 기타 제반사정을 참작하여 이를 정한다(제977조).

이러한 의미에서 성년의 자녀는 통상적인 생활필요비라고 보기 어려운 유학비용을 부양료로 청구하지 못한다.[1) ] 배우자 사이의 과거 부양료청구와 마찬가지로 대법원은 친족사이에서도 과거의 부양료청구를 인정하지 않는다.[2)]

1) 대결 2017. 8. 25., 2017스5.
2) 대결 2013. 8. 30., 2013스96.

제2편

# 상속법

# 제1장

# 상속법 서설

## 1. 상속의 개념

상속이란 특정인의 사망으로 그가 가지고 있던 재산상의 지위가 일정한 범위의 친족에게 포괄적으로 승계되는 것을 말한다(제1005조).

## 2. 상속권의 개념

상속을 받을 권리인 상속권은 통상 두 가지 의미로 구별되어 사용된다.

첫째, 상속이 개시되기 이전에 법정상속인에 해당하는 자가 갖는 상속기대권을 의미한다. 즉 법정상속인은 특별한 결격사유가 없는 한 상속의 개시로 망자의 재산을 포괄적으로 승계하며, 피상속인의 재산처분으로 이러한 상속권이 침해되는 경우 유류분반환청구권을 통하여 일정한 범위에서 그 보호를 받는다.

둘째, 특정인의 사망으로 상속이 개시된 후에 갖는 상속재산에 대한 포괄적 지위를 의미한다. 이 권리가 참칭상속인에 의하여 침해될 경우에 진정상속인은 상속회복청구권(제999조)을 행사하여 상속권을 보호받을 수 있다.

### 3. 상속의 형태

#### (1) 신분상속과 재산상속

피상속인의 신분상의 지위가 승계되는 경우를 신분상속이라고 하고 재산상의 지위가 승계되는 경우를 재산상속이라고 한다. 민법은 종래에는 재산상속뿐만 아니라 호주승계(제980조 이하)로서의 신분상속을 인정하고 있었으나 민법의 개정으로 신분상속제도는 더 이상 존재하지 않으며 현재에는 재산상속만 인정하고 있다.

#### (2) 생전상속과 사망상속

상속의 개시를 피상속인의 생존 중에 인정하는 것이 생전상속이다. 종래에 민법은 호주승계의 경우 생전상속이 인정되었다(개정 전 민법 제980조). 하지만 호주승계가 없어지면서 사망에 의하여 상속이 개시되는 사망상속만 남게 되었다(제997조).

#### (3) 법정상속과 유언상속

상속인이 될 자의 범위 및 순위가 법률에 의하여 정해지는 경우를 법정상속이라고 한다. 민법은 법정상속제도만을 인정한다(제984조 및 제1000조). 이에 반해 유언상속은 상속인을 유언에 의하여 지정할 수 있도록 하는 제도를 말한다. 학설은 유언에 의한 재산적 지위의 포괄적 승계를 인정하고 있으므로 유언상속도 인정하고 있다는 견해[1]가 있다. 하지만 유언에 의한 재산적 지위의 포괄적 승계를 인정한다고 하더라도 그가 상속인이 되는 것은 아니므로 민법상 유언상속은 인정되지 않는다고 보는 것이 타당하다. 유증은 유언에 의하여 증여를 하는 것에 불과하기 때문이다.[2]

### (4) 단독상속과 공동상속

한 사람만이 상속인이 되어 피상속인의 지위나 유산 전부를 승계하는 것을 단독상속이라고 하고, 다수의 상속인이 공동으로 상속하는 것을 공동상속이라고 한다. 호주승계의 경우 단독상속이었지만 폐지되었고, 재산상속은 공동상속을 원칙으로 한다(제1000조).

### (5) 강제상속과 임의상속

상속의 포기가 허용되는지의 여부에 의하여 이를 허용하는 것이 임의상속이고, 포기가 허용되지 않는 경우를 강제상속이라고 한다. 민법은 상속의 포기를 인정함으로써 임의상속만을 규정하고 있다(제1019조 제1항).

### (6) 균분상속과 불균분상속

상속재산을 공동상속인에게 어떻게 배분할 것인가와 관련하여 우리나라는 균분상속을 원칙으로 한다(제1009조 제1항). 다만 피상속

1) 양수산, 친족상속법, 1998, 571면; 김주수/김상용, 친족상속법, 2019, 605면.
2) 윤진수, 친족상속법강의, 2018, 291면.

인의 배우자에 대하여는 다른 공동상속인이 받을 상속분의 5할을 가산하도록 하여 부분적으로 불균분상속을 인정한다(제1009조 제2항).

# 제2장

# 상속의 개시

## I. 상속개시의 원인

상속개시의 원인은 사망이다. 즉 사망을 원인으로 하여 그 때에 피상속인의 재산상 법적 지위는 상속인에게 이전한다(제997조). 여기서 사망은 사실상의 사망뿐만 아니라, 실종선고(제28조)와 인정사망을 포함한다.

### 1. 사망

사망의 시기와 관련하여 뇌사한 때에 이미 사망한 것으로 보는 뇌사설[1]과 심장과 호흡이 그친 때로 보는 심장정지설[2]이 주장된다. 뇌사는 장기이식을 위하여 사망시기를 뇌사의 때로 앞당김으로써 의

1) 고상룡, 민법총칙, 1999, 88면.
2) 김재형/곽윤직, 민법총칙, 2016, 97면.

사의 생명침해를 위법성조각사유로 법리구성할 수 있는 방편을 제공한다. 하지만 뇌사 그 자체를 민법상 상속의 효력이 발생하는 사망으로 볼 수는 없다. 따라서 뇌사판정을 받더라도 그 자체로 상속이 개시되지는 않고 그 후 이식을 위한 호흡기 등의 제거 후 심장박동이 종지한 때에 비로소 민법상 사망이 있는 것으로 보아야 한다.[1)]

## 2. 인정사망

수해, 화재나 그 밖의 재난으로 인하여 사망한 사람이 있는 경우에는 이를 조사한 관공서는 지체 없이 사망지의 시·읍·면의 장에게 통보하여야 한다(가족관계등록법 제87조). 이렇게 통보에 의하여 가족관계등록부에 사망의 기재가 된 경우 사망한 것으로 추정된다. 이를 인정사망이라고 한다. 실종자가 사망한 사실이 직접적으로 확인되지는 않았지만 재난지역에 있었던 이유 등으로 사망사실이 거의 확실한 경우에 조사한 관공서의 통보에 의하여 사망사실을 인정하는 것이다. 인정사망으로 되면 일단 상속이 이루어지나 사망으로 추정된 사실과 다른 사실이 입증된 경우 상속은 효력을 상실한다.

## 3. 실종선고

부재자의 생사가 5년간 분명하지 아니한 때, 전지에 임한 자, 침몰한 선박 중에 있던 자, 추락한 항공기 중에 있던 자 기타 사망의 원인이 될 위난을 당한 자의 생사가 전쟁 종지 후 또는 선박의 침몰,

1) 윤진수, 친족상속법강의, 2018, 303면.

항공기의 추락 기타 위난이 종료한 후 1년간 분명하지 아니한 때에는 법원은 이해관계인이나 검사의 청구에 의하여 실종선고를 한다(제27조). 실종선고를 받은 자는 실종기간인 상기 5년 혹은 1년 기간이 만료한 때에 사망한 것으로 본다(제28조). 따라서 실종기간이 만료한 때에 실종자를 피상속인으로 하여 상속이 개시된다.

## II. 상속개시의 장소

상속은 상속개시 당시의 피상속인의 주소지에서 개시된다(제998조). 피상속인의 주소를 알 수 없거나 피상속인이 국내에 주소를 가지지 않는 경우에는 국내에 있는 거소(제19조, 제20조)를, 거소도 알 수 없으면 사망지를 상속개시의 장소로 보아야 할 것이다. 상속이나 유증 및 그 밖의 사망으로 효력이 생기는 행위에 관한 소는 상속개시 당시의 피상속인의 보통재판적, 즉 주소지가 있는 곳이 관할 법원이 된다(민사소송법 제22조, 제3조).

## III. 상속의 비용

상속의 비용은 상속재산에 대한 보존이나 관리 등을 위한 비용으로 청산비용(조세, 공과금, 소송비용, 재산목록작성비용, 유언집행비용), 관리비용(제1022조, 제1048조), 경매비용(제1037조) 등이 여기에 해당된다. 상속에 관한 비용은 상속재산 중에서 지급된다(제998조의2).

대법원은 장례비용도 피상속인이나 상속인의 사회적 지위와 그 지역의 풍속 등에 비추어 합리적인 금액 범위 내라면 이를 상속비용으로 보는 것이 옳고, 묘지구입비는 장례비용의 일부라고 볼 것이며, 상속재산의 관리·보존을 위한 소송비용도 상속에 관한 비용에 포함된다는 입장[1]이다. 반면 상속세는 상속인이 부담하는 세금이므로 상속비용에 해당하지 않는다.[2] 상속비용은 상속재산에서 먼저 지급되는 것이므로 분할대상이 되는 상속재산에 해당하지 않는다.[3]

## IV. 상속인

### 1. 상속인

#### (1) 법정상속인의 범위

피상속인의 직계비속, 피상속인의 직계존속, 피상속인의 형제자매, 피상속인의 4촌 이내의 방계혈족은 법정상속인이 된다(제1000조 제1항). 그 외에 피상속인의 배우자도 법정상속인에 포함된다(제1003조). 따라서 이 범위에 해당하지 않는 친족은 상속을 하지 못한다.

---

1) 대판 1997. 4. 25., 97다3996.

2) 대결 2013. 6. 24., 2013스33.

3) "공동상속인들 각자는 피상속인의 상속재산 총액을 과세가액으로 하여 산출한 상속세 총액 중 그가 상속으로 받았거나 받을 재산의 비율에 따른 상속세를 납부할 고유의 납세의무와 함께 다른 공동상속인들의 상속세에 관하여도 자신이 받았거나 받을 재산을 한도로 연대하여 납부할 의무가 있다. 그런데 공동상속인들은 과세권자에 대한 관계에서 각자 고유의 납세의무와 함께 다른 공동상속인의 상속세에 대하여도 연대하여 납세의무를 부담하는 것이지, 공동상속인들 사이에서 다른 공동상속인 고유의 상속세에 대하여 종국적인 책임을 부담하는 것은 아니다. 따라서 공동상속의 경우 상속재산의 분할 전에 법정상속분에 따라 공동상속인 중 특정한 1인에게 귀속되는 부분이 그 특정인의 상속세 납부에 공여되었다고 하여 이를 공동상속인들 전체의 상속비용으로 보아 분할대상 상속재산에서 제외하여서는 아니된다."(대결 2013. 6. 24., 2013스33)

다만 대습상속의 방법으로 상속인이 될 수는 있다(제1001조).

### (2) 상속능력

상속인은 상속개시시에 상속능력을 갖추고 있어야 한다. 상속능력이란 상속인이 될 수 있는 자격을 말한다.

먼저 상속인은 상속개시시에 생존하고 있어야 한다. 상속인과 피상속인이 동시사망한 것으로 추정되는 경우에는 이 요건을 충족하지 못하므로 상속인이 되지 못한다. 태아는 제1000조 제3항에 의하여 상속능력이 있으나 정지조건설과 해제조건설이 대립한다. 대법원은 정지조건설의 입장을 따른다.[1] 다만 어느 견해에 의하더라도 사산된 경우에는 상속인이 되지 못한다.

배우자는 상속개시시에 피상속인과 배우자 관계에 있어야 한다. 피상속인의 사망 시에 배우자이었던 자가 혼인의 취소 등으로 더 이상 배우자 관계를 갖지 못하더라도 취소 이전의 상속인으로서의 지위는 그대로 유지된다.

상속인은 상속개시시에 상속결격사유(제1004조)가 없어야 한다. 상속개시 후에 상속결격사유가 발생하여 소급적으로 상속능력을 상실할 수도 있다(제1004조 제5호).

---

1) "태아가 특정한 권리에 있어서 이미 태어난 것으로 본다는 것은 살아서 출생한 때에 출생시기가 문제의 사건의 시기까지 소급하여 그 때에 태아가 출생한 것과 같이 법률상 보아 준다고 해석하여야 상당하므로 그가 모체와 같이 사망하여 출생의 기회를 못 가진 이상 배상청구권을 논할 여지 없다."(대판 1976. 9. 14., 76다1365)

## 2. 상속순위

법정상속인의 범위에 해당하더라도 이들이 모두 피상속인의 공동상속인이 되는 것은 아니다. 법정상속인이더라도 순위에 따라 선순위의 상속인만이 상속을 하게 되고 선순위의 상속인이 없는 경우에 한하여 후순위 상속인이 상속을 하게 된다. 동순위의 상속인이 수인인 때에는 최근친을 선순위로 하고 동친 등의 상속인이 수인인 때에는 공동상속인이 된다(제1000조 제2항). 예를 들어 피상속인의 직계비속인 자녀와 손자녀가 모두 존재하는 경우 피상속인의 자녀만이 상속인이 되고 손자녀는 후순위자로 상속인이 되지 못한다.

### (1) 직계비속

피상속인의 직계비속은 1순위의 상속인이다(제1000조 제1항 제1호). 친생자 추정을 받는 자와 인지된 혼인 외의 출생자 사이에 차이가 없으며, 법정혈족인가 자연혈족인가에 따른 차별도 없다. 따라서 피상속인에게 친생자와 양자가 존재하는 경우 모두 제1순위의 상속인이 된다. 다만 친양자와 친생부모 사이의 관계는 친양자입양의 확정으로 종료하게 되므로(제908조의3 제2항) 친양자는 친생부모를 상속하지 못한다.

피상속인의 자녀가 상속개시 당시에 이미 사망한 경우에 손자녀는 본위상속(제1000조 제1항 제1호)이 아니라 대습상속(제1001조)을 하게 된다.[1] 이 경우 본위상속을 인정하고 대습상속을 부정하게 되면 먼저 사망한 상속인의 배우자는 상속을 받지 못하게 되고, 공동상속인 중의 일부가 자녀를 남기고 사망하는 경우 그 자녀는 상속

1) 대판 2001. 3. 9., 99다13157.

을 받지 못하는 불합리가 발생할 수 있기 때문이다. 다만 피상속인의 직계비속 자녀가 모두 상속을 포기한 경우에는 처음부터 그러한 상속인이 없는 것으로 되어 직계비속 손자녀가 본위상속을 한다.[1]

### (2) 직계존속

피상속인의 직계존속은 제2순위의 상속인이 된다(제1000조 제1항 제2호). 피상속인의 직계존속으로 친생부모와 양부모가 모두 있을 때에는 함께 동순위로 상속인이 된다.[2] 다만 친양자의 친생부모는 친양자를 상속하지 못한다. 성별에 따른 차별도 없고 결혼한 여성의 부모도 직계존속으로 상속인이 될 수 있다.

### (3) 형제자매 및 4촌 이내의 방계혈족

피상속인의 형제자매는 제3순위의 상속인이 된다(제1000조 제1항 제3호). 피상속인의 형제자매는 동성이복(同姓異腹)뿐만 아니라 이성동복(異姓同腹)의 관계이더라도 상속인이 될 수 있다.[3] 4촌 이내의 방계혈족은 제4순위 상속인이 된다.

**[사례 1]**

甲은 부(父)가 사망하자 丙과 재혼한 모(母)를 따라 丙의 집에서 생활하게 된다. 甲의 모는 丙과의 사이에 丁을 낳고 사망한다. 甲은 성장하고 혼인하여 아내와의 사이에 乙을 낳는다. 그러나 甲은 아내와 원만한 관계를 갖지 못하고 곧 이혼을 하게 된다. 어려운 생활 가운데에서도 아들 乙만을 바라보며 살아왔던 甲

1) 대판 1995. 4. 7., 94다11835.
2) 대결 1995. 1. 20., 94마525.
3) 대판 1997. 11. 28., 96다5421.

은 乙이 교통사고로 사망하였다는 소식을 듣고 심장마비를 일으켜 사망한다. 사망 당시에 甲은 X보험회사에 생명보험을 들어 놓은 상태였고, 계약 당시에 甲은 수익자란에 상속인이라고 기입하였다.[1] 甲이 사망할 당시에 다른 직계존속이 없었고 丙과 丁만이 있었다면 누가 보험금의 청구권을 행사할 수 있는가?

### (4) 배우자

피상속인의 배우자는 피상속인의 직계비속이 있는 경우에는 그와 동순위로, 직계비속이 없고 직계존속만 있는 경우에는 그와 동순위로, 직계비속도 직계존속도 없는 때에는 단독으로 상속인이 된다(제1003조 제1항). 여기서 배우자는 법률상의 배우자만을 의미한다.[2] 혼인신고가 무효인 경우에는 상속인이 되지 못하지만 상속개시 후에 혼인이 취소된 경우에는 상속권을 잃지 않는다(제824조).[3]

부부의 일방이 이혼의 소를 제기한 후 소송계속 중에 사망한 때에는 소송은 당연히 종료되므로 상속이 이루어진다. 이 경우 이혼청구권은 일신전속권이므로, 상속인이 수계하여 소송을 계속할 수 없다.

---

1) 대판 1997. 11. 28., 96다5421 참조.

2) "이 사건 법률조항(민법 제1003조 제1항)이 사실혼 배우자에게 상속권을 인정하지 아니하는 것은 상속인에 해당하는지 여부를 객관적인 기준에 의하여 파악할 수 있도록 함으로써 상속을 둘러싼 분쟁을 방지하고, 상속으로 인한 법률관계를 조속히 확정시키며, 거래의 안전을 도모하기 위한 것이다. 사실혼 배우자는 혼인신고를 함으로써 상속권을 가질 수 있고, 증여나 유증을 받는 방법으로 상속에 준하는 효과를 얻을 수 있으며, 근로기준법, 국민연금법 등에 근거한 급여를 받을 권리 등이 인정된다. 따라서 이 사건 법률조항이 사실혼 배우자의 상속권을 침해한다고 할 수 없다."(헌재 2014. 8. 28., 2013헌바119)

3) 대판 1996.12.23., 95다48308.

### (5) 특별연고자 및 국가귀속

상속인이 없거나 법률이 정하는 일정한 절차를 거치는 동안 상속권을 주장하는 자가 없는 때에는 가정법원은 피상속인과 생계를 같이 하고 있던 자, 피상속인의 요양간호를 한 자 기타 피상속인과 특별한 연고가 있던 자의 청구에 의하여 상속재산의 전부 또는 일부를 분여할 수 있다(제1057조의2 제1항). 이렇게 하여도 분여되지 아니한 상속재산은 국가에 귀속한다(제1058조 제1항).

## 3. 대습상속

### (1) 의의

대습상속은 상속인이 될 직계비속 또는 형제자매가 상속개시 전에 사망하거나 또는 결격사유로 인하여 상속권을 상실한 경우에, 그에게 직계비속이나 배우자가 있으면 그 직계비속이나 배우자가 사망 또는 결격된 자의 순위에 갈음하여 상속인이 되는 제도를 말한다. 대습상속은 대습자의 상속에 대한 기대를 보호함으로써 다른 상속인과의 공평을 기하기 위한 제도이다.

### (2) 요건

#### 1) 상속개시 전 상속인의 사망 또는 상속결격

상속개시 전에 상속인이 사망하거나 상속결격사유가 발생하여야 한다. 동시사망으로 추정되는 경우 상속개시 전의 사망이라는 요건에는 해당하지 않을 것이지만 대습상속이 이루어지도록 하는 것이 결과에 있어서 합리적이므로 동시사망의 경우에도 대습상속이 이루어지는 것으로 보아야 할 것이다.[1] 상속을 포기한 경우는 상속인이 처음부터 없는 것과 같이 되므로(제1043조) 대습상속이 이루어지지 않는다.

**[사례 2]**

어머니 丁과 아내 乙 그리고 아들 丙이 있는 甲은 휴일을 맞아 丙을 데리고 모처럼 지리산에 등산을 간다. 그러나 이날 갑작스런 폭우로 계곡물이 불어나 甲과 丙은 그만 익사하고 만다. 누가 먼저 사망하였는지 알 수 없는 경우와 甲이 丙보다 먼저 사망한 사실이 밝혀진 경우에 甲의 10억원에 대한 상속관계를 설명하라.

### 2) 피대습인

대습상속은 상속인이 될 직계비속이나 형제자매 즉, 피대습인이 상속개시 전에 사망한 경우에 발생한다. 피상속인의 직계존속이나 배우자가 상속개시 전에 사망한 경우에는 대습상속이 이루어지지 않는다. 예를 들어 자녀를 둔 여성과 재혼을 한 남편이 사망하였는데, 남편이 사망하기 전에 아내가 먼저 사망하였더라도 대습상속이 이루어지지 않아 아내의 자녀는 어머니의 남편을 상속하지 못한다.

**[사례 3]**

아내가 일찍 세상을 떠나고 외동딸 B를 애지중지 키워 온 A는 B가 이미 이혼

---

1) "상속인이 될 직계비속이나 형제자매(피대습자)의 직계비속 또는 배우자(대습자)는 피대습자가 상속개시 전에 사망한 경우에는 대습상속을 하고, 피대습자가 상속개시 후에 사망한 경우에는 피대습자를 거쳐 피상속인의 재산을 본위상속을 하므로 두 경우 모두 상속을 하는데, 만일 피대습자가 피상속인의 사망, 즉 상속개시와 동시에 사망한 것으로 추정되는 경우에만 그 직계비속 또는 배우자가 본위상속과 대습상속의 어느 쪽도 하지 못하게 된다면 동시사망 추정 이외의 경우에 비하여 현저히 불공평하고 불합리한 것이다."(대판 2001. 3. 9., 99다13157)

경력이 있고 아이 甲까지 있는 C와 혼인을 하자 마음의 병을 얻는다. 평소에 건강이 좋지 않았던 B는 C와의 사이에 乙을 낳은 후 곧 사망하게 되고 아내가 죽은 후 C도 얼마 되지 않아 사망하게 되었으며, 이를 지켜보던 A도 심장마비를 일으켜 세상을 떠난다. A가 재산 10억원을 남기고 사망하였다면 甲과 乙 사이의 상속관계를 논하라.

#### 3) 재대습상속

대습상속인이 대습상속개시 이전에 직계비속 등을 남기고 사망한 경우 재대습상속이 이루어진다. 따라서 증손자녀를 둔 사람이 사망하였는데, 그 이전에 이미 자녀와 손자녀가 사망한 상황이라면 증손자녀는 본위상속이 아니라 재대습상속을 하게 된다.[1)]

### (3) 효과

대습상속인은 피대습자의 상속분을 상속하게 된다(제1010조). 즉 피대습자인 상속인의 상속분을 법정상속분에 따라 다시 상속하게 된다.

## 4. 상속결격

### (1) 개념

상속결격이란 상속순위에 있는 자에게 일정한 사유가 존재하는 경우 상속인의 자격을 박탈하는 제도를 말한다. 민법은 상속인이 되지 못하는 사유로 5가지를 규정하고 있다(제1004조). 이 사유는 피

---

1) 김주수/김상용, 친족상속법, 2019, 655면.

상속인과 일정한 관계에 있는 자에 대한 가해행위를 하는 경우와 피상속인의 유언을 방해하는 경우이다.[1)]

### (2) 상속결격사유

#### 1) 고의로 직계존속, 피상속인, 그 배우자 또는 상속의 선순위나 동순위에 있는 자를 살해하거나 살해하려 한 자(제1004조 제1호)

직계존속이 피상속인의 직계존속을 의미하는지 혹은 상속인의 직계존속을 의미하는지에 관하여 의견이 대립하나 피상속인의 직계존속을 의미하는 것으로 해석하는 것이 상속결격제도의 취지에 부합하는 해석이 될 것이다. 살해하려는 고의가 있으면 족하고 상속에 유리하다는 인식은 요구되지 않는다.[2)] 이러한 상속결격사유는 상속개시 전에 존재하여야 한다.

**[사례 4]**

甲과의 사이에서 丙을 임신한 乙은 남편인 甲이 X공장에서 일을 하다가 산재로 사망하자 정신적인 충격을 받게 된다. 이러한 상황에서 그녀는 아이를 낳아 키우는 것이 자신의 인생에 도움이 되지 않을 뿐만 아니라 결손가정에서 자랄 아이에게도 못할 짓이라고 판단하여 임신 5개월에 있는 丙을 낙태하기에 이른다. 그 후 乙은 甲이 일하던 X공장에서 甲에 대한 손해배상으로 5,000만원을 받아가라는 연락을 받는다. 甲의 모친인 丁이 생존하고 있었을 경우 乙은 이 배상금

1) "민법은 유언이나 기여분 제도를 통하여 피상속인의 의사나 피상속인에 대한 부양의무 이행 여부 등을 구체적인 상속분 산정에서 고려할 수 있는 장치를 이미 마련하고 있는 점들을 고려하면, 심판대상조항이 피상속인에 대한 부양의무를 이행하지 않은 직계존속의 경우를 상속결격사유로 규정하지 않았다고 하더라도 이것이 입법형성권의 한계를 일탈하여 다른 상속인인 청구인의 재산권을 침해한다고 보기 어렵다."(헌재 2018. 2. 22., 2017헌바59)

2) 대판 1992. 5. 22., 92다2127.

을 받을 수 있는가?

### 2) 고의로 직계존속, 피상속인과 그 배우자에게 상해를 가하여 사망에 이르게 한 자(제1004조 제2호)

상속개시 전에 상해를 가하여 사망한 경우 뿐만 아니라 상해로 인한 치사의 결과가 상속개시 후에 일어난 경우도 결격사유에 해당한다. 반면 상해의 고의가 인정되지 않는 과실치사의 경우는 여기에 해당하지 않는다.

### 3) 사기 또는 강박으로 피상속인의 상속에 관한 유언 또는 유언의 철회를 방해한 자(제1004조 제3호)

상속재산에 변경을 가할 수 있는 유언이나 그 철회를 사기나 강박에 의하여 방해한 경우이다. 상속재산과 관련이 없는 유언에 대하여 사기나 강박이 이루어진 경우는 이에 해당하지 않는다.

### 4) 사기 또는 강박으로 피상속인의 상속에 관한 유언을 하게 한 자(제1004조 제4호)

사기나 강박에 의하여 피상속인으로 하여금 유언을 하게 한 경우에도 상속결격사유에 해당한다. 이외에 사기나 강박에 의하여 피상속인으로 하여금 유언을 철회하게 한 경우에도 결격사유로 보는 것이 타당하다.[1)]

---

1) 윤진수, 친족상속법강의, 2018, 325면.

#### 5) 피상속인의 상속에 관한 유언서를 위조, 변조, 파기 또는 은닉한 자 (제1004조 제5호)

이 사유는 상속개시 전에 있을 수도 있고 상속개시 후에 있을 수도 있다. 하지만 과실에 의한 파기나 은닉은 여기에 해당하지 않는다. 피상속인의 의사를 온전히 실현하기 위하여 무효인 유언에 주소 등을 가필하여 효력이 있도록 하거나 그 내용을 변조한 경우도 상속결격사유로 보아야 할 것이다. 공동상속인들 사이에 그 내용이 널리 알려진 유언서에 관하여 피상속인이 사망한 지 6개월이 경과한 시점에서 비로소 그 존재를 주장하였다고 하여 이를 두고 유언서의 은닉에 해당한다고 볼 수 없다.[1)]

### (3) 결격의 효과

상속결격 사유가 있는 자는 피상속인에 대하여 상속인이 될 수 없으며, 수증결격자로 유증도 받을 수 없다(제1004조, 제1064조). 다만 상속결격의 경우에도 결격자의 상속인에 의한 대습상속은 가능하다(제1001조). 결격사유가 발생한 후에 혼인을 하거나, 양자를 들이는 경우에 대습상속을 부정하는 견해가 있으나 이를 인정하는 것이 타당하다.

상속개시 후에 상속결격사유가 발생하면, 상속개시시에 소급하여 상속이 무효로 된다. 따라서 결격자가 상속재산을 선의, 무과실의 제3자에게 양도한 경우에도 제3자는 선의취득에 해당하지 않는 한 원칙적으로 권리를 취득하지 못한다.

피상속인이 상속결격자를 용서할 경우 결격의 효과가 소멸하는

---

1) 대판 1998. 6. 12., 97다38510.

것이 타당하다는 견해가 있으나,[1] 상속결격의 문제는 피상속인의 개인적 이익뿐만 아니라 공공의 이익(예를 들어 유언의 위조, 변조 등)과도 관련된 문제이므로 피상속인의 용서로 상속결격의 효과가 모든 사안에서 소멸한다고 볼 수는 없다. 다만 상속결격사유가 피상속인의 개인적 이익에만 관련된다고 인정될 경우에는 피상속인의 용서로 상속인의 지위는 회복된다.

## VI. 상속회복청구권

### 1. 의의

상속회복청구권은 상속인임을 참칭하는 참칭상속인에 의하여 상속권이 침해된 경우 진정한 상속권자가 침해된 상속재산권의 회복을 청구하는 권리를 말한다(제999조 제1항).

### 2. 법적 성질

상속의 개시로 피상속인의 재산상의 지위는 상속인에게 포괄적으로 이전된다. 따라서 상속인은 자신이 이전받은 재산권의 침해에 대하여 그 침해를 배제하거나 회복하도록 하는 개별적 청구권, 예를 들어 물권적 청구권을 행사할 수 있게 될 것이다. 그런데 상속법은 이러한 개별적 권리와 별도로 상속권자의 권리회복을 내용으로 하는 상속회복청구권을 인정하고 있다. 여기서 상속회복청구권과 물권적

1) 윤진수, 친족상속법강의, 2018, 327면.

청구권 사이의 관계가 문제된다.

### (1) 독립권리설

독립권리설은 상속회복청구권을 개별적 청구권과는 직접적인 관련이 없는 상속법상의 독립된 권리로 상속권 자체에 대한 침해를 포괄적으로 회복하는 것을 그 내용으로 한다는 입장이다. 이 입장에 따를 경우 상속회복청구권과 물권적 청구권은 청구권경합의 관계에 있어서 상속회복청구권이 제척기간의 도과로 소멸하더라도 상속권자는 물권적 청구권을 행사하여 권리를 회복할 수 있게 된다. 하지만 상속권의 침해에 대한 포괄적 권리의 반환을 명하는 집행권원을 취득할 절차법적 방법이 마련되어 있지 않다는 비판이 제기된다.[1]

### (2) 집합권리설

집합권리설은 상속회복청구권을 상속의 침해에 대한 포괄적 회복이 아니라 상속재산을 구성하는 재산에 대한 개별적 청구권의 집합이라고 이해하는 견해로 물권적 청구권과의 경합을 부정하는 입장이다. 즉 상속회복청구권은 물권적 청구권의 특별규정이 된다. 판례는 집합권리설의 입장에 있다.[2] 상속관계로 인한 권리관계의 불합리성을 제거하기 위하여 단기의 제척기간을 둔 민법의 규정을 보면 집합

1) 윤진수, 친족상속법강의, 2018, 331면.

2) "진정상속인이 참칭상속인을 상대로 상속재산인 부동산에 관한 등기의 말소 등을 구하는 경우에 그 소유권 또는 지분권 등의 귀속원인을 상속으로 주장하고 있는 이상 청구원인 여하에 불구하고 이는 민법 제999조 소정의 상속회복청구의 소라고 해석하여야 할 것이므로 동법 제982조 제2항 소정의 제척기간의 적용이 있다."(대판(전) 1981. 1. 27., 79다854)

권리설이 입법자의 의사에 보다 더 부합한다.

## 3. 상속회복청구권의 성립요건

### (1) 상속인의 참칭

상속회복청구권이 발생하기 위하여서는 상속권 없는 자가 상속권자임을 참칭하여야 한다. 상속권자의 참칭은 상속권자로서의 객관적 외관이 있으면 족하고 참칭상속인에게 상속권을 침해할 구체적인 의사가 요구되지는 않는다.

피상속인에 대한 혼인 외 출생자에 의하여 제기된 인지청구소송의 판결이 확정된 경우 그 전에 상속을 원인으로 재산권을 취득한 상속인은 인지청구권자에 대하여 상속권자로서의 외관을 갖게 되어 참칭상속인에 해당한다.[1] 상속권을 포기하였거나 결격사유가 있음에도 불구하고 상속을 원인으로 재산권을 취득한 경우에도 참칭상속인에 해당한다.[2] 공동상속인 1인이 단독상속인으로 혹은 다른 상속권자의 상속지분을 침해하여 상속재산을 취득한 경우에도 판례는 참칭상속인으로 본다.[3]

반면 상속을 원인으로 하지 않고 매매 기타 다른 법률상 원인을 근거로 하여 재산권을 취득한 경우에는 상속권자로 참칭한 경우에 해당하지 않는다. 따라서 피상속인의 생전에 그로부터 매수한 사실이 없음에도 그런 사유가 있음을 이유로 이전등기를 경료한 경우는 상속이 아닌 매매를 원인으로 재산권을 침해한 것이므로 참칭상속인

---

1) 대판 1995. 1. 24., 93다32200.

2) 대판 2012. 5. 24., 2010다33392.

3) 대판(전) 1991. 12. 24., 90다5740.

에 해당하지 않는다.[1] 또한 공동상속인 중 일부가 상속받은 부동산을 제3자에게 매도하고 등기서류를 위조하여 공동상속인 전부의 명의로 소유권이전등기를 경료해 준 경우도 상속권자를 참칭한 경우에 해당하지 않는다.[2]

상속권자가 전혀 될 수 없는 자가 서류를 위조하여 상속권자로서의 외관을 창출한 후 상속등기를 받은 경우에도 참칭상속인에 해당하지 않는다. 따라서 사망자의 상속인이 아닌 자가 상속인인 것처럼 허위 기재된 위조의 제적등본, 호적등본 등을 기초로 하여 상속인인 것처럼 꾸며 상속등기가 이루어진 사실만으로는 참칭상속인에 해당한다고 할 수 없다.[3]

참칭상속인으로부터 권리를 이전받은 제3취득자도 상속회복청구권의 상대방에 해당된다.[4]이를 부정할 경우 제척기간의 경과로 참칭상속인에 대하여는 상속회복청구권을 행사할 수 없으면서 제3자에 대하여는 물권적 청구권을 행사할 수 있게 되는 불합리가 발생할 수 있기 때문이다.

### (2) 상속권의 침해

상속인의 재산권이 등기나 점유 등에 의하여 구체적으로 침해되어야 한다. 따라서 등기나 점유없이 상속권자라고 주장만 하는 경우에는 상속회복청구권이 발생하지 않는다. 예를 들어 참칭상속인이나 그로부터 무허가건물을 양수한 자가 무허가건물대장에 건물주로 등

1) 대판 1982. 1. 26., 81다851.
2) 대판 1986. 2. 11., 85다카1214.
3) 대판 1993. 11. 23., 93다34848.
4) 대판 2007. 4. 26., 2004다5570.

재되었다고 하더라도 무허가건물대장의 등재 그 자체로는 소유권의 변동이나 권리추정의 효력이 인정되지 않으므로 참칭상속인에 의한 침해가 있었다고 볼 수 없다.[1] 상속회복청구의 소는 진정상속인과 참칭상속인이 주장하는 피상속인이 동일인임을 전제로 하는 것이므로 진정상속인이 주장하는 피상속인과 참칭상속인이 주장하는 피상속인이 다른 사람인 경우에는 진정상속인의 청구원인이 상속에 의하여 소유권을 취득하였음을 전제로 한다고 하더라도 이를 상속회복청구의 소라고 할 수 없다.[2]

**[사례 5]**

A는 X부동산을 남기고 1964년 사망할 당시 자녀로 甲과 乙이 있었는데, 甲과 乙은 20여년이 지나서야 A가 X부동산을 가지고 있었다는 사실을 알게 된다. 그런데 X부동산은 이미 사촌 동생인 丙의 이름으로 등기가 되어 있었다. 丙은 「부동산소유권이전등기 등에 관한 특별조치법」이 시행될 당시 토지대장보관청으로부터 丙의 부친 B의 소유로 되어 있던 토지를 1973년 3월 상속받아 현재 사실상 소유하고 있다는 것을 확인하는 내용의 확인서와 보증서로 X부동산을 자신의 명의로 등기한 것이다. 그러나 A는 B에게 X부동산을 양도한 적이 없었다.[3] 1985년 3월경 甲과 乙은 물권적 청구권을 근거로 丙의 등기의 말소를 주장할 수 있는가?

### (3) 제척기간

상속회복청구권은 침해를 안 날로부터 3년 또는 상속권의 침해행위가 있은 날로부터 10년을 경과하면 소멸한다(제999조 제2항). "상속권의 침해를 안 날"이라 함은 자기가 진정상속인임을 알고 또 자기

1) 대판 1998. 6. 26., 97다48937.

2) 대판 1998. 4. 10., 97다54345.

3) 대판 1998. 4. 10., 97다54345의 사안을 변형한 것임.

가 상속에서 제외된 사실을 안 때를 가리킨다.[1] 혼인 외의 자가 법원의 인지판결 확정으로 공동상속인이 된 때에는 그 인지판결이 확정된 날에 상속권이 침해되었음을 알았다고 할 것이다.[2]

진정상속인이 참칭상속인의 최초 침해행위가 있은 날로부터 10년의 제척기간이 경과하기 전에 참칭상속인에 대한 상속회복청구 소송에서 승소의 확정판결을 받았다고 하더라도 위 제척기간이 경과한 후에는 제3자를 상대로 상속회복청구 소송을 제기하여 상속재산에 관한 근저당권설정등기의 말소 등을 구할 수는 없다.[3] 제척기간에는 중단이라는 것이 없기 때문이다.

제척기간이 경과한 경우 진정상속인은 상속으로 인하여 받은 모든 권리의무를 상실하게 되고, 그 반사적 효과로 참칭상속인이 상속개시의 때로부터 소급하여 상속인으로서의 지위를 취득하게 된다.[4]

### (4) 행사의 방법

상속회복청구권의 행사에 대하여 소송 외의 청구도 가능하다고 보는 견해가 있으나 대법원은 제소기간으로 보고 있다. 따라서 법원은 제척기간 내의 소 제기가 있었는지에 관하여 직권으로 조사하여야 하며 그 기간을 도과한 후에 제기된 소는 부적법한 소로서 각하하여야 한다.[5] 소의 내용은 상속재산의 인도청구 내지 등기의 말소청구가 되며 가사사건이 아닌 민사사건으로 일반법원에 제기되어야 한다.

---

1) 대판 1981. 2. 10., 79다2052.
2) 대판 2007. 7. 26., 2006므2757.
3) 대판 2006. 9. 8., 2006다26694.
4) 대판 1994. 3. 25., 93다57155.
5) 대판 1993. 2. 26., 92다3083.

## 4. 행사의 효과

상속회복청구소송이 인용되면 상대방은 상속재산을 반환하여야 한다. 반환의 범위에 대하여 민법은 특별한 규정을 두고 있지 않다. 상대방이 악의라면 취득한 재산의 전부뿐만 아니라 과실과 사용이득도 반환하여야 하고(제201조 제2항), 선의라면 현존이익의 한도에서 반환(제202조)하여야 할 것이다.[1)]

"인지 전에 공동상속인들에 의해 이미 분할되거나 처분된 상속재산은 이를 분할받은 공동상속인이나 공동상속인들의 처분행위에 의해 이를 양수한 자에게 그 소유권이 확정적으로 귀속되는 것이며, 그 후 그 상속재산으로부터 발생하는 과실은 상속개시 당시 존재하지 않았던 것이어서 이를 상속재산에 해당한다 할 수 없고, 상속재산의 소유권을 취득한 자(분할받은 공동상속인 또는 공동상속인들로부터 양수한 자)가 민법 제102조에 따라 그 과실을 수취할 권능도 보유한다고 할 것이며, 민법 제1014조도 '이미 분할 내지 처분된 상속재산' 중 피인지자의 상속분에 상당한 가액의 지급청구권만을 규정하고 있을 뿐 '이미 분할 내지 처분된 상속재산으로부터 발생한 과실'에 대해서는 별도의 규정을 두지 않고 있으므로, 결국 민법 제1014조에 의한 상속분상당가액지급청구에 있어 상속재산으로부터 발생한 과실은 그 가액산정 대상에 포함된다고 할 수 없다."[2)]

1) 윤진수, 친족상속법강의, 2018, 341면.
2) 대판 2007. 7. 26., 2006므2757.

# 제3장
# 상속의 효과

## I. 원칙

상속인은 상속개시와 동시에 피상속인의 재산에 관한 권리, 의무를 포괄적으로 승계한다(제1005조). 이러한 효과는 법률의 규정에 의하여 발생하는 것으로, 상속인이 알았는지의 여부나 등기 또는 인도의 유무와 관계없이 발생한다(제187조 참조).

상속재산은 적극재산뿐만 아니라 소극재산도 포함한다. 조건부 권리(제149조)나 아직 권리 또는 의무로 구체화되지 않은 재산법상의 법률관계 내지 법적 지위도 포함된다. 예를 들어 청약을 받아 승낙을 할 수 있는 지위나 청약자로서의 지위, 매도인으로서 담보책임을 지는 지위, 유동적 무효인 법률행위에 기한 법적 지위 등이 포함된다. 산림법상 채석허가자로서의 지위,[1] 국토계획법상 개발행위허가자로서의 지위[2] 등도 상속의 대상이 된다. 다만 피상속인의 일신에 전속

1) 대판 2005. 8. 19., 2003두9817.
2) 대판 2014. 7. 24., 2013도10605.

하는 것은 상속되지 않는다(제1005조 단서). 그 밖에 제사용 재산도 상속과 별도로 승계된다(제1008조의3).

## II. 물권 및 무체재산권

### 1. 원칙

물권 및 무체재산권은 원칙적으로 전부 상속되며 그 취득에 등기를 요하지 않는다(제187조). 동산물권도 인도없이 당연히 상속된다. 피상속인이 제3자에게 부동산을 양도하고 등기하지 않고 있는 동안에 상속이 개시되면, 제3자에 대한 피상속인의 등기의무는 상속인이 승계한다.

### 2. 공동소유

공유의 경우 그 지분은 상속인에게 상속된다. 총유의 경우에는 지분이 없으므로 지분의 상속은 이루어지지 않으며 총유자로서의 지위도 상속이 되지 않는다. 합유자는 조합재산에 대하여 지분을 가지고 있으나 그 지분은 조합원의 지위를 의미하므로 합유자 사이에 특약이 없는 한 사망한 합유자의 상속인은 합유자의 지위를 승계하지 못한다.[1] 따라서 합유에 속하는 부동산은 특정 조합원의 사망으로 잔존 합유자가 2인 이상이 되면 잔존 합유자들의 합유로 되고, 잔존

1) 대판 1987. 6. 23., 86다카2951.

합유자가 1인이라면 잔존 합유자의 단독소유로 된다.[1)]

### 3. 점유권

점유권은 상속인에게 이전된다(제193조). 상속에 의하여 점유를 취득한 경우에 상속인은 새로운 권원에 의하여 자기 고유의 점유를 시작하지 않는 한 피상속인의 점유의 성질과 하자를 떠나 자기만의 점유를 주장할 수 없다.[2)]

> "등기부시효취득을 주장하는 당사자가 그의 부의 사망으로 토지에 대한 점유권을 상속에 의하여 취득하였고, 그의 부 역시 조부의 사망으로 그 토지에 대한 점유권을 상속에 의하여 취득한 것이라면, 특별한 사정이 없는 한 그 당사자나 그의 부는 새로운 권원에 의하여 그 점유를 개시한 것이라고 볼 수는 없다 할 것이어서 결국 그 당사자는 그의 조부가 그 토지에 대한 점유를 개시한 때에 과실이 없었음을 주장 입증하여야 한다."[3)]

### 4. 사체 및 인공적인 신체의 부속물

인공적으로 부착된 신체의 부속물을 포함한 유해는 상속인의 소유에 속하지만 공동상속인의 공유에 속하는 것이 아니라 실제로 제사를 주재하는 자의 소유에 속한다고 볼 것이다. 다만 신체의 부속물이 화장 등에 의하여 신체에서 분리, 독립된 경우에는 상속재산으로 보아야 할 것이다. 대법원은 피상속인이 생전행위 또는 유언으로

1) 대판 1996. 12. 10., 96다23238.
2) 대판 1992. 9. 22., 92다22602.
3) 대판 1995. 2. 10., 94다22651.

자신의 유체·유골을 처분하거나 매장장소를 지정한 경우라도 제사주재자가 그 의사를 도의적으로 따를 수는 있지만 법적인 의무를 부담하는 것은 아니라는 입장이다.[1]

### 5. 지식재산권 및 광업권 등

물권에 준하여 다루어지는 특허권, 상표권, 저작권 등의 지식재산권이나 그 밖의 광업권, 어업권 등도 원칙적으로 상속의 대상이 된다.

## III. 채권

### 1. 채권채무 일반

채권과 채무는 원칙적으로 상속의 대상이 된다. 그러나 일신에 전속한 권리나 의무는 그러하지 아니하다(제1005조 단서). 개인적 신뢰를 기초로 하는 계속적 법률관계에서 발생하는 채권채무, 예를 들면 위임계약에서의 당사자의 지위(제690조), 정기증여에서 증여자 또는 수증자의 지위(제560조)도 상속되지 않으며, 고용계약에서 사용자의 지위는 승계되지만 근로자의 지위는 원칙적으로 승계되지 않는다. 인격권이나 친족법상의 권리의무(친권자나 배우자의 권리의무)도 상속의 대상이 아니며 부양청구권도 상속되지 않는다. 피부양자가 사망하면 부양의 대상이 소멸하기 때문이다. 하지만 부양청구권을 행

1) 대판(전) 2008. 11. 20., 2007다27670.

사하여 이행지체에 빠진 과거의 부양료에 대하여는 상속이 가능하다고 할 것이다.

## 2. 보증채무

통상의 보증채무 및 보증인의 지위는 책임의 범위가 확정되어 있으므로 상속된다고 할 것이다. 계속적 보증의 경우에도 보증기간과 보증한도액의 정함이 있으면 상속의 대상이 되고 상속개시 전에 이미 발생한 구체적인 보증채무도 상속성이 인정된다.[1] 반면 계속적 보증의 보증기간이나 보증한도액의 정함이 없으면 그 상속성은 부정된다. 신원보증계약은 신원보증인의 사망으로 그 효력을 잃지만(신원보증법 제7조), 신원보증인이 사망하기 전에 신원보증계약으로 인하여 이미 발생한 채무는 상속인에게 상속된다.[2]

## 3. 계약상의 지위

신뢰에 기초한 특별한 경우를 제외하고는 계약상의 지위도 상속의 대상이 된다. 계약상의 지위가 상속되는 경우에 피상속인이 행한 또는 피상속인에 대하여 행하여진 사기나 강박, 피상속인의 악의 또는 과실 등도 상속인에게 승계되고, 그 법률관계에서 파생된 취소권,

---

1) 대판 2001. 6. 12., 2000다47187.

2) "신원보증법 제7조에 신원보증계약은 신원보증인의 사망으로 그 효력을 상실한다고 규정하였음은 신원보증인의 사망으로 신원보증인의 신원보증계약상의 지위가 장래에 대하여 상속인에게 상속될 수 없다는 법의이고, 신원보증인이 사망하기 전에 이미 발생한 신원보증계약에 인한 보증채무도 상속인에게 상속될 수 없다는 법의가 아니다."(대판 1972. 2. 29., 71다2747)

추인권, 해제권 등의 형성권도 상속인에게 승계된다.

주택임대차와 관련하여 주택임대차보호법은 상속인이 없거나 있더라도 피상속인이 동거하지 않는 경우 사망 당시 동거인을 보호하는 특별규정을 두고 있다. 즉 주택의 임차인이 사망한 때에 사망 당시 상속인이 그 주택에서 가정공동생활을 하고 있지 아니한 경우에는 그 주택에서 가정공동생활을 하던 사실상의 혼인관계에 있는 자와 2촌 이내의 친족이 공동으로 임차인의 권리와 의무를 승계한다(동법 제9조 제2항). 주택의 임차인이 상속인 없이 사망한 경우에는 그 주택에서 가정공동생활을 하던 사실상의 혼인관계에 있는 자가 임차인의 권리와 의무를 승계한다(동법 동조 제1항).

### 4. 사원권

민법상 사단법인의 사원의 지위는 양도 또는 상속할 수 없다(제56조). 다만 이 규정은 임의규정으로 정관에서 달리 정할 수 있다.[1] 재산성이 강한 합자회사의 유한책임사원의 사원권(상법 제283조), 주식회사의 주주권(상법 제335조), 유한회사의 사원권(상법 제556조) 등은 양도 또는 상속의 대상이 된다.

### 5. 손해배상청구권

채무불이행이나 불법행위로 인한 재산상 손해배상청구권도 채권으로서 상속의 대상이 된다. 가족법상의 원인(이혼, 약혼해제, 파양

1) 대판 1992. 4. 14., 91다26850.

등)으로 인한 위자료청구권은 일신전속권으로 보아야 하므로, 당사자 간에 이미 그 배상에 관한 계약이 성립하거나 소를 제기한 경우가 아니면 상속되지 않는다(제806조 제3항). 반면 사망으로 인한 재산상 손해배상청구권과 별도로 피상속인의 유족은 가해자에 대하여 민법 제751조에 의한 피상속인의 위자료청구권을 상속하여 청구할 수 있을 뿐만 아니라 그 외에 민법 제752조의 고유의 위자료청구권도 행사할 수 있다. 대법원은 피해자가 즉사한 경우라 하여도 피해자가 치명상을 받은 때와 사망과의 사이에는 이론상 시간적 간격이 인정될 수 있는 것이므로 피해자의 위자료 청구권은 당연히 상속의 대상이 된다는 입장이다.[1)]

## 6. 재산분할청구권

재산분할청구권은 일신전속적 권리로 원칙적으로 상속의 대상이 되지 못한다. 또한 재산분할청구권은 이혼을 전제로 하므로 이혼이 아직 이루어지지 않은 상황이라면 이혼의 의사를 표명하였다고 하더라도 상속이 되지 않는다. 따라서 이혼소송과 재산분할청구소송이 병합된 경우에 소송 도중 배우자 일방이 사망하면 이혼소송이 종료하게 되고 이에 부대하여 이루어진 재산분할청구소송도 종료한다.[2)] 반면 이혼 후에 재산분할청구권 행사의 의사를 소송 등을 통하여 표명한 상황에서 권리자가 사망한 경우에는 제806조 제2항을 유추하여 재산분할청구권도 상속의 대상이 된다고 보아야 할 것이다.

1) 대판 1969. 4. 15., 69다268.
2) 대판 1994. 10. 28., 94므246.

## 7. 생명보험금청구권

피상속인이 자기를 피보험자 및 수익자로 한 경우에 보험금청구권은 상속재산이다. 피상속인이 자기를 피보험자로 하고 수익자를 상속인 혹은 특정의 상속인으로 표시한 경우에 보험금청구권은 피보험자의 사망 시에 그 상속인의 고유재산이 되고, 따라서 상속재산에 포함되지 않는다.[1)]

> "보험계약자가 피보험자의 상속인을 보험수익자로 하여 맺은 생명보험계약에 있어서 피보험자의 상속인은 피보험자의 사망이라는 보험사고가 발생한 때에는 보험수익자의 지위에서 보험자에 대하여 보험금 지급을 청구할 수 있고, 이 권리는 보험계약의 효력으로 당연히 생기는 것으로서 상속재산이 아니라 상속인의 고유재산이라고 할 것인데, 이는 상해의 결과로 사망한 때에 사망보험금이 지급되는 상해보험에 있어서 피보험자의 상속인을 보험수익자로 미리 지정해 놓은 경우는 물론, 생명보험의 보험계약자가 보험수익자의 지정권을 행사하기 전에 보험사고가 발생하여 상법 제733조에 의하여 피보험자의 상속인이 보험수익자가 되는 경우에도 마찬가지라고 보아야 한다."[2)]

## 8. 사망퇴직금, 유족급여 등

근무 중에 사망으로 받게 되는 사망퇴직금이나 공무원의 사망으로 받게 되는 퇴직수당, 산업재해보상법에 따른 유족급여의 수급권자는 상속인과 달리 관련 법률에 별도로 규정되어 있다. 따라서 이러한 퇴직금과 유족급여는 수급권자의 고유의 권리이고 상속재산으로

---

1) 대판 2001. 12. 28., 2000다31502.

2) 대판 2004. 7. 9., 2003다29463.

볼 것은 아니다.

### 9. 부의금

부의금은 사망한 자의 유족을 위로하고 장례에 따르는 비용에 도움을 주려는 목적으로 이루어지는 증여에 해당한다. 따라서 부의금은 상속재산에 해당하지 않는다. 다만 대법원은 부의금도 지급받은 사람에게만 귀속되지는 않고 장례비용에 충당하고 남은 금액은 공동상속인의 상속분에 따라 권리를 취득하는 것으로 보아야 한다는 입장이다. 나아가 이러한 태도는 법률의 규정(군인연급법 제32조의 2 등)에 의하여 사망한 자의 배우자에게 조의금의 지급하도록 하였다고 하더라도 마찬가지이다.[1)]

## IV. 대리 및 무권대리

### 1. 대리

대리인의 지위는 대리인의 사망으로 소멸하게 되어 상속의 대상이 되지 않는다(제127조 제2호). 본인의 지위도 민법상 사망으로 소멸하게 되어 상속되지 않지만(제127조 제1호), 상법상 본인의 지위는 상속된다(상법 제50조). 소송대리권도 본인의 사망으로 소멸하지 않는다(민사소송법 제95조).

1) 대판 1992. 8. 18., 92다2998.

## 2. 무권대리와 상속

무권대리가 있은 후에 본인과 무권대리인의 지위가 상속으로 동일인에게 귀속되는 경우는 두 가지를 상정해 볼 수 있다.

### (1) 무권대리인이 본인을 상속한 경우

자녀가 부친의 대리인이라고 사칭하여 부동산을 매도한 후 부친이 사망하고 부친의 본인의 지위가 무권대리인인 자녀에게 상속된 경우 자녀는 무권대리를 이유로 추인거절권을 행사하지 못한다고 볼 것이다. 다만 그 법리와 관련하여 당연유효설은 본인의 지위를 상속함으로써 무권대리인의 지위가 혼동에 소멸하게 된다고 보는 반면 판례[1]는 병존설의 입장에서 원칙적으로 자녀는 본인의 지위와 무권대리인의 지위를 모두 갖지만 본인의 지위에서 추인을 거절하는 것은 신의칙에 반한다는 입장이다.

기본적으로 당연유효설이나 병존설 모두 이행을 하여야 한다는 점에서 동일하다. 하지만 상대방이 계약체결 당시에 대리인에게 대리권이 없었다는 사실을 알았거나 알 수 있었을 경우에는 그러한 상대방을 보호할 필요가 없으므로(제135조 제2항 참조), 법리상 병존설이 타당하다.

**[사례 6]**

甲은 부친 乙 소유의 X부동산을 자신의 명의로 등기할 방법을 丙과 상의하다가 丙이 일단 자기 앞으로 소유권이전등기를 마쳤다가 이를 넘겨 가라는 권유를 하여 乙의 인감도장을 가지고 나와 丙 명의로 소유권이전등기를 마쳐 주었다.

1) 대판 1994. 9. 27., 94다20617.

그런데 丙은 X부동산이 자신이 명의로 되어 있음을 기화로 X부동산을 丁에게 매도하고 소유권이전등기를 하여 주었다. 이러한 사실을 전혀 알지 못한 상태에서 乙이 사망하였고 甲이 단독상속인이 되자 甲은 丁을 상대로 소유물반환청구소송을 제기하였다.[1] 법원의 입장은?

### (2) 본인이 무권대리인을 상속한 경우

부친이 자녀의 대리인이라고 사칭하며 자녀의 재산을 처분한 후 부친의 사망으로 자녀가 무권대리인인 부친의 지위를 상속한 경우에 당연유효설은 이 경우에도 자녀는 혼동으로 추인거절권을 행사하지 못한다는 입장이다. 이에 반하여 병존설은 자녀가 본인의 지위에서 무권대리행위에 대한 추인을 거절할 수 있다는 견해이다. 반면 병존설의 경우에도 본인의 무권대리인의 지위가 상속되므로 자녀는 상대방에 대한 무권대리인의 책임을 부담하게 될 것이다. 즉 상대방의 선택에 따라 계약을 이행하거나 손해를 배상할 책임이 있다(제135조 제1항). 다만 당연유효설과 달리 병존설은 상대방이 계약체결 당시 대리인에게 대리권이 없었다는 것을 알았거나 알 수 있었을 경우에는 그 책임을 묻지 못하게 된다(제135조 제2항). 당연무효설보다는 병존설의 입장에서 무권대리인의 책임여부를 따져 보는 것이 보다 합리적이다.

## 3. 타인권리의 매매

부친이 자녀의 재산을 자신의 이름으로 매도하는 계약을 체결한

1) 대판 1992. 4. 28., 91다30941의 사안을 변형한 것임.

후 사망하여 자녀가 매도인의 지위를 취득하더라도 자녀는 매매계약에 따른 이행을 거절할 수 있다.[1] 타인매매에서의 매도인의 지위를 승계하는 것이지 자녀의 재산이 매도인의 재산이 되는 것은 아니기 때문이다. 반면 상속인이 피상속인의 권리를 매도한 경우에는 상속인은 신의칙상 이행을 거절할 수 없다고 보아야 한다.

## V. 제사 및 관련 재산의 승계

### 1. 의의

분묘에 속한 1정보(3000평) 이내의 금양임야와 600평 이내의 묘토인 농지, 족보와 제구의 소유권은 제사를 주재하는 자가 이를 승계한다(제1008조의 3). 즉 일정한 제사 관련 재산에 대하여서는 제사를 주재하는 자에게 단독승계가 이루어진다.[2]

### 2. 제사용 재산의 범위

#### (1) 분묘에 속한 1정보 이내의 금양임야

금양임야(禁養林野)란 그 안에 분묘를 설치하고 이를 수호하기 위하여 소나무의 벌채를 금하는 사유임야를 말한다. 금양임야는 상속개시 당시에 이미 그 안에 분묘가 설치되어 있어야 하므로 피상속인의 사망 당시에 당해 임야에 그 선대의 분묘가 없는 경우에는 그

---

1) 대판 2001. 9. 25., 99다19698.
2) 대판(전) 2008. 11. 20., 2007다27670.

임야를 금양임야라고 볼 수 없다.[1] 또한 일대가 이미 개발되어 임야의 양측은 도로에 면해 있고 주변에는 인가와 공장이 들어섰으며 분묘는 도로와의 경계 부분에 있고 자녀들이 관할 군청의 지원에 따라 원래 식재되어 있던 나무들을 베고 잣나무를 심기도 하였던 경우 임야의 일부에 선조들의 분묘가 존재한다고 할지라도 이러한 임야는 금양임야라고 인정하기 어렵다.[2] 금양임야이더라도 1정보(3000평)를 초과하는 경우에 그 초과분은 상속재산분할의 대상이 된다.

### (2) 600평 이내의 묘토인 농지

묘토인 농지란 그 지상의 수확물로 분묘의 관리나 제사에 소요되는 비용을 처리하기 위하여 사용되는 토지를 말한다. 따라서 지목이 전으로 되어 있으나 도시계획상 일반 주거지에 편입되어 있고 주변 일대가 완전히 도시화되어 있으며, 타인으로 하여금 콩이나 채소 등을 재배하게 하여 그 경작자가 경작대가로 단순히 1년에 한두 번 정도 토지소유자의 조상의 분묘 등 분묘 3기의 벌초를 하여 온 것에 불과하다면, 그 토지를 분묘의 수호, 관리 비용을 조달하기 위한 묘토인 농지라고 볼 수는 없다.[3] 묘토인 농지를 제사주재자로서 단독으로 승계하였음을 주장하는 자는, 피승계인의 사망 이전부터 해당 토지가 농지로서 거기에서 경작한 결과 얻는 수익으로 인접한 조상의 분묘의 수호 및 관리와 제사의 비용을 충당하여 왔음을 입증하여야 한다.[4]

1) 대결 2008. 10. 27., 2006스140.
2) 대판 2004. 1. 16., 2001다79037.
3) 대판 1997. 5. 30., 97누4838.
4) 대판 2006. 7. 4., 2005다45452.

### (3) 족보와 제구

족보는 한 가문의 계통과 혈통을 기록한 책이고 제구는 제사에 사용되는 일체의 기구를 말한다. 이러한 족보와 제구도 제사를 주재하는 자가 단독으로 승계한다.

## 3. 제사를 주재하는 자

제사를 주재하는 자는 사실상 제사를 지내는 자를 의미한다.[1] 제사를 주재하는 자는 자손들 사이의 협의에 의하여 결정한다. 문제는 이러한 협의가 이루어지지 않는 경우인데 이 경우 대법원은 원칙적으로 망인의 장남(장남이 이미 사망한 경우에는 장남의 아들, 즉 장손자)이 제사주재자가 되고, 공동상속인들 중 아들이 없는 경우에는 망인의 장녀가 제사주재자가 된다[2]고 보고 있다.

## 4. 상속재산에서의 제외

제사용 재산은 상속재산에서 제외되어 제사를 주재하는 자에게 단독으로 승계된다. 따라서상속인들의 공동 명의로 재산상속을 원인으로 한 소유권이전등기가 경료되었다면 이는 적법한 원인이 없는 무효의 등기이다.[3] 또한 상속인이 상속을 포기하더라도 제사용 재산은 포기의 대상이 되지 않으므로 승계를 받을 수 있다. 제사용재산에는

---

1) 대판 2004. 1. 16., 2001다79037.

2) 대판(전) 2008. 11. 20., 2007다27670.

3) 대판 1993. 5. 25., 92다50676.

일정한 한도에서 상속세가 부과되지 않는다(상속세 및 증여세법 제12조 제3항).

# 제4장
# 공동상속

## I. 의의

### 1. 상속재산의 공유

상속인이 수인인 때에는 공동상속인이 되고 상속인은 각자의 상속분에 따라 피상속인의 권리, 의무를 승계하지만(제1007조), 분할할 때까지는 상속재산을 공유한다(제1006조). 여기서 공유의 의미에 합유라는 견해도 있으나 통설과 판례는 공유설을 취하고 있다. 따라서 상속재산인 부동산의 공동상속인 중 한 사람은 그 공유물에 대한 보존행위로서 그 공유물에 관한 원인 무효의 등기 전부의 말소를 구할 수 있고,[1)] 소송의 목적이 공동상속인들 전원에게 합일확정되어야 할 필수적 공동소송관계라고 인정되지 아니하는 이상 반드시 공동상속인 전원이 공동으로 수계하여야 하는 것은 아니며, 수계되지 아니한 상속인들에 대한 소송은 중단된 상태로 그대로 피상속인이

1) 대판 1996. 2. 9., 94다61649.

사망한 당시의 심급법원에 계속된다.[1] 상속재산에 대한 공동상속의 구체적인 내용을 보면 다음과 같다.

## 2. 채권·채무의 공동상속

### (1) 불가분채권과 불가분채무

상속되는 채권이 불가분인 경우 그 채권은 공동상속인 전원에게 귀속되고, 채권자인 공동상속인은 공동으로 또는 단독으로 공동상속인 전원을 위하여 채권 전액의 이행을 구할 수 있으며, 수령한 급부는 분배하여야 한다(제409조). 상속되는 채무가 불가분채무라면 공동상속인 각자가 그 채무 전부에 대한 이행책임을 진다(제411조, 제413조). 판례는 건물의 공유자가 공동으로 건물을 임대하고 보증금을 수령한 경우 그 보증금 반환채무는 성질상 불가분채무로 보고 있다.[2] 이러한 판례의 태도에 따를 경우 건물의 임대인이 임대차계약기간 중에 사망하여 공동상속이 이루어진 후 발생하는 보증금반환채무도 공동상속인들 사이에서는 불가분채무로 보아야 할 것이다. 반면 임대차기간이 종료한 후에 임대인의 사망으로 공동상속이 이루어진 경우 보증금반환채무는 가분채무가 될 것이다(제408조). 물론 이 경우에도 불가분의 임대건물 전부에 대한 동시이행의 항변권을 갖는 임차인은 채무전부의 변제가 있을 때까지 건물전부에 대한 인도를 거부할 수 있을 것이다.

---

1) 대판 1993. 2. 12., 92다29801.

2) 대판 1998. 12. 8., 98다43137.

### (2) 가분채권과 가분채무

상속되는 가분채권은 상속개시와 동시에 법정상속분에 따라 공동상속인 사이에 분할되어 각 공동상속인은 분할채권을 취득하고, 가분채무도 당연히 공동상속인에게 분할되어 상속분에 따라 공동상속인들에게 귀속되므로 상속재산분할의 대상이 될 수 없다.[1] 물론 이 경우에도 분할의 협의에 따라 공동상속인 중 1인이 법정상속분을 초과하여 채무를 부담하기로 하는 약정은 가능하며 다만 이러한 약정은 면책적 채무인수의 실질을 가진다고 할 것이어서, 채권자에 대한 관계에서 이 약정에 의하여 다른 공동상속인이 법정상속분에 따른 채무의 일부 또는 전부를 면하기 위하여는 채권자의 승낙을 필요로 한다(제454조). 면책적 채무인수가 있게 되면 상속재산 분할의 소급효의 규정(제1015조)은 적용될 여지가 없다.[2]

"공동상속인 중 피상속인으로부터 재산의 증여 또는 유증을 받은 자는 그 수증재산이 자기의 상속분에 부족한 한도 내에서만 상속분이 있으므로(민법 제1008조), 공동상속인 중에 특별수익자가 있는 경우에는 이러한 특별수익을 고려하여 상속인별로 고유의 법정상속분을 수정하여 구체적인 상속분을 산정하게 되는데, 이러한 구체적 상속분을 산정함에 있어서는 피상속인이 상속개시 당시에 가지고 있던 재산의 가액에 생전 증여의 가액을 가산한 후 이 가액에 각 공동상속인별로 법정상속분율을 곱하여 산출된 상속분 가액으로부터 특별수익자의 수증재산인 증여 또는 유증의 가액을 공제하는 계산방법에 의하여야 하고, 금전채무와 같이 급부의 내용이 가분인 채무가 공동상속된 경우 이는 상속개시와 동시에 당연히 법정상속분에 따라 공동상속인에게 분할되어 귀속되는 것이므로 상속재산 분할의 대상이 될 여지가 없다. 따라서 특별수익자인 채무자의 상속재산 분할협의가 사해행위에 해당하는지를 판단함에 있어서도 위와 같은 방

1) 대판 1997. 6. 24., 97다8809.
2) 대판 1997. 6. 24., 97다8809.

법으로 계산한 구체적 상속분을 기준으로 그 재산분할결과가 일반 채권자의 공동담보를 감소하게 하였는지 평가하여야 하고, 채무자가 상속한 금전채무를 구체적 상속분 산정에 포함할 것은 아니다."[1]

### (3) 연대채무

피상속인이 연대채무를 부담하는 경우 공동상속인은 연대채무자로서 채무 전액에 대하여 급부를 부담할 것은 아니고 채무 전액의 각 상속분의 범위 내에서 다른 연대채무자와 연대채무를 부담한다고 보는 것이 타당할 것이다. 예를 들어 3억원의 연대채무를 지고 있는 甲, 乙, 丙 중에 丙이 사망한 경우 丙의 공동상속인 丁과 戊는 각각 甲, 乙과 1억5천만원의 연대채무를 부담하는 것으로 볼 것이다.

# II. 법정상속분

## 1. 개념

법정상속분이란 각 공동상속인이 전체상속재산에 대하여 갖는 법률이 정한 배당비율을 말한다. 각 상속인이 받을 구체적인 상속재산가액은 적극, 소극의 전 상속재산에 각자의 법정상속분을 곱하여 산정한다.

1) 대판 2014. 7. 10., 2012다26633.

## 2. 상속분의 내용

### (1) 동순위상속분

동순위의 상속인이 수인인 때에 그 상속분은 균분으로 한다(제1009조 제1항). 남녀의 구분이 없으며 결혼을 하였는지도 영향을 미치지 않는다. 피상속인의 배우자가 직계비속이나 직계존속과 동순위의 상속을 하는 경우에는 그 상속분에 5할을 가산한다(제1009조 제2항).

### (2) 대습인의 상속분

대습상속인의 상속분은 피대습자의 상속분에 따른다. 즉 상속인이었을 피대습자를 피상속인으로 하여 그의 상속분을 다시 상속하는 방법에 따라 대습자의 상속분을 결정한다. 예를 들어 5억의 재산을 가진 사람이 배우자와의 사이에 외아들을 두고 있었는데, 그 외아들은 다시 혼인하여 배우자와 1인의 자녀를 두고 있었고, 외아들이 상속개시 전에 사망한 경우, 피상속인의 손자녀에게는 5억원×2/5×2/5=8천만원, 며느리에게는 5억원×2/5×3/5=1억2천만원이 상속된다.

## 3. 특별수익

### (1) 의의

공동상속인 중에 피상속인으로부터 재산의 증여 또는 유증을 받은 자가 있는 경우에 그 수익재산이 자기의 상속분에 달하지 못한 때에는 그 부족한 부분의 한도에서 상속분이 있다(제1008조). 이와 같이 상속분을 산정함에 있어서, 상속인이 피상속인으로부터 받은 증여 또는 유증을 상속분의 선급으로 보고, 그 가액을 규정된 상속분의 일부 또는 전부로 계산하여 참작하도록 하는 제도를 특별수익이라고 하고, 이러한 방법에 의하여 상속분의 조정을 받는 사람을 특별수익자라고 한다.

### (2) 특별수익자

#### 1) 공동상속인

특별수익에 따른 반환의무를 부담하게 되는 자는 상속을 승인한 공동상속인이다. 따라서 공동상속인이 아닌 자는 특별수익에 따른 반환의무를 부담하지 않는다. 예를 들어 상속을 포기한 자는 처음부터 상속인이 아닌 것으로 보기 때문에(제1042조, 제1043조) 특별수익으로 인한 반환의무를 부담하지 않는다.[1] 대법원[2]은 상속결격 이후에 증여를 받은 자는 상속인의 지위에서 상속을 받은 것이 아니므로 대습상속의 경우에도 이를 반환할 의무가 없다고 하나 이러한 태도는 대습상속이 상속인이 될 자의 상속분을 상속한다는 점에서 부당하다. 상속인의 직계비속, 배우자, 직계존속이 유증 또는 증여를 받은 경우에 그 상속인은 반환의무를 지지 않는다고 할 것이나, 증여 또는 유증의 경위, 증여나 유증된 물건의 가치, 성질, 수증자와 관계된 상속인이 실제 받은 이익 등을 고려하여 실질적으로 피상속인으로부터 상속인에게 직접 증여된 것과 다르지 않다고 인정되는 경우에

---

1) 대결 2012. 4. 16., 2011스191.
2) 대결 2015. 7. 17., 2014스206.

는 특별수익으로서 이를 고려할 수 있다.[1)]

**[사례 7]**

A는 2010. 10. 11. 사망하였다. 사망 당시 그는 배우자 없이 아들 甲과 딸 乙만을 두고 있었고, 甲은 결혼하여 아내 丙과 자녀 丁과 戊를 두고 있었다. 한편 A가 생존 중에 아들 甲은 성격이 급하고 화를 쉽게 참지 못하는 성격이어서 乙과의 다툼 중에 분을 참지 못하고 乙을 살해하려다 미수에 그치는 사고가 발생하게 된다. A는 그 후 甲을 달래느라고 사망 전에 甲에게 시가 3억원 상당의 X 부동산을 증여하였다. A는 사망 당시 30억원의 재산을 가지고 있었다.[2)] 법정상속분에 따른 甲, 乙, 丙, 丁 및 戊의 상속분은 얼마인가?

### 2) 대습상속인

대습상속자가 피상속인으로부터 재산의 증여 또는 유증을 받은 경우에도 대습상속자는 이를 특별수익으로 반환할 의무가 없다고 보아야 한다. 그렇지 않고 이를 상속분의 선급으로 보게 되면, 피대습인이 사망하기 전에 피상속인이 먼저 사망하여 상속이 이루어진 경우에는 특별수익에 해당하지 아니하던 것이 피대습인이 피상속인보다 먼저 사망하였다는 우연한 사정으로 인하여 특별수익으로 되는 불합리한 결과가 발생한다.[3)]

### 3) 포괄수유자

법정상속인이 아닌 포괄수유자도 공동상속인에 해당하지 않으므로 피상속인으로부터 증여나 유증을 받았더라도 이를 반환할 필요

1) 대결 2007. 8. 28., 2006스3.
2) 대결 2015. 7. 17., 2014스206의 사안을 변형한 것임.
3) 대판 2014. 5. 29., 2012다31802.

가 없다. 이러한 태도는 증여를 한 후 포괄적 유증을 한 피상속인의 의사에도 부합한다.

### (3) 특별수익

공동상속인이 특별수익으로서 반환하여야 하는 것은 피상속인으로부터 증여 또는 유증을 받은 재산이다. 특별수익의 반환의무는 공동상속인들 사이의 상속분을 정함에 있어서 형평을 고려한 것이므로 특별수익자에게 상속재산의 일부를 미리 준 것인지의 여부에 의하여 결정할 것이다.[1)]

#### 1) 생전증여

특별수익으로 인정되는 생전증여는 일부 공동상속인에게만 증여된 재산, 혼인을 한 자녀와 그렇지 않은 자녀가 있는 경우에 혼인을 한 자녀에게 지출된 혼수비용, 다른 공동상속인에게 지출되지 않은 교육비용 내지 유학비용 등이 해당된다.

> "생전 증여를 받은 상속인이 배우자로서 일생 동안 피상속인의 반려가 되어 그와 함께 가정공동체를 형성하고 이를 토대로 서로 헌신하며 가족의 경제적 기반인 재산을 획득·유지하고 자녀들에게 양육과 지원을 계속해 온 경우, 생전 증여에는 위와 같은 배우자의 기여나 노력에 대한 보상 내지 평가, 실질적 공동재산의 청산, 배우자 여생에 대한 부양의무 이행 등의 의미도 함께 담겨 있다고 봄이 타당하므로 그러한 한도 내에서는 생전 증여를 특별수익에서 제외하더라도 자녀인 공동상속인들과의 관계에서 공평을 해친다고 말할 수 없다.
> 甲이 乙과 사이에 딸 丙 등과 아들 丁을 두고 乙의 사망 시까지 43년 4개월 남

1) 대판 1998. 12. 8., 97므513.

짓의 혼인생활을 유지해 오다가 乙의 사망 7년 전에 乙에게서 부동산을 생전 증여받은 사안에서, 乙이 부동산을 甲에게 생전 증여한 데에는 甲이 乙의 처로서 평생을 함께 하면서 재산의 형성·유지과정에서 기울인 노력과 기여에 대한 보상 내지 평가, 청산, 부양의무 이행 등의 취지가 포함되어 있다고 볼 여지가 충분하고, 이를 반드시 공동상속인 중 1인에 지나지 않는 甲에 대한 상속분의 선급이라고 볼 것만은 아니므로, 원심으로서는 甲과 乙의 혼인생활의 내용, 乙의 재산 형성·유지에 갑이 기여한 정도, 갑의 생활유지에 필요한 물적 기반 등 제반 요소를 심리한 후, 이러한 요소가 생전 증여에 포함된 정도나 비율을 평가함으로써 증여재산의 전부 또는 일부가 특별수익에서 제외되는지를 판단하였어야 함에도, 단순히 위 부동산 외에는 아무런 재산이 없던 乙이 이를 모두 甲에게 증여하였다는 사정만으로 증여재산 전부를 특별수익에 해당한다고 본 원심판결에는 배우자의 특별수익에 관한 법리오해의 위법이 있다."[1]

#### 2) 유증

유증은 특별한 사정이 없는 한 모두 특별수익으로서 반환의 대상이 된다.

#### 3) 생명보험금, 사망퇴직금

생명보험금이나 사망퇴직금은 원칙적으로 상속재산에 해당하지 않는다. 반면 이러한 생명보험금이나 사망퇴직금은 다른 공동상속인의 입장에서 보면 특별수익으로 고려하는 것이 상속의 형평성에 합당하다. 따라서 유증에 준하여 특별수익으로 반환의 대상이 된다고 볼 것이다.

1) 대판 2011. 12. 8., 2010다66644.

### (4) 구체적 상속분의 산정

#### 1) 산정방법

공동상속인 중에 특별수익자가 있는 경우의 구체적인 상속분의 산정은 피상속인이 상속개시 당시에 가지고 있던 재산의 가액에 생전증여의 가액을 가산한 후, 이 가액에 각 공동상속인별로 법정상속분율을 곱하여 산출된 상속분의 가액으로부터 특별수익자의 수증재산인 증여 또는 유증의 가액을 공제하는 계산방법에 의한다.[1] 다만 공동상속인 중 1인에 대한 특별수익이 그 사람의 법정상속분을 초과하는 경우 그는 상속인이 아닌 것으로 의제된다. 따라서 그 상속인은 자신의 특별수익을 반환할 필요가 없고 그 외의 상속인은 그 상속인을 제외하고 상속분을 결정하면 된다.

특별수익자의 구체적 상속분 = (공동상속인이 상속할 재산의 가액 + 공동상속인의 생전증여가액) × 특별수익자의 법정상속분 − (특별수익자의 수증액 + 특별수익자의 유증액)

"금전채권과 같이 급부의 내용이 가분인 채권은 공동상속되는 경우 상속개시와 동시에 당연히 법정상속분에 따라 공동상속인들에게 분할되어 귀속되므로 상속재산분할의 대상이 될 수 없는 것이 원칙이다. 그러나 가분채권을 일률적으로 상속재산분할의 대상에서 제외하면 부당한 결과가 발생할 수 있다. 예를 들어 공동상속인들 중에 초과특별수익자가 있는 경우 초과특별수익자는 초과분을 반환하지 아니하면서도 가분채권은 법정상속분대로 상속받게 되는 부당한 결과가 나타난다. 그 외에도 특별수익이 존재하거나 기여분이 인정되어 구체적인 상속분이 법정상속분과 달라질 수 있는 상황에서 상속재산으로 가분채권만

1) 대판 1995. 3. 10., 94다16571.

이 있는 경우에는 모든 상속재산이 법정상속분에 따라 승계되므로 수증재산과 기여분을 참작한 구체적 상속분에 따라 상속을 받도록 함으로써 공동상속인들 사이의 공평을 도모하려는 민법 제1008조, 제1008조의2의 취지에 어긋나게 된다. 따라서 이와 같은 특별한 사정이 있는 때는 상속재산분할을 통하여 공동상속인들 사이에 형평을 기할 필요가 있으므로 가분채권도 예외적으로 상속재산분할의 대상이 될 수 있다."[1]

### 2) 소극재산

제1008조는 적극재산에 대해서만 적용된다. 따라서 상속채무는 법정상속분에 따라 승계되며 특별수익을 포함한 상속분을 산정하는 때에는 포함되지 않는다. 상속채무는 법정상속분에 따라 균분하여 부담함이 원칙이다.

### 3) 상속재산 및 증여가액의 평가시점

특별수익으로 반환되어야 하는 것은 현물이 아니라 재산의 가액이다. 상속재산과 특별수익재산의 가액의 평가시기는 상속개시시가 기준이 된다.[2] 수증자의 행위에 의하여 증여물이 멸실, 변경된 경우에도 상속개시시의 시가로 평가한다. 금전증여의 경우에도 상속개시시의 시가로 환산평가하여야 한다.

**[사례 8]**

아내 乙과 자녀 丙, 丁, 戊가 있는 甲은 14억원의 적극재산을 남기고 사망한다. 甲은 丁에게 혼인 준비를 위한 자금으로 사망하기 2년 전 2억원의 현금을 주었고, 戊에게는 대학원 진학을 위하여 5년 전에 2억원 상당의 토지를 팔아 학비

1) 대결 2016. 5. 4., 2014스122.
2) 대결 1997. 3. 21., 96스62.

로 주었다. 또 甲은 아내 乙에게 유언으로 3억원을 주도록 하였다(이하는 각각 독립된 사례로 이자 등은 고려하지 않음).

(1) 乙, 丙, 丁, 戊가 甲의 사망을 계기로 받게 되는 구체적인 가액은?

(2) 丁이 단독상속인 A를 남기고 甲보다 먼저 사망하였다면 甲의 사망으로 A가 받을 상속분은 얼마인가?

(3) 甲이 사망 시에 9억원의 채무도 부담하고 있었던 경우 丁은 자신의 법정상속분을 주장할 수 있는가?

## 4. 기여분

### (1) 의의

기여분이란 공동상속인 중 피상속인의 재산의 유지 또는 증가에 기여하거나 특별히 피상속인을 부양한 자가 있는 경우에 상속분 산정에 그러한 기여를 고려하는 제도를 말한다(제1008조의2). 즉 피상속인이 남긴 재산에서 기여분에 해당하는 가액을 공제한 후 구체적인 상속분을 결정하도록 하는 제도를 말한다.

### (2) 기여분이 인정되는 자

기여분은 공동상속인에게만 인정된다. 따라서 공동상속인이 아닌 자는 피상속인의 재산의 유지 또는 증가에 기여하였더라도 기여분을 청구할 수 없다. 다만 제1057조의2에서 특별연고자로 보호를 받거나 제741조의 부당이득반환청구권이 인정될 수 있을 뿐이다. 포괄적 수유자도 공동상속인에 해당하지 않아 기여분을 주장하지 못한다. 반면 대습상속인은 자신의 기여분은 물론 피대습자의 기여분도 주장할 수 있다.

### (3) 요건

#### 1) 피상속인에 대한 부양 또는 피상속인의 재산의 유지나 증가에 기여

상당한 기간 동거, 간호 그 밖의 방법으로 피상속인을 특별히 부양하거나 피상속인 재산의 유지 또는 증가에 대한 특별한 기여를 하여야 한다. 상속인이 직접 기여한 경우뿐만 아니라 그 배우자, 예를 들어 며느리가 시부모를 부양한 경우에도 상속인의 기여로 인정되어야 한다.

#### 2) 기여의 특별성

기여분을 인정하기 위해서는 공동상속인 간의 공평을 위하여 상속분을 조정하여야 할 필요가 있을 만큼 피상속인을 특별히 부양하였다거나 피상속인의 상속재산 유지 또는 증가에 특별히 기여하였다는 사실이 인정되어야 한다.[1] 따라서 공동상속인들 사이에서 일반적이거나 통상적인 기여가 있는 경우에는 기여분을 인정할 수 없다.

수인의 자녀 중에서 한 사람만이 무상으로 부친의 사업을 위하여 장기간 노무를 제공한 경우 기여의 특별성이 인정된다. 다만 고용계약이나 조합계약에 의하여 상속인이 상당한 대가를 받은 경우에는 그 기여가 인정되지 않는다. 배우자의 가사노동에 의한 기여도 부부간의 부양협조의무의 이행에 불과한 것이므로 특별한 기여로 보기 어렵다.[2]

1) 대판 2014. 11. 25., 2012스156.
2) 대결 1996. 7. 10., 95스30.

### (4) 기여분 결정의 절차

기여분은 공동상속인의 협의에 의하여 정하고 협의가 되지 않을 경우 가정법원은 기여자의 청구에 의하여 기여분을 정한다(제1008조의2 제2항). 기여분의 결정은 가사소송법 마류 가사비송사건에 해당한다(가사소송법 제2조 제1항 제2호 나 9)). 피상속인이 기여분을 지정하는 유언은 법률상 효력이 없다. 기여분의 지정은 법정유언사항이 아니기 때문이다.

기여분의 청구는 상속재산분할청구가 있을 경우(제1013조 제2항)와 상속재산분할 후 인지 등에 의하여 공동상속인이 된 자가 상속분가액의 청구를 할 경우(제1014조)에도 할 수 있다(제1008조의2 제4항).

### (5) 기여분을 고려한 구체적 상속분의 산정

#### 1) 기여분의 산정

기여분은 기여의 시기, 방법, 정도와 상속재산의 액 기타 사정을 참작하여 정한다(제1008조의2 제2항). 다만 기여분은 상속이 개시된 때의 피상속인의 재산가액에서 유증의 가액을 공제한 액을 넘지 못한다(제1008조의2 제3항).

#### 2) 구체적인 상속분의 산정

① 기여분과 상속재산

공동상속인 중 기여자가 있는 경우 그의 구체적 상속분은 먼저 상속개시 당시의 피상속인의 상속재산가액에서 기여자의 기여분을 공제한 후 그 재산가액에 법정상속비율을 곱하고, 다시 기여자의 기여분을 가산하여 산정한다.

기여자의 구체적 상속분 = (상속개시 당시의 상속재산 − 전체 기여분) × 기여자의 법정상속비율 + 기여자의 기여분

② 기여분과 특별수익

공동상속인 중에 기여상속인과 특별수익자가 병존하는 경우, 특별수익과 기여분 중 어느 요소를 먼저 고려할 것인가에 관하여 학설이 대립한다.[1] 즉 특별수익을 먼저 고려하여야 한다는 견해와 기여분을 먼저 고려하여야 한다는 견해 및 두 요소를 동시에 고려하여야 한다는 견해가 대립한다. 그러나 특별수익에 기여자의 기여분이 포함되어 있는 경우에는 특별수익을 먼저 반환하도록 한 후 기여분을 정하여야 하고 특별수익에 기여분이 포함되지 않은 경우에는 기여분을 먼저 고려하여야 한다. 예를 들어 공동상속인 중에 1인(A)이 상속재산의 증가에 기여를 한 후 다른 공동상속인 1인(B)에게 증여가 이루어졌다면 그 증여액에는 예를 들어 10%에 해당하는 A의 기여분이 존재할 것이다. 따라서 이러한 경우에는 증여가액을 특별수익으로 먼저 반환하도록 한 후에 A의 기여분을 정하여야 한다.

③ 기여분과 유류분과의 관계

기여분은 상속재산의 분할과 관련되는 것으로 유류분과는 서로 관계가 없다. 따라서 유류분의 산정에는 기여분은 고려되지 않는다.

> "기여분은 상속재산분할의 전제 문제로서의 성격을 가지는 것으로서, 상속인들의 상속분을 일정 부분 보장하기 위하여 피상속인의 재산처분의 자유를 제한하는 유류분과는 서로 관계가 없다고 할 것이다. 따라서 공동상속인 중에 상당한 기간 동거·간호 그 밖의 방법으로 피상속인을 특별히 부양하거나 피상속인의

1) 윤진수, 친족상속법강의, 2018, 414면.

재산의 유지 또는 증가에 특별히 기여한 사람이 있을지라도 공동상속인의 협의 또는 가정법원의 심판으로 기여분이 결정되지 않은 이상 유류분반환청구소송에서 자신의 기여분을 주장할 수 없음은 물론이거니와, 설령 공동상속인의 협의 또는 가정법원의 심판으로 기여분이 결정되었다고 하더라도 유류분을 산정함에 있어 기여분을 공제할 수 없고, 기여분으로 인하여 유류분에 부족이 생겼다고 하여 기여분에 대하여 반환을 청구할 수도 없다."[1]

**[사례 9]**

乙과 혼인한 甲은 딸 丙과 아들 丁을 낳은 후 5억원의 재산을 남기고 사망하였다. 甲은 사망하기 전에 딸 丙의 혼인을 위하여 丙에게 5천만원을 증여하였다. 그런데 그가 남긴 5억원은 외아들 丁과 공동으로 추진한 사업에서 얻은 재산으로, 아들 丁은 재산의 증식에 40%를 기여하였다. 공동상속인들의 구체적 상속분은?

## 5. 상속분의 양수

### (1) 의의

공동상속의 경우 상속재산은 상속인들의 공유에 속하게 되므로 상속인들은 상속재산의 분할 전에 자신의 상속분을 공동상속인 이외의 자에게 양도할 수 있다. 그리고 이러한 상속분의 양도는 상속인의 지위의 양도로서 상속분의 양수인은 상속인의 지위에 서게 되고 상속재산이 분할되는 경우 그 재산의 분할에 참여하게 될 것이다. 하지만 공동상속인들 사이의 관계는 타인 간의 관계와 달리 친족공동체관계를 이루고 있었던 경우로 개인 간의 강한 유대감이 있으며 상속재산에 대하여서도 남다른 애정을 보일 수 있다. 이러한 상황에서

1) 대법원 2015. 10. 29., 선고 2013다60753

공동상속인들 간의 상속재산 분할에 제3자의 개입이 바람직하지 않을 수 있으며 이를 감안하여 민법은 상속분이 상속재산의 분할 전에 제3자에게 양도된 경우 그 가액과 양도비용을 상환하고 다른 공동상속인이 이를 양수할 수 있도록 하고 있다(제1011조 제1항). 이를 상속분의 양수라고 한다.

### (2) 상속분양수청구권

상속분의 양수는 상속분양수청구권의 행사에 의하여 이루어진다. 상속분양수청구권을 행사하기 위해서는 상속재산의 분할 전에 상속분이 공동상속인 이외의 제3자에게 양도되어야 한다.

#### 1) 상속재산분할전의 상속분의 양도

상속분이 상속재산의 분할 전에 양도되어야 한다. 상속재산분할이 있게 되면 공동상속인으로서의 지위는 소멸하게 되므로 상속분의 양도는 아무런 제한을 받지 않는다. 여기서 양도의 대상이 되는 상속분은 상속재산을 구성하는 개개의 권리를 의미하는 것이 아니라 상속재산에 대한 공동상속인으로서의 지위를 말한다. 공동상속인 1인의 상속분 전부를 양도할 수도 있지만 그 상속분의 일부를 양도하는 것도 여기에 포함된다. 공동상속인 중 일부가 상속재산인 임야 중 자신들의 상속지분을 양도한 경우, 이는 '상속분의 양도'에 해당하지 않고 상속받은 임야에 관한 공유지분을 양도한 것에 불과하다.[1)]

1) 대판 2006. 3. 24., 2006다2179.

### 2) 제3자에 대한 양도

상속분을 공동상속인이 아닌 제3자에게 양도하여야 한다. 따라서 다른 공동상속인에게 상속분을 양도한 경우 상속분양수청구권을 행사하지 못한다. 참고로 대법원은 부동산 취득시효기간 경과 후에 공동상속인 중의 한 사람이 다른 상속인의 상속지분을 양수하여 소유권이전등기를 경료한 경우 시효완성 후의 새로운 이해관계인으로 보고 있다.[1)]

### 3) 제척기간

상속분양수청구권은 상속분의 양도가 이루어진 때로부터 3개월, 양도가 있은 때로부터 1년내에 행사하여야 한다(제1011조 제2항). 이 기간은 제척기간에 해당한다.

## (3) 행사의 효과

상속분양수청구권은 형성권으로서 그 행사에 의하여 상속분은 당연히 권리 행사자에게 귀속된다. 다만 상속분양수청구권자는 권리행사 당시의 상속분의 가액과 제3자가 지출한 비용을 상환하여야 한다(제1001조 제1항).

---

1) 대판 1992. 10. 13., 92다26871.

# 제5장
# 상속재산의 분할

## I. 의의

상속재산분할이란 상속재산에 대한 공동상속인 사이의 공유관계를 종료시키고, 상속재산을 상속분에 따라 배분함으로써 각자의 단독소유로 확정하는 포괄적인 분배절차를 말한다. 피상속인은 분할의 방법을 유언으로 지정할 수 있다(제1012조). 유언에 의한 지정이 없는 경우 공동상속인은 협의분할을 할 수 있고, 협의분할이 이루어지지 않는 경우 공동상속인은 다른 공동상속인을 상대로 분할의 심판을 청구할 수 있다(제1013조).

## II. 유언에 의한 지정분할

### 1. 의의

피상속인은 유언으로 상속재산의 분할방법을 정하거나 이를 정할 것을 제3자에게 위탁할 수 있다(제1012조). 생전행위에 의한 분할방

법의 지정은 그 효력이 없어 상속인들이 피상속인의 의사에 구속되지 않는다.[1)]

## 2. 구체적인 지정의 내용

지정의 구체적인 내용으로 개개의 재산권의 귀속을 지정하는 경우가 있을 수 있다. 예를 들어 특정부동산은 외동딸에게, 주식은 장남에게, 예금채권은 차남에게 귀속하도록 하는 방법이다. 전체 재산에 대한 공동상속인들 사이에 일정한 비율을 지정하는 것도 가능하다. 두 방법을 모두 활용하여 특정한 재산은 장남 등에게 귀속시키고 나머지 재산에 대하여 다른 공동상속인에게 비율로 지정할 수도 있다. 이러한 지정분할의 결과 법정상속분을 초과하는 지정이 있게 되면 그 초과분은 유증에 해당된다. 다만 비율에 의한 지정이 있는 경우 당사자들 사이에서는 비율에 따른 구체적인 상속재산의 분할이 다시 이루어져야 할 것이다.

## 3. 제3자에 대한 지정의 위탁

재산분할에 대하여 유언으로 제3자에게 위탁하는 것도 가능하다(제1012조). 이 경우 제3자는 그러한 위탁을 거절할 수 있고, 그 경우 위탁에 관한 유언은 효력을 상실한다. 재산분할을 위탁받은 자가 다른 사람에게 다시 위탁하는 것도 가능하다. 본래 위임의 경우 부득이한 사유가 없는 한 수임인은 복임권을 행사할 수 없다(제682조

1) 대판 2001.6.29., 2001다28299.

제1항). 하지만 유언에 의하여 분할을 제3자에게 위탁하는 경우 유언자는 유언의 효력이 발생할 당시 이미 사망한 상태이다. 따라서 유언자는 제3자가 수탁을 거절할 경우 분할과 관련한 다른 선택의 여지를 갖지 못한다. 이러한 상황을 고려하면 유언에 의하여 제3자에게 분할을 위탁하는 것은 원칙적으로 상속재산분할과 관련한 모든 사항을 제3자에게 위탁한 것으로 보아야 할 것이다. 즉 수탁자인 제3자가 다시 다른 사람에게 위탁하는 것까지도 용인하는 내용이 포함된다고 해석해야 한다.

### 4. 분할의 금지

피상속인은 상속개시의 날로부터 5년을 초과하지 아니하는 기간내의 분할을 금지할 수 있다(제1012조). 분할금지의 기간이 5년을 초과하는 경우에는 5년으로 단축된다. 분할금지기간을 위반한 경우라도 공동상속인 전부의 동의가 있는 경우에는 분할의 효력을 부정하지 못할 것이다.

### 5. 유언에 의한 지정의 효과

유언에 의한 지정이 있게 되더라도 그 지정만으로 물권변동이 발생하는 것은 아니다. 즉 상속 개시로 인하여 법정상속분에 따른 물권변동이 있게 되고 유언에 의한 지정의 효력으로 공동상속인은 다른 공동상속인에 대하여 청구권을 취득하는 것에 불과하다.

# III. 협의에 의한 분할

## 1. 의의

협의에 의한 분할이란 공동상속인들 사이의 합의에 의하여 상속재산을 분할하는 방법을 말한다. 유언에 의한 지정분할이 없는 경우 공동상속인은 협의에 의하여 분할을 할 수 있다(제1013조 제1항).

## 2. 분할의 당사자

### (1) 공동상속인

분할에 대한 협의의 당사자는 원칙적으로 공동상속인이다. 협의에 의한 상속재산의 분할은 공동상속인 전원의 동의가 있어야 유효하고 공동상속인 중 1인의 동의가 없거나 그 의사표시에 대리권의 흠결이 있다면 분할은 무효이다.[1] 분할의 협의는 반드시 한 자리에서 이루어질 필요는 없고 순차적으로 이루어질 수도 있으며, 상속인 중 한 사람이 만든 분할 원안을 다른 상속인이 후에 돌아가며 승인하여도 무방하다.[2]

공동상속재산분할협의는 행위의 객관적 성질상 상속인 상호 간에 이해의 대립이 생길 우려가 있는 행위로 공동상속인인 친권자와 미성년인 수인의 자녀 사이에 상속재산분할협의를 하게 되는 경우에는 미성년자 각자마다 특별대리인을 선임하여 각 특별대리인이 각 미

1) 대판 1987. 3. 10., 85므80.
2) 대판 2010. 2. 25., 2008다96963.

성년자인 자를 대리하여 상속재산분할의 협의를 하여야 한다.[1] 상속을 포기한 사람은 처음부터 상속인이 아니므로 분할의 당사자가 되지 못한다. 다만 상속재산분할협의에 상속을 포기한 자가 참여하였다 하더라도 그 분할협의의 내용이 이미 포기한 상속지분을 다른 상속인에게 귀속시킨다는 것에 불과하여 나머지 상속인들 사이의 상속재산분할에 관한 실질적인 협의에 영향을 미치지 않은 경우라면 그 상속재산분할협의는 효력이 있다.[2] 미성년후견인이나 한정후견인이 피후견인을 대리하여 상속재산분할협의를 하거나 피후견인에 대한 동의를 하는 경우 혹은 성년후견인을 대리하여 상속재산분할협의를 하는 경우에 후견감독인이 있으면 후견인은 후견감독인의 동의를 받아야 한다(제950조 제1항 제6호, 제959조의6).

### (2) 포괄수유자, 상속분의 양수인

포괄적 유증을 받은 자(제1078조)와 상속분의 양수인(제1011조)도 분할협의의 당사자가 된다. 반면 특정재산을 유증받거나 양수한 자는 그 특정재산에 대하여 법정상속인에게 청구할 권리만을 갖는 것이므로 상속분할의 당사자가 되지 못한다.

### (3) 태아

태아의 경우에 해제조건설에 따르면 특별대리인을 선임하여 재산분할에 참여할 수 있다고 보아야 할 것이지만 정지조건설에 따르는 판례의 입장에서는 상속재산의 분할에 참여할 수 없다. 태아가 상속

---

1) 대판 1993. 4. 13., 92다54524.

2) 대판 2007. 9. 6., 2007다30447.

재산분할 후에 출생한 경우에는 제1014조를 유추하여 상속분에 상당하는 가액의 지급을 청구할 수 있다.[1)]

### (4) 기타

상속인의 지위가 다투어지고 있는 자의 경우 상속재산분할 당시를 기준으로 분할의 당사자가 되는지를 결정한다. 따라서 상속인 지위의 소멸이 다투어지고 있는 자, 즉 상속결격사유(제1004조)의 존부가 다투어지거나 친생부인의 소(제846조), 친생자관계부존재확인의 소(제865조)가 계속 중이거나 인지의 효력이 다투어지는 경우(제862조), 혼인 또는 입양의 무효의 소(제816조 및 제883조)가 계속 중인 자 등은 분할협의에 참여하여야 한다. 반면에 상속인 지위의 발생이 다투어지는 경우 즉, 인지의 소가 제기된 경우, 이혼 무효 또는 파양 무효의 소가 제기된 경우 등의 당사자는 상속재산분할에서 제외된다.

상속재산분할 이후에 상속인으로서의 지위를 취득한 자가 있는 경우 이미 이루어진 분할처분은 효력을 잃지 않고 그 상속인에게 상속분에 따라 가액으로 상환될 뿐이다(제1014조). 반면 상속재산분할 후 상속인의 지위를 상실한 자가 있는 경우 상속재산분할은 효력을 상실하여 그 자를 제외한 공동상속인은 다시 상속재산분할을 하여야 한다.

---

1) 윤진수, 친족상속법강의, 2018, 427면.

## 3. 분할의 방법과 내용

분할의 기준이나 방법은 당사자가 협의를 통하여 자유롭게 정할 수 있다. 현물로 분할할 수 있고, 상속재산을 처분하여 그 대금을 분할할 수도 있으며, 공동상속인의 공유로 하는 분할도 가능하다. 상속재산 전부를 상속인 중 특정인에게 상속시키기 위하여 나머지 상속인들이 상속포기신고를 하였으나 그 상속포기가 민법 제1019조 제1항 소정의 기간을 초과한 후에 신고된 것이어서 상속포기로서의 효력이 없더라도 공동상속인들 사이에 있어서는 특정인이 상속재산 전부를 취득하고 나머지 상속인들은 그 상속재산을 전혀 취득하지 않기로 하는 협의분할이 이루어진 것이라고 보아야 한다.[1)]

협의분할의 결과 공동상속인 중 1인이 고유의 상속분을 초과하는 재산을 취득하게 된 경우 상속재산분할의 효력은 상속개시시에 소급하는 것이므로 공동상속인 사이의 증여가 아니라 피상속인으로부터의 상속으로 보아야 한다. 따라서 증여세가 아닌 상속세가 부과되어야 한다.[2)]

## 4. 분할협의의 무효와 취소

상속재산분할협의의 당사자가 아닌 무자격자가 분할협의에 참가한 경우 또는 공동상속인 중 일부가 협의에서 제외된 경우에 분할협의는 무효이다. 이러한 경우에 공동상속인은 상속회복청구가 아니라 분할무효의 확인 및 재분할을 청구할 수 있다.

---

1) 대판 1989. 9. 12., 88누9305.
2) 대판 1992. 3. 27., 91누7729.

상속재산분할협의도 일종의 계약으로 보아야 할 것이다. 따라서 당사자가 그러한 계약을 합의 해제하는 것도 가능하고 채무불이행으로 인한 법정해제도 가능하다.[1] 또한 법률행위에 관한 일반 규정이 적용되어 당사자는 법률행위의 무효나 취소를 주장할 수 있다. 상속재산분할협의로 일반채권자의 책임재산이 침해되는 경우에는 사해행위에 해당한다.[2] 이미 채무초과 상태에 있는 채무자가 상속재산의 분할협의를 하면서 유일한 상속재산인 부동산에 관하여는 자신의 상속분을 포기하고 대신 소비하기 쉬운 현금을 지급받기로 한 경우 특별한 사정이 없는 한 채권자에 대하여 사해행위가 된다.[3]

## IV. 심판에 의한 분할

### 1. 의의

분할에 관한 지정이 없고 당사자 사이에 분할에 관한 협의도 이루어지지 않는 경우 공동상속인은 가정법원에 상속재산의 분할을 청구할 수 있다(제1013조 제2항, 제269조 제1항). 상속재산분할에 관한 사안은 마류 가사비송사건에 해당하여(가사소송법 제2조 제1항 나. 10)) 조정전치주의가 적용된다. 상속재산에 속하는 개별 재산에 관하여 공유물분할청구의 소(제268조)를 제기하는 것은 허용되지 않는다.[4]

---

1) 대판 2004. 7. 8., 2002다73203.
2) 대판 2001. 2. 9., 2000다51797.
3) 대판 2008. 3. 13., 2007다73765.
4) 대판 2015. 8. 13., 2015다18367.

대법원은 공동상속인의 일부가 한정승인을 한 경우 청산절차가 종료되지 않은 상황에서도 상속재산분할청구가 가능하다는 입장이다.[1)]

## 2. 분할의 방법

분할은 현물분할을 원칙으로 한다. 현물로 분할할 수 없거나 분할로 인하여 현저히 그 가액이 감소될 염려가 있을 때에 법원은 경매를 명할 수 있다(제1013조 제2항, 제269조 제2항). 특정의 재산을 1인이나 수인의 소유로 하고 다른 상속인에게 현금으로 정산하게 하는 방법도 가능하며(대상분할, 가사소송규칙 제115조 제2항), 공동상속인의 공유로 분할하는 방법도 가능하다. 상속재산의 분할방법은 법원의 후견적 재량에 맡겨져 있으므로 가정법원은 당사자의 구체적 주장을 고려하되 그에 구속되지는 않는다.

## 3. 분할심판의 효력

가정법원의 상속재산분할심판이 확정되면 상속재산분할의 효력이 발생한다. 즉 심판에 형성적 효력이 인정되어 부동산의 경우 등기가 없어도 물권의 변동이 발생한다.

---

1) 대결 2014. 7. 25., 2011스226. 대법원의 태도에 대한 비판으로 윤진수, 친족상속법 강의, 2018, 434면 이하.

# V. 상속재산분할의 효력

## 1. 소급효

상속재산의 분할은 상속이 개시된 때에 소급하여 그 효력이 생긴다(제1015조 본문). 즉 상속이 개시된 때에 피상속인으로부터 분할된 재산을 직접 취득한 것으로 된다. 다만 이러한 분할의 소급효는 제3자의 권리를 해하지 못한다(제1015조 단서). 예를 들어 공동상속인 중의 1인이 상속재산 분할 전에 특정한 재산의 상속지분을 제3자에게 처분한 경우 상속분할의 결과 처분된 지분이 다른 상속인에게 귀속되더라도 제3자는 양수한 지분을 유효하게 보유한다. 여기서 상속재산분할에 대항할 수 있는 제3자는 인도나 등기 등으로 완전한 권리를 취득한 자로 제한된다. 따라서 단순히 특정 공동상속인으로부터 상속재산에 대한 채권계약만을 체결한 경우는 제외된다.[1)]

다만 상속재산 협의분할로 부동산을 단독으로 상속한 자가 협의분할 이전에 공동상속인 중 1인이 그 부동산을 제3자에게 매도한 사실을 알면서도 상속재산 협의분할을 하였을 뿐 아니라 이 매도인의 배임행위를 유인, 교사하거나 이에 협력하는 등 적극적으로 가담한 경우에는 상속재산 협의분할 중 이 매도인의 법정상속분에 관한 부분은 민법 제103조 소정의 반사회질서의 법률행위에 해당한다.[2)]

**[사례 10]**

A는 사업으로 모은 여러 필지의 토지를 자녀 甲, 乙, 丙에게 남기고 사망하였다.

---

1) 대판 1992. 11. 24., 92다31514.

2) 대판 1996. 4. 26., 95다54426.

A의 사망 후 乙은 상속재산분할 이전에 자신의 상속분에 상응하는 2필지의 토지(X토지)를 丁에게 매도하였다. 丁은 아직 이전등기를 마치지 않은 상황에서 이 토지를 인도받아 양어장을 설치하고 치어양식을 시작하였다. 그런데 甲과 丙은 이러한 乙과 丁의 매매계약체결 사실을 알면서도 乙을 적극적으로 설득하여 A가 남긴 토지 전부를 甲에게 주는 것으로 합의하고 상속 부동산을 모두 甲의 명의로 등기이전하였다.[1] 그 후 甲은 丁에게 양어장의 철거와 토지의 반환을 청구한다. 법원의 판단은?

## 2. 대상재산에 대한 분할

상속재산이 상속재산분할 이전에 처분되거나 멸실·훼손되는 등으로 상속재산을 구성하지 않게 되었다면 그 재산은 상속재산분할의 대상이 될 수 없다. 이 경우 상속인이 그 대가로 받은 처분대금, 보험금, 보상금 등 대상재산에 대한 분할이 있게 된다.[2] 대상재산의 분할의 경우 상속분할의 소급효 원칙은 적용되지 않는다.

## 3. 상속재산으로부터 발생한 과실

상속재산분할의 소급효를 인정한다면 상속재산으로부터 발생한 과실은 원본재산의 귀속자에게 귀속되어야 할 것이다. 반면 상속재산분할 이전에 발생한 과실도 상속재산의 일부로 보게 되면 분할의 대상이 될 수 있다. 다만 어느 견해를 취하건 상속재산을 분할하는 과정에서 과실은 당연히 고려의 대상이 될 것이다. 원본재산에 대한 귀속을 결정할 때에 그로부터 발생한 과실을 고려하지 않을 수는 없

1) 대판 1996. 4. 26., 95다54426의 사안을 변형한 것임.
2) 대결 2016. 5. 4., 2014스122.

기 때문이다. 결국 실질에 있어서 과실도 상속재산분할의 대상이 될 것이므로 상속재산분할의 소급효는 과실에는 적용되지 않게 된다.

### 4. 공동상속인의 담보책임

#### (1) 재산에 대한 담보책임

공동상속인은 다른 공동상속인이 분할로 인하여 취득한 재산에 대하여 그 상속분에 응하여 매도인과 같은 담보책임이 있다(제1016조). 따라서 상속분할 전부터 존재하던 하자를 가진 상속재산을 분할받은 상속인은 다른 공동상속인에 대하여 상속분에 응하여 즉, 분할된 상속분의 비율로 손해배상을 청구하거나 상속재산분할로 인한 목적을 달성할 수 없는 경우에는 그 해제를 청구할 수 있다. 공동상속인 사이의 재산분할이 형식에 있어서는 소급효가 인정되는 피상속인으로부터의 직접 취득이지만 그 실질에 있어서는 일종의 유상계약으로 보기 때문이다. 상속재산분할로 인하여 목적을 달성하지 못하는 경우는 그 하자가 중대하여 하자 있는 상속재산을 분할 받은 상속인이 그 하자를 알았더라면 상속재산분할에 동의하지 않았을 것이라고 인정되는 경우가 될 것이다.

#### (2) 채권에 대한 담보책임

공동상속인은 다른 공동상속인이 분할로 인하여 취득한 채권에 대하여 분할 당시의 채무자의 자력을 담보한다(제1017조 제1항). 변제기에 달하지 않은 채권이나 정지조건 있는 채권에 대해서는 변제를 청구할 수 있는 때의 채무자의 자력을 담보한다(동조 제2항)

### (3) 상환의 자력이 없는 자에 대한 담보책임의 분담

담보책임 있는 공동상속인 중에 상환의 자력 없는 자가 있는 경우 그 부담부분은 구상권자와 자력 있는 다른 공동상속인이 그 상속분에 응하여 분담한다(제1018조 본문). 다만 구상권자의 과실로 인하여 상환받지 못한 경우에는 다른 공동상속인에게 분담을 청구하지 못한다(동조 단서).

## 5. 상속재산분할 후 상속인으로 인정된 자

### (1) 의의

상속개시 후의 인지 또는 재판의 확정에 의하여 공동상속인이 된 자가 상속재산의 분할을 청구할 경우에 다른 공동상속인이 이미 분할 기타 처분을 한 때에는 그 상속분에 상당한 가액의 지급을 청구할 권리가 있다(제1014조). 공동상속인은 상속재산의 분할에 모두 참여하여야 하고 그렇지 않은 상속재산분할은 효력이 없다. 따라서 인지나 기타 재판에 의하여 상속인으로 확정된 자를 제외하고 상속재산분할을 한 경우에도 그 재산분할은 효력이 없어야 할 것이다. 하지만 이 경우 민법은 이미 이루어진 상속재산분할의 효력을 부정하지 않고 새롭게 확정된 상속인에게 자신의 상속분에 상당하는 가액의 지급만을 구할 수 있도록 하고 있다. 이는 상속재산분할을 한 다른 공동상속인이나 이들로부터 재산권을 취득한 제3자를 보호하려는 취지이다.

### (2) 성질

제1014조에 따른 가액청구권은 공동상속인에 의하여 자신의 상속권이 침해된 경우에 그 회복을 구하는 상속회복청구권의 일종이다. 따라서 상속회복청구권에 관한 제999조의 단기 제척기간(침해를 안 날로부터 3년, 침해행위가 있은 날로부터 10년)이 여기에도 동일하게 적용된다.[1]

### (3) 요건

#### 1) 청구권자

상속개시 후 인지 또는 재판의 확정에 의하여 공동상속인이 된 자가 청구권자가 된다. 예를 들어 상속재산분할 이후에 인지청구재판에서 승소판결을 받은 피인지자가 청구권자가 될 것이다. 그 외에도 피상속인과의 친생자관계존재확인의 소나 이혼무효의 소, 파양무효의 소에서 승소판결을 받아 공동상속인이 된 경우, 태아가 상속재산분할 이후에 출생한 경우(정지조건설)에도 이 조항의 청구권자로 인정된다.

#### 2) 상대방

청구의 상대방은 다른 공동상속인이다. 인지나 재판의 확정으로 상속인이 된 자보다 후순위의 상속인은 공동상속인이 될 수 없으므로 이 규정의 상대방이 되지 못한다.

---

1) 대판 1993. 8. 24, 93다12.

### 3) 재산분할이나 처분

새로 공동상속인이 된 시기에 다른 공동상속인들 사이에서 이미 상속재산의 분할이 있거나 제3자에 대한 처분이 있어야 한다. 여기서 분할은 분할의 협의만 있는 경우에도 인정되어 아직 이행이 되지 않았더라도 청구권자는 재분할을 요구하지 못한다.[1)]

## (3) 청구의 내용

피인지자 등의 새로운 상속인은 다른 공동상속인에 대하여 자기의 상속분에 상당하는 가액의 지급을 청구할 수 있다. 상속분에 상당하는 가액은 소극재산은 제외되며 적극재산만을 기준으로 한다. 새로운 상속인도 법정상속분에 따른 비율로 상속채무를 부담하여야 하기 때문이다. 다만 새로운 상속인이 부담하여야 할 채무가 다른 공동상속인에 의하여 이미 변제된 경우라면 타인채무의 변제가 되어 변제한 다른 공동상속인은 새로운 상속인에 대하여 부당이득반환청구권을 갖는다.

상속분에 상당한 가액의 산정을 위한 상속재산의 평가는 상속회복청구의 경우와 동일하게 피인지자 등이 상속분을 청구하는 때(사실심변론종결시)의 시가를 기준으로 한다.[2)]

> "인지 이전에 공동상속인들에 의해 이미 분할되거나 처분된 상속재산은 민법 제860조 단서가 규정한 인지의 소급효 제한에 따라 이를 분할받은 공동상속인이나 공동상속인들의 처분행위에 의해 이를 양수한 자에게 그 소유권이 확정적으로 귀속되는 것이며, 상속재산의 소유권을 취득한 자는 민법 제102조에 따

1) 윤진수, 친족상속법강의, 2018, 444면.
2) 대판 1993. 8. 24., 93다12.

라 그 과실을 수취할 권능도 보유한다고 할 것이므로, 피인지자에 대한 인지 이전에 상속재산을 분할한 공동상속인이 그 분할받은 상속재산으로부터 발생한 과실을 취득하는 것은 피인지자에 대한 관계에서 부당이득이 된다고 할 수 없다."[1]

1) 대판 2007. 7. 26., 2006다83796.

# 제6장
# 상속의 승인과 포기

## I. 총설

### 1. 의의

상속에 의하여 피상속인의 재산상 지위는 법률상 당연히 상속인에게 승계된다. 하지만 피상속인의 상속재산에는 권리뿐만 아니라 의무도 포함되므로 상속인을 보호하기 위하여 상속을 거절할 수 있는 자유가 인정되어야 한다. 따라서 민법은 피상속인의 사망과 동시에 그의 권리, 의무를 상속인에게 귀속시키도록 하는 한편 상속인이 그 책임을 제한하거나 상속 자체를 거부할 수 있는 자유를 준다. 즉 상속인은 일정한 기간 내에 상속의 한정승인이나 포기를 할 수 있고 그 기간이 경과하면 승인한 것으로 의제된다(제1026조 제2호).

상속개시 전에 상속을 포기하는 약정은 아무런 효력이 없다. 따라서 상속포기를 약정한 자가 상속개시 후에 상속권을 주장하더라도

권리남용에 해당하거나 신의칙에 반하지 않는다.[1)]

## 2. 승인 및 포기의 법적 성질

### (1) 상대방 없는 단독행위

상속의 승인 또는 포기는 상대방 없는 단독행위로 기한이나 조건을 붙이지 못한다. 따라서 채무를 제외하거나 개별재산 혹은 상속재산의 일부에 대하여 이루어지는 승인 및 포기는 효력이 없다.

승인이나 포기는 법원에 신고함으로써 성립하는 요식행위이다(제1030조, 제1041조). 상속포기의 경우 재산목록을 첨부하거나 특정할 필요가 없으므로 상속을 포기하면서 누락된 상속재산의 목록을 첨부했다고 하더라도 상속재산 전부에 대하여 상속포기의 효력이 미친다.[2)]

### (2) 일신전속적 권리

상속의 승인과 포기는 원칙적으로 자유의사에 기초하여 행사되어야 하는 일신전속적 권리로 채권자대위권의 대상이 되지 못한다.

반면 상속의 승인 및 포기는 상속인뿐만 아니라 그 대리인도 할 수 있다. 상속인과 법정대리인이 공동상속인이 되는 경우에는 이해상반행위가 되어 미성년자 각자를 위한 특별대리인을 선임하는 것이 원칙이지만 법정대리인과 미성년자 전원이 상속을 포기하는 것은 이

1) 대판 1998. 7. 24., 98다9021.

2) 대판 1995. 11. 14., 95다27554.

해상반행위가 되지 않는다.[1] 미성년후견인이나 성년후견인 혹은 한정후견인이 피후견인을 대리하여 상속의 승인, 한정승인 또는 포기를 하거나 혹은 미성년후견인과 한정후견인이 동의를 하는 경우 후견감독인이 있으면 그 동의를 받아야 한다(제950조 제1항, 제959조의6).

## II. 상속승인 및 포기의 기간

### 1. 의의

상속인은 상속개시 있음을 안 날로부터 3개월 내에 단순승인이나 한정승인 또는 포기를 해야 한다(제1019조 제1항). 제1019조 제1항의 기간은 상속인이 상속에 대한 승인 여부를 고려하는 숙려기간으로 상속인은 제1항의 승인 또는 포기를 하기 전에 상속재산을 조사할 수 있다(제1019조 제2항). 이해관계인 또는 검사의 청구에 의하여 가정법원은 이 기간을 연장할 수 있다(제1019조 제1항 단서).

### 2. '상속개시 있음을 안 날'로부터 3개월

'상속개시 있음을 안 날'은 상속개시의 원인되는 사실의 발생을 알고 자신이 상속인이 되었음을 안 날을 말하며,[2] 상속재산이나 상속

---

1) 대판 1989. 9. 12., 88다카28044.
2) 대판 1969. 4. 22., 69다232.

채무의 유무 또는 상속포기제도까지 알 필요는 없다.[1)]

상속인이 미성년자나 피성년후견인과 같은 제한능력자인 경우 숙려기간은 친권자 및 후견인이 상속이 개시된 것을 안 날로부터 기산한다(제1020조). 상속인이 승인이나 포기를 하지 아니하고 숙려기간 내에 사망한 때에는 그의 상속인이 자기의 상속개시 있음을 안 날로부터 숙려기간을 기산한다(제1021조). 수인의 상속인이 있는 경우 숙려기간은 개별적으로 진행한다.

**[사례 11]**

甲에게 채무를 지고 있던 乙이 1997. 1. 4.에 사망하자 乙의 처와 자녀들은 乙이 적극재산을 훨씬 상회하는 채무를 지고 있음을 알고 1997. 2. 21. 상속포기신고를 한다. 그 후 甲은 乙의 처와 4인의 자녀들을 상대로 채권금청구소송을 하는 과정에서 이들의 상속포기사실을 알게 되었고, 2002. 10. 4. 乙의 손자녀 중 성년자인 丙, 미성년자인 丁을 피고로 당사자표시정정신청을 하였다. 이에 아직 미혼이면서 부모와 함께 주소를 같이 하는 성년의 丙과 미성년인 丁의 부모는 2002. 11. 7.에서야 서울가정법원에 상속포기신고를 하였다.[2)] 甲은 丙과 丁에 대한 채권을 성공적으로 행사할 수 있는가?

## 3. 특별한정승인기간

상속인은 상속채무가 상속재산을 초과하는 사실을 중대한 과실 없이 숙려기간 내에 알지 못하고 단순승인(제1026조제1호 및 제2호의 규정에 의하여 단순승인한 것으로 보는 경우를 포함한다)을 한 경우에는 그 사실을 안 날부터 3월 내에 한정승인을 할 수 있다

---

1) 대결 1988. 8. 25., 88스10.

2) 대판 2005. 7.22., 2003다43681.

(제1019조 제3항). 이러한 특별한정승인기간 중에 상속인이 승인이나 포기를 하지 아니하고 사망한 경우에도 그의 상속인이 상속채무가 상속재산을 초과한 사실을 안 날로부터 3월 내에 한정승인할 수 있다.

## 4. 승인 및 포기의 철회와 취소

### (1) 상속의 승인 및 포기의 철회

상속의 승인이나 포기는 숙려기간 내이더라도 이를 취소하지 못한다(제1024조 제1항). 여기서의 취소는 철회를 의미한다. 상속의 승인이나 포기 후 혹은 숙려기간이 지난 후에 이루어진 한정승인이나 포기는 효력이 없다.[1] 다만 숙려기간이 지난 후에 이루어진 상속포기 신고는 상속재산에 대한 협의분할로서 효력을 가질 수 있다.[2]

### (2) 상속의 승인 및 포기의 취소

상속의 승인이나 포기의 의사표시에 대하여 민법총칙 상의 취소의 규정은 그대로 적용된다. 따라서 상속의 승인이나 포기가 착오에 의하여 이루어졌거나 사기나 강박에 의하여 이루어진 경우 상속인은 이를 취소할 수 있다. 다만 그 기간은 추인할 수 있는 날로부터 3월, 승인 또는 포기한 날로부터 1년 이내에 행사하여야 한다(제1024조 제2항). 취소는 한정승인 또는 취소를 한 가정법원에 대하여 신고로 하여야 하고, 이 신고가 이유 있다고 인정되면 가정법원은 취소를 수

1) 대판 1983. 6. 28., 82도2421.
2) 대판 1989. 9. 12., 88누9305.

리하는 심판을 하여야 한다(라류 가사비송사건 제28호). 이 기간은 제척기간이다.

취소가 이루어지면 승인이나 포기는 효력을 상실하며 상속인은 이와 다른 승인이나 포기를 할 수 있다. 하지만 선의의 제3자에게 대항하지 못한다(제109조 제2항, 제110조 제2항).

## 5. 상속재산관리

### (1) 상속인의 재산관리의무

상속이 개시되면 상속재산은 개시와 동시에 상속인의 재산이 된다. 하지만 상속의 승인이나 포기를 위한 숙려기간 중에는 여전히 그 귀속이 불확정한 상황이다. 여기서 민법은 그 기간 동안 상속재산을 상속인으로 하여금 고유재산과 동일한 주의로 관리하도록 하고 있다(제1022조 본문). 하지만 단순승인을 한 때에는 자신의 재산이 되므로 관리의무 자체가 사라지며 포기를 한 경우에도 자신의 재산이 아닌 것으로 확정되므로 원칙적으로 이러한 관리의무가 없게 된다. 다만 상속을 포기한 자는 그 포기로 인하여 상속인이 된 자가 상속재산을 관리할 수 있을 때까지 그 재산의 관리를 계속하여야 한다(제1044조 제1항).

상속의 승인 또는 포기가 있기 전에 상속인이 상속채권자로부터 이행청구를 받은 경우에 상속인은 그 변제를 거절할 수 있다. 변제를 할 경우에는 단순승인을 한 것으로 의제된다(제1026조 제1호).

### (2) 법원에 의한 처분 및 재산관리인

상속재산이 관리되지 않아 손실이 발생할 위험이 있을 경우 법원은 이해관계인 또는 검사의 청구에 의하여 상속재산의 보존에 필요한 처분을 명할 수 있다(제1023조 제1항). 법원이 재산관리인을 선임한 경우 부재자의 재산관리인에 관한 제24조 내지 제26조의 규정이 준용된다.

이 규정은 상속인이나 상속을 포기한 자의 관리가 부적절할 경우 상속재산의 보존을 위한 취지이므로 상속개시 후 숙려기간이 경과되기 전에 한하여 청구할 수 있고, 그 심판에서 정한 처분의 효력은 심판청구를 할 수 있는 시적한계시까지만 존속한다.[1)]

## III. 단순승인

### 1. 의의

상속의 단순승인이란 피상속인의 권리, 의무를 무조건으로 승계하는 것을 말한다. 단순승인의 경우 한정승인이나 포기와 달리 일정한 방식을 요하지 않는다. 예를 들어 상속인이 숙려기간에 상속등기를 한 경우 단순승인의 의사가 표시된 것으로 볼 수 있다.[2)] 단순승인은 의사표시에 의한 단순승인보다는 숙려기간의 경과 등에 따른 법정단순승인의 경우가 일반적이다.

---

1) 대결 1999. 6. 10., 99으1.
2) 대결 1964. 4. 3., 63마54.

## 2. 법정단순승인

### (1) 의의

민법은 일정한 사유가 있는 경우 상속인이 단순승인을 한 것으로 의제한다(제1026조). 이를 법정단순승인이라고 한다.

### (2) 구체적인 경우

#### 1) 상속재산에 대한 처분행위

상속인이 상속재산에 대하여 처분행위를 하는 경우 단순승인을 한 것으로 의제된다(제1026조 제1호). 처분행위로는 상속재산을 분할[1]하거나 채권을 추심하여 변제를 받는 경우[2]를 들 수 있다. 반면 채권자가 상속인을 대위하여 상속등기를 한 경우 이를 처분행위라고 볼 수 없고 단순승인을 한 것으로도 볼 수 없다.[3] 또한 상속인이 권원없이 공유물을 점유하는 자에 대하여 공유물의 반환을 청구하는 것은 보존행위에 해당할 뿐 처분행위에 해당하지 않는다.[4] 상속의 한정승인이나 포기는 상속인의 의사표시만으로 효력이 발생하는 것이 아니라 가정법원에 신고를 하여 가정법원의 심판을 받아야 하며, 심판은 당사자가 이를 고지받음으로써 효력이 발생한다. 따라서 상속인이 가정법원에 상속포기의 신고를 하였더라도 이를 수리하는 가정법원의 심판이 고지되기 이전에 상속재산을 처분하였다면, 이는 상속

1) 대판 1983. 6. 28., 82도2421.
2) 대판 2010. 4. 29., 2009다84936.
3) 대결 1964. 4. 3., 63마54.
4) 대판 1996. 10. 15., 96다23283.

포기의 효력 발생 전에 처분행위를 한 것이므로 상속의 단순승인을 한 것으로 보아야 한다.[1)]

상속인이 상속재산에 대한 처분행위를 한 때에는 단순승인이 되므로, 그 후에 상속포기신고를 하여 신고가 수리되었다고 하더라도 상속포기로서의 효력은 없다. 다만 공동상속인 1인을 제외하고 다른 상속인은 상속을 포기하기로 협의하여 그 취지에 따라 다른 상속인이 자신의 지분을 그 1인의 상속인에게 이전등기해 주고 그 이후에 상속포기신고를 하였다고 하더라도 이러한 지분이전등기는 제1026조 제1호의 처분행위에 해당하지 않는다.[2)]

반면 민법 제1026조 제1호는 상속인이 한정승인 또는 포기를 하기 이전에 상속재산을 처분한 때에만 적용되는 것이고, 상속인이 한정승인 또는 포기를 한 후에 상속재산을 처분한 때에는 적용되지 않는다.[3)] 상속인은 손해배상의무만 부담할 뿐이다.

#### 2) 숙려기간의 경과

상속인이 숙려기간, 즉 상속개시 있음을 안 날로부터 3월 내에 한정승인이나 포기를 신고하지 않은 경우에도 단순승인한 것으로 의제된다(제1026조 제2호).

#### 3) 한정승인 또는 포기 후 상속재산의 은닉 등

상속인이 한정승인이나 포기를 한 후 상속재산을 은닉 또는 부정소비하거나 고의로 재산목록에 기입하지 아니한 경우에도 단순승인

---

1) 대판 2016. 12. 29., 2013다73520.
2) 대결 2012. 4. 16., 2011스191.
3) 대판 2004. 3. 12., 2003다63586.

으로 의제된다(제1026조 제3호). 여기서 '상속재산의 부정소비'라 함은 정당한 사유 없이 상속재산을 써서 없앰으로써 그 재산적 가치를 상실시키는 행위를 의미한다. 따라서 상속재산을 처분하여 그 처분대금 전액을 우선변제권자에게 변제한 것이라면, 다른 특별한 사정이 없는 한 상속재산의 부정소비에 해당하지 않는다.[1)]

장례비용도 합리적인 금액의 범위 내라면 상속비용으로 보아야 하므로 상속재산으로 받은 보험계약해약환급금을 이 비용에 지출하고 남은 금액이 없어서 이를 재산목록에 기입하지 않았다고 하더라도 단순승인으로 의제되지 않는다.[2)] 상속에 관한 비용은 상속재산에서 지급되어야 하기 때문이다(제998조의2).

상속포기로 인하여 차순위상속인이 상속을 승인하였다면 상속포기는 유효하게 되고 단순승인의 의제는 배제된다(제1027조).

### (3) 효과

상속인이 단순승인을 한 때에는 피상속인의 권리의무를 제한없이 승계한다(제1025조). 단순승인을 한 후에는 한정승인 또는 포기의 신고가 접수되더라도 그 효력이 없다.

1) 대판 2004. 3. 12., 2003다63586.

2) 대판 2003. 11. 14., 2003다30968.

# III. 한정승인

## 1. 의의

한정승인이란 상속인이 상속으로 인하여 얻을 재산의 한도에서 피상속인의 채무와 유증을 변제할 것을 조건으로 상속을 승인하는 것을 말한다(제1028조). 상속재산이 채무초과상태인지 불분명한 경우에 주로 이용된다.

## 2. 한정승인의 방식

한정승인은 상속인이 상속개시 있음을 안 날 또는 상속채무가 상속재산을 초과하는 사실을 상속인이 중대한 과실없이 상속개시일부터 3월의 기간 내에 알지 못하고 단순승인한 경우(제1019조 제3항)에 그 사실을 안 날로부터 3월 내에 가정법원에 한정승인의 신고를 함으로써 이루어진다(제1030조 제1항). 한정승인의 신고에는 상속재산의 목록을 첨부하여야 하며 처분한 재산이 있는 때에는 그 목록과 가액도 함께 제출하여야 한다(제1030조).

공동상속인의 경우 상속인은 개별적으로 한정승인을 할 수 있다. 즉 상속인이 수인인 때에는 각 상속인은 그 상속분에 응하여 취득할 재산의 한도에서 그 상속분에 의한 피상속인의 채무와 유증을 변제할 것을 조건으로 상속을 승인할 수 있다(제1029조).

## 3. 한정승인의 효과

상속인은 상속에 의하여 얻는 재산의 한도에서 피상속인의 채무와 유증을 변제하면 된다(물적유한책임). 한정승인의 효과로 영구적 항변권이 발생할 뿐이며 채무자체가 감축되는 것은 아니다. 따라서 상속인이 고유재산으로 임의변제를 하여도 비채변제가 되지 않는다(제742조 참조). 상속의 한정승인이 인정되는 경우 법원은 상속재산이 없거나 그 상속재산이 상속채무의 변제에 부족하다고 하더라도 상속채무 전부에 대한 이행판결을 선고하여야 하고, 다만 집행력을 제한하기 위하여 이행판결의 주문에 상속재산의 한도에서만 집행할 수 있다는 취지를 명시해야 한다.[1)]

상속인이 한정승인을 한 때에는 혼동의 규정이 적용되지 않게 되어 상속인의 상속재산에 대한 재산상의 권리의무는 소멸하지 않는다(제1031조).

**[사례 12]**

2002. 11. 7. A가 사망하자 A의 자녀들은 상속을 포기하였고, A의 처인 乙은 상속재산목록을 첨부하여 한정승인신고를 한 후 A의 X부동산을 상속을 원인으로 등기이전 하였다. 2003. 5. 29. 乙은 상속이 개시 전부터 자신에 대하여 채권을 가지고 있던 丙을 위하여 해당 부동산에 채권최고액 1억원의 근저당권을 설정하여 준다. 한편 A에게 5억원을 빌려 주었던 甲은 A의 사망 후 2004. 4. 27. 乙을 상대로 대여금청구의 소를 제기하여 '乙은 甲에게 5억원 및 이에 대한 지연손해금을 망인으로부터 상속받은 재산의 한도 내에서 지급하라'는 내용의 판결을 선고받고, 그 판결금 중 2억원을 청구채권으로 하여 2004. 9. 16. 강제경매신청을 하였다. 그런데 경매법원은 丙이 甲에 대하여 우선변제권을 주장할 수 있음을 전제로 하여 배당표를 작성하였고, 甲은 이에 대하여 이의를 신청하였

1) 대판 2003. 11. 14., 2003다30968.

다.[1] 甲의 배당에 대한 이의신청은 받아들여질 것인가?

**[사례 13]**

X은행은 1999년 A에게 3,300만원을 대출해 주었으나 A는 이를 갚지 못한 채 2002년 사망하였다. A의 상속인 가운데 B만 제외하고는 모두 상속을 포기하였고, B도 상속받은 재산 한도 내에서만 피상속인인 A의 채무 등을 변제하는 한정승인을 하였다. 2014년 X은행은 B가 한정상속받은 부동산의 경매절차에서 배당금을 받으려 하였지만 B에 대해 당해세가 아닌 부가가치세 등의 조세채권을 가진 국가가 5,800만원을 우선 배당받아 X은행은 한 푼도 건지지 못하게 되었다. 이에 X은행은 소송을 제기하게 되었다.[2] 상속재산의 강제집행절차에서 한정승인을 한 B의 조세 채권을 가진 국가와 상속채권자인 X은행 가운데 누가 우선하는가.

"상속채무의 이행을 구하는 소송에서 피고의 한정승인 항변이 받아들여져서 원고 승소판결인 집행권원 자체에 '상속재산의 범위 내에서만' 금전채무를 이행할 것을 명하는 이른바 유한책임의 취지가 명시되어 있음에도 불구하고, 상속인의 고유재산임이 명백한 임금채권 등에 대하여 위 집행권원에 기한 압류 및 전부명령이 발령되었을 경우에, 상속인인 피고로서는 책임재산이 될 수 없는 재산에 대하여 강제집행이 행하여졌음을 이유로 제3자 이의의 소를 제기하거나, 그 채권압류 및 전부명령 자체에 대한 즉시항고를 제기하여 불복하는 것은 별론으로 하고, 청구에 관한 이의의 소에 의하여 불복할 수는 없다고 보아야 하고, 나아가 만약 그 채권압류 및 전부명령이 이미 확정되어 강제집행절차가 종료된 후에는 집행채권자를 상대로 부당이득의 반환을 구하되, 피전부채권 중 실제로 추심한 금전 부분에 관하여는 그 상당액을 반환을 구하고, 아직 추심하지 아니한 부분에 관하여는 그 채권 자체의 양도를 구하는 방법에 의할 수밖에 없다."[3]

"채권자가 피상속인의 금전채무를 상속한 상속인을 상대로 그 상속채무의 이행

1) 대판(전) 2010. 3. 18., 2007다77781의 사안을 변형한 것임.

2) 대판 2016. 5. 24., 2015다250574의 사안을 변형한 것임.

3) 대결 2005. 12. 19., 2005그128.

을 구하여 제기한 소송에서 채무자가 한정승인 사실을 주장하지 않으면 책임의 범위는 현실적인 심판대상으로 등장하지 아니하여 주문에서는 물론 이유에서도 판단되지 않으므로 그에 관하여 기판력이 미치지 않는다. 그러므로 채무자가 한정승인을 하고도 채권자가 제기한 소송의 사실심 변론종결시까지 그 사실을 주장하지 아니하여 책임의 범위에 관한 유보가 없는 판결이 선고되어 확정되었다고 하더라도, 채무자는 그 후 위 한정승인 사실을 내세워 청구에 관한 이의의 소를 제기할 수 있다."[1]

## 4. 한정승인에 의한 청산절차

### (1) 채권자에 대한 공고와 최고

한정승인자는 한정승인을 한 날로부터 5일 내에 일반상속채권자와 유증받은 자에 대하여 한정승인의 사실과 일정한 기간 내에 그 채권 또는 수증을 신고할 것을 공고하여야 한다. 그 기간은 2월 이상이어야 하며(제1032조 제1항), 한정승인자는 이 기간 만료 전에 상속채권의 변제를 거절할 수 있다(제1033조). 이 경우 법인의 청산에 관한 제88조(채권신고의 공고) 제2항, 제3항, 제89조(채권신고의 최고)가 준용된다(제1032조 제2항).

### (2) 변제의 방법

채권신고기간이 만료된 후에 한정승인자는 그 기간 내에 신고한 채권자와 신고하지 않았더라도 자기가 알고 있는 채권자에 대하여 각 채권액의 비율로 변제하여야 한다. 이때 우선권 있는 채권자의 권

1) 대판 2006. 10. 13., 2006다23138.

리는 해하지 못한다(제1034조 제1항). 제1019조 제3항에 의하여 한정승인을 한 경우에 그 상속인은 상속재산 중 남아있는 재산과 함께 이미 처분한 재산의 가액을 합하여 배당변제를 하여야 하지만, 한정승인을 하기 전에 상속채권자나 유증받은 자에 대하여 변제한 가액은 이미 처분한 재산의 가액에서 제외한다(제1034조 제2항).

변제기 전의 채권에 대하여도 변제를 하여야 하며, 조건 있는 채권이나 존속기간의 불확정한 채권은 법원이 선임한 감정인의 평가에 의하여 변제하여야 한다(제1035조).

### (3) 변제의 순서

한정승인자는 상속채권자에 대하여 변제를 완료한 후가 아니면 유증받은 자에게 변제하지 못한다(제1036조). 상속에 의하여 비로소 확정되는 유증의 경우보다 통상 대가를 지급하고 이미 채권을 취득한 채권자를 우선하려는 규정이다. 여기서 유증을 받은 자는 포괄적 유증이 아니라 특정유증을 받은 자만을 말한다. 변제를 위하여 상속재산의 전부나 일부를 매각할 필요가 있는 경우 민사집행법에 의하여 경매한다(제1037조). 이 경우 경매대금은 상속채권자에게 직접 배당되지 않고 상속재산관리인에게 교부된다.[1] 상속재산의 담보권자가 담보권실행의 경매를 하는 경우에는 담보권자는 배당에 참여하여 우선변제권을 주장할 수 있으며 일반채권자도 집행권원을 받아 배당에 참여할 수 있다.[2]

채권신고기간내에 신고하지 아니한 상속채권자 및 유증받은 자로

1) 대판 2013. 9. 12., 2012다33709.
2) 대판 2010. 6. 24., 2010다14599.

서 한정승인자가 알지 못한 자는 상속재산의 잔여가 있는 경우에 한하여 그 변제를 받을 수 있다. 그러나 상속재산에 대하여 특별담보권이 있는 때에는 그러하지 아니하다(제1039조).

### (4) 부당변제로 인한 책임

한정승인을 한 자가 상속채권자에 대한 공고나 최고를 게을리하거나 그 기간이 만료되기 전에 변제를 함으로써 다른 상속채권자나 유증받은 자에 대하여 변제할 수 없게 된 경우에, 이로 인하여 생긴 손해를 배상하여야 한다. 제1019조 제3항에 의하여 한정승인을 한 경우에 그 이전에 상속채무가 상속재산을 초과함을 알지 못한 데 과실이 있는 상속인이 상속채권자나 유증받은 자에게 변제한 때에도 같다(제1038조 제1항 후문). 이 손해배상청구권에는 불법행위로 인한 손해배상청구권의 제766조가 준용된다(제1038조 제3항).

### (5) 구상권

한정승인을 한 자의 부당변제로 인하여 변제를 받지 못한 상속채권자나 유증받은 자는 부당변제의 사실을 알고 변제를 받은 채권자나 유증받은 자에 대하여 구상권을 행사할 수 있다. 제1019조 제3항에 의하여 한정승인을 한 경우에 그 이전에 상속채무가 상속재산을 초과함을 알고 변제받은 상속채권자나 유증받은 자가 있는 때에도 같다(제1038조 제2항).

## IV. 상속의 포기

### 1. 의의

상속으로 인하여 생기는 권리, 의무의 포괄적 승계를 전면적으로 거부하여 처음부터 상속인이 아니었던 효과를 생기게 하는 상속인의 단독행위를 상속의 포기라고 한다. 상속의 포기는 재산적 성격뿐만 아니라 상속인으로서의 자격 자체를 좌우하는 신분행위로서의 성격도 갖는다. 따라서 재산상 법률행위에만 적용되는 사해행위취소권의 대상이 되지 못한다.[1)]

### 2. 방식

상속이 개시된 사실을 안 날로부터 3월 내에 가정법원에 포기의 신고를 하여야 한다(제1019조 제1항, 제1041조).

### 3. 효과

#### (1) 소급효

상속을 포기한 경우 상속개시시부터 상속인이 아니었던 것으로 된다(제1042조). 따라서 피상속인의 배우자와 자녀 중 자녀 전부가 상속을 포기한 경우에는 배우자와 피상속인의 손자녀 또는 직계존속

---

1) 대판 2011. 6. 9., 2011다29307.

이 공동으로 상속인이 되고, 피상속인의 손자녀와 직계존속이 존재하지 아니하면 배우자가 단독으로 상속인이 된다.[1]

기판력에 의한 실권효 제한의 법리는 채무의 상속에 따른 책임의 제한 여부만이 문제되는 한정승인의 경우에 적용될 뿐 상속에 의한 채무의 존재 자체를 확정하는 판결의 주문에 대하여는 적용될 수 없다.[2]

### (2) 포기자의 상속분의 귀속

상속인이 수인인 경우에, 그중 일부가 상속을 포기하면 그 상속분은 상속분의 비율로 나머지 상속인에게 귀속된다(제1043조). 이 경우 상속포기에 따른 대습상속은 이루어지지 않는다. 반면 단독상속인 또는 공동상속인 전원이 상속을 포기한 경우에는 법정상속순위에 따라 후순위상속인이 직접 상속분을 취득한다.[3]

**[사례 14]**

甲은 乙과의 사이에 낳은 미혼의 아들 丙을 태우고 2002. 2. 2. 자신의 승용차를 운전하여 가던 중 전방주시를 소홀히 하여 도로 갓길의 가로등 원격점멸기를 충격하였다. 이 사고로 丙이 사망하였다. 당시 甲은 자신의 승용차를 피보험 차량으로 하여 자동차손해배상보상법의 규정에 따른 책임보험계약을 X보험회사와 체결한 상태였다. 甲은 2002. 3. 29. 가정법원에 상속포기신고를 하여 2002. 4. 1. 위 신고를 수리한다는 심판이 내려졌다. 2002. 4. 20. 乙은 X보험회사에 丙의 사망에 따른 보험금 전부의 지급을 청구하는 소송을 제기하였다. X보험회사는 丙에 대한 보험금 중 甲에게 상속된 1/2는 혼동으로 소멸하였으므로 乙에게 상속된 1/2의 보험금만 지급되어야 한다고 항변한다.[4] 법원의 입장은?

---

1) 대판 2015. 5. 14., 2013다48852.
2) 대판 2009. 5. 28., 2008다79876.
3) 대판 1995.4.7., 94다11835.
4) 대판 2005. 1. 14., 2003다38573의 사안을 변형한 것임.

### (3) 포기자의 상속재산관리의무

상속을 포기한 자는 그 포기로 인하여 상속인이 된 자가 상속재산을 관리할 수 있을 때까지 그 재산의 관리를 계속하여야 한다. 이때 제1022조(상속재산의 관리)와 제1023조(상속재산의 보전에 필요한 처분)가 준용된다(제1044조).

# V. 재산분리

## 1. 의의

재산분리란 상속재산과 상속인의 고유재산을 분리하여 각 재산에 대한 채권자의 권리를 우선시키는 제도를 말한다. 즉 재산의 분리로 상속재산에 대하여서는 상속채권자가 상속인의 고유채권자보다 우선변제력을 갖게 되고 고유재산에 대하여서는 상속인의 채권자가 상속채권자보다 우선변제력을 인정받게 된다(제1052조).

## 2. 재산분리의 절차

### (1) 청구권자

상속채권자, 수유증자 또는 상속인의 채권자는 상속 개시된 날로부터 3개월 내에 재산의 분리를 가정법원에 청구할 수 있다(제1045조 제1항). 재산분리의 청구가 있는 경우 채무초과의 상태가 아니라고 판단될 때에도 법원이 재산분리의 결정을 할 수 있는가에 대하여 학설이 대립하나[1] 부정하는 것이 타당하다. 상속인이 상속의 승인이나 포기를 하지 아니한 동안은 상속 개시 후 3개월이 지난 후에도 재산의 분리를 법원에 청구할 수 있다(제1045조 제2항). 상속재산의 분리는 가사소송법 라류사건에 해당한다(가사소송법 제2조 제1항).

### (2) 재산분리의 공고

법원의 재산분리명령이 있게 되면 청구자는 5일 이내에 일반상속채권자와 수유증자에 대하여 재산분리명령의 사실과 2개월 이상의 기간을 정하여 그 기간 내에 채권 또는 수증을 신고할 것을 공고하여야 한다(제1046조 제1항). 청구자는 알고 있는 채권자 또는 수증자에 대하여 채권신고를 최고하여야 한다(제1046조 제2항, 제89조). 청구자의 공고는 법원의 등기사항의 공고와 동일한 방법으로 이루어져야 하며 기간 내의 신고가 없으면 청산으로부터 제외된다는 것을 표시하여야 한다(제1046조 제2항).

## 3. 재산분리의 효과

### (1) 상속재산과 상속인 고유재산의 분리

재산분리의 명령이 있게 되면 상속재산과 상속인의 고유재산이 분리가 된다. 따라서 피상속인에 대한 상속인의 재산상 권리의무도 혼동으로 소멸하지 않게 된다(제1050조).

### (2) 상속인의 관리의무

1) 윤진수, 친족상속법, 2018, 494면 참조.

법원은 재산분리를 명한 때에 상속재산의 관리에 관하여 필요한 처분을 명할 수 있다(제1047조 제1항). 이러한 처분으로 재산관리인이 선임되는 경우 부재자의 재산관리인에 관한 제24조 내지 제26조의 규정이 준용된다(제1047조 제2항).

상속인은 단순승인을 한 후에도 재산분리의 명령이 있는 때에는 상속재산에 대하여 자기의 고유재산과 동일한 주의로 관리하여야 한다(제1048조 제1항). 이 경우 수임인의 보고의무(제683조), 수임인의 취득물 등의 인도, 이전의무(제684조), 수임인의 금전소비의 책임(제685조) 및 수임인의 비용상환청구에 관한 규정(제688조 제1항, 제2항)이 준용된다(제1048조 제2항).

### (3) 상속채권자 및 수유증자에 대한 변제

상속인은 채권자 및 수유증자에 대한 신고 기간이 만료된 후에 상속재산으로써 재산분리의 청구 또는 그 기간 내에 신고한 상속채권자, 수유증자와 상속인이 알고 있는 상속채권자, 유증받은 자에 대하여 각 채권액 또는 수증액의 비율로 변제하여야 한다(제1051조 제2항 본문). 그러나 채권자 및 수유증자에 대한 신고기간이 만료되기 전에는 변제를 거절할 수 있다(제1051조 제1항). 우선권 있는 채권자에 대하여서는 다른 채권자보다 우선적으로 변제하여야 한다(제1051조 제2항 단서). 상속채권자 및 수유증자에 대한 변제에는 한정승인에 관한 제1035조 내지 제1038조의 규정이 준용된다.

상속채권자와 유증받은 자는 상속재산으로써 전액의 변제를 받을 수 없는 경우에 한하여 상속인의 고유재산으로부터 그 변제를 받을 수 있다(제1052조 제1항). 상속인의 채권자는 상속인의 고유재산으로부터 우선변제를 받을 권리가 있다(제1052조 제2항).

# VI. 상속인의 부존재

## 1. 의의

민법은 상속인의 존부가 불분명한 사람이 일정한 재산을 남기고 사망한 경우 상속인의 수색, 상속재산의 관리, 상속재산의 분여 및 귀속 등을 정하고 있는데 이를 상속인의 부존재라고 한다. 상속인의 존부가 불분명한 경우로는 사망한 자의 신원이 불분명한 경우, 가족관계등록부상 상속인이 없는 경우, 상속인의 상속포기 후 상속인의 존재가 불분명한 경우 등이 있다. 상속인의 존부는 불분명하지만 포괄적 수유자가 있는 경우 포괄수유자는 상속인과 동일한 권리의무가 있으므로 상속인의 부존재절차는 진행되지 않는다.[1)]

## 2. 상속재산의 관리 및 귀속

### (1) 상속재산관리인

상속인의 존부가 분명하지 아니한 때에는 법원은 제777조의 규정에 의한 피상속인의 친족 기타 이해관계인 또는 검사의 청구에 의하여 상속재산관리인을 선임하고 지체 없이 이를 공고하여야 한다(제1053조 제1항).

공고가 있은 날로부터 3개월 내에 상속인의 존부를 알 수 없는 때에는 관리인은 지체 없이 일반상속채권자와 유증받은 자에 대하여

1) 윤진수, 친족상속법, 2018, 497면.

2개월 이상의 기간을 정하여 기간 내에 그 채권 또는 수증을 신고할 것을 공고하여야 한다(제1056조 제1항). 채권자 등에 대한 최고 및 청산절차에 대하여서는 제88조제2항, 제3항, 제89조, 제1033조 내지 제1039조의 규정이 준용된다(제1056조 제2항).

상속재산관리에 대하여서는 부재자재산관리인에 관한 제24조 내지 제26조의 규정이 준용된다(제1053조 제2항). 선임된 관리인은 상속채권자나 유증받은 자의 청구가 있는 때에는 언제든지 상속재산의 목록을 제시하고 그 상황을 보고하여야 한다(제1054조). 재산상속인의 존재가 분명하지 아니한 상속재산에 관한 소송은 상속재산관리인을 상대로 하여야 한다.[1)]

상속재산관리인의 임무는 상속인이 상속의 승인을 한 때에 종료한다(제1055조 제1항). 이 경우 관리인은 지체 없이 그 상속인에 대하여 관리의 계산을 하여야 한다(제1055조 제2항).

### (2) 특별연고자에 대한 분여

채권신고의 공고가 있고 채권 및 수유자에 대한 변제가 이루어진 이후에도 여전히 상속인의 존부를 알 수 없는 경우 법원은 관리인의 청구에 의하여 1년 이상의 기간을 정하고 그 기간 내에 상속인이 있으면 그 권리를 주장할 것을 공고하여야 한다(제1057조).

이 기간 내에 상속권을 주장하는 자가 없는 때에는 가정법원은 피상속인과 생계를 같이 하고 있던 자, 피상속인의 요양간호를 한 자 기타 피상속인과 특별한 연고가 있던 자의 청구에 의하여 상속재산의 전부 또는 일부를 분여할 수 있다(제1057조의2 제1항). 이 규정은

1) 대판 2007. 6. 28., 2005다55879.

특히 피상속인의 사실혼의 배우자를 배려하려는 취지이다.

특별연고자의 지위가 인정되는 경우 법원이 반드시 재산을 분여하여야 하는지에 대하여 이를 긍정하는 견해도 있지만 법문이 “분여할 수 있다.”고 하고 있으므로 분여하지 않을 수도 있다고 보는 것이 타당하다.[1] 분여의 청구는 제1057조의 기간의 만료 후 2월 이내에 하여야 한다(제1057조의2 제2항). 특별연고자의 지위는 일신전속적인 권리로 양도나 상속의 대상이 되지 못하나 분여의 청구를 한 경우에는 상속의 대상이 될 수 있다.[2]

### (3) 국가귀속

특별연고자에 대하여 분여되지 않은 상속재산은 관리인에 의한 관리의 계산을 거친 후 국가에 귀속된다(제1058조). 귀속의 시기에 대하여 관리인에 의한 국가로의 인계가 있은 때라고 보는 견해[3]가 있으나 상속개시시에 소급하여 효력을 갖는다고 보는 것이 타당하다.[4] 국가에 귀속된 상속재산이 국가에 귀속된 이후에는 변제를 받지 못한 상속채권자나 유증을 받은 자가 있는 때에도 국가에 대하여 그 변제를 청구하지 못한다(제1059조).

---

1) 송덕수, 친족상속법, 2018, 402면.
2) 송덕수, 친족상속법, 2018, 402면; 윤진수, 친족상속법, 2018, 498면.
3) 윤진수, 친족상속법, 2018, 499면.
4) 송덕수, 친족상속법, 2018, 404면.

# 제7장

# 유언

## I. 의의

### 1. 개념

유언은 유언자가 자신의 사망을 원인으로 하여 특정한 법률효과를 발생하도록 하는 상대방 없는 단독행위이다. 유언은 사망을 원인으로 한다는 점에서 사인행위의 일종이다.

### 2. 유언의 제한

단독행위로서의 유언은 일방적인 의사표시에 의하여 제3자에게 영향을 미칠 수 있으므로 거래의 안전을 해칠 수 있으며 또 유언의 법률행위가 사망을 원인으로 하는 사인행위인 관계로 한번 이루어진 처분은 이를 회복하는 것이 불가능하다는 특징이 있다. 이러한 점을 고려하여 민법은 유언을 할 수 있는 사항 및 내용과 그 방식에 대하여 엄격한 제한을 가하고 있다.

### (1) 법정유언사항

유언으로 정할 수 있는 사항은 법률에 규정된 것으로 제한된다. 따라서 법률에 규정되지 않은 사항에 대하여 유언이 있더라도 효력이 발생하지 않는다. 민법이 정하는 유언사항으로는 재단법인의 설립(제47조 2항), 친생부인(제850조), 인지(제859조 제2항), 미성년후견인의 지정(제931조 제1항), 미성년후견감독인의 지정(제940조의2), 상속재산 분할방법의 지정 및 위탁과 상속재산의 분할금지(제1012조), 유언집행자의 지정 및 위탁(제1093조), 유증(제1074조)이 있다.

### (2) 유류분

민법은 유류분제도를 두어 법정상속인에게 최소한으로 보장되는 상속분을 정하고 있는데(제1112조), 이 범위에서 유언자의 재산에 대한 처분권은 제한을 받는다.

### (3) 요식행위

유언은 법률이 정하는 방식에 따라야 하는 요식행위이다. 민법이 정하는 5가지의 법정방식에 따르지 않은 유언은 유언자의 진실한 의사에도 불구하고 효력이 발생하지 않는다(제1060조).

## 3. 유언능력

민법은 유언자가 유언을 유효하게 할 수 있는 유언능력을 유언 당시에 갖출 것을 요구한다. 먼저 유언을 함에는 다른 법률행위와 마찬가지로 의사능력이 있어야 한다(제163조 제1항). 또한 유언자는 17세의 유언적령에 도달하여야 한다(제1061조). 이러한 요건을 갖춘 유언자는 유언을 독자적으로 할 수 있으며, 이 경우 법정대리인의 동의도 필요하지 않고 법정대리인의 대리행위도 허용되지 않는다(제1062조). 피성년후견인의 경우에도 의사능력이 회복된 경우에는 단독으로 유언을 할 수 있지만 이 경우 의사는 유언서에 이러한 사실을 부기하고 서명날인하여야 한다(제1063조). 일단 유효한 유언이 있게 되면 그 후에 유언자가 유언능력을 상실하더라도 유언은 효력을 유지한다.

### 4. 수유증능력

수유증능력이란 유증에 있어서 수유증자가 될 수 있는 지위나 자격을 말한다. 권리능력이 있으면 되므로 법인도 수유증자가 될 수 있다. 민법은 유증과 관련하여 태아도 이미 출생한 것으로 본다(제1064조, 제1000조 제3항). 상속인으로서 결격사유가 있는 경우 수유증능력이 인정되지 않는다(제1064조, 제1004조).

## II. 유언의 방식

### 1. 의의

유언은 민법이 정하는 바의 방식에 의하여야 하고, 이에 따르지 않으면 유언자의 진정한 의사에 합치한다고 하더라도 그 효력이 발생하지 않는다(제1060조).[1] 유언의 요식성은 사망자의 유언이 본인의

1) 대판 2009. 5. 14., 2009다9768.

진의에 기한 것인지 여부를 명확하게 하여 법률관계의 안정을 꾀하고 유언자에게 신중한 유언을 하도록 하기 위함이다. 민법은 자필증서, 녹음, 공정증서, 비밀증서 및 구수증서에 의한 유언의 5가지 방식을 인정하고 있다.

> "망인이 1991. 4. 10. 『망인은 1991. 4. 9. 이 사건 부동산을 피고 1에게만 유증한다』는 내용으로 타자된 유언장에 대하여 공증사무실에서 인증을 받은 사실이 인정되나, 위 유언장은 증인 2명의 참여가 없고 자서된 것도 아니어서 공정증서에 의한 유언이나 자필증서에 의한 유언으로서의 방식이 결여되어 있으므로 유언으로서의 효력을 발생할 수 없다."[1)]

## 2. 자필증서에 의한 유언

자필증서에 의한 유언은 유언자가 그 전문과 연월일, 주소, 성명을 자서하고 날인하여야 한다(제1066조 제1항). 자필증서에 문자의 삽입, 삭제 또는 변경을 함에는 유언자가 이를 자서하고 날인하여야 한다(제1066조 제2항).

### (1) 유언내용의 자서

유언자는 유언의 내용을 자서하여야 한다. 타인에게 구수하여 필기시키거나 타자기 등을 사용한 것은 자필증서로 인정되지 않는다. 다만 본문의 일부에 대하여 이러한 사정이 있는 경우 그 부분이 유언의 부수적, 첨가적 부분에 그치는 것이라면 유효한 것으로 보아야 할 것이다. 자필증서에 문자를 삽입하거나 삭제 또는 변경하는 경

1) 대판 1994. 12. 22., 94다13695.

우에 유언자가 이를 자서하고 날인하여야 한다(제1066조 제2항). 다만 자필증서 중 증서의 기재 자체에 의하더라도 명백한 오기를 정정한 것에 지나지 아니한다고 보인다면 설령 그 수정 방식이 이 조항에 위배된다고 할지라도 유언자의 의사를 용이하게 확인할 수 있으므로 유언의 효력에 영향을 미치지 아니한다.[1)]

### (2) 연월일의 자서

유언자는 유언 내용을 작성한 후 연월일을 자서하여야 한다. 유언서 작성의 연월일은 작성 당시의 유언능력의 유무를 판단하는 기준이 될 뿐만 아니라 내용이 서로 저촉되는 복수의 자필증서가 있는 경우에 그 우열을 판단하는 기준이 된다. 연월일이 자서되지 않은 경우는 물론 연·월만 기재하고 일의 기재가 없는 자필유언증서는 그 작성일을 특정할 수 없으므로 효력이 없다.[2)]

다만 그 밖의 사정에 비추어 작성일이 확정될 수 있는 경우, 예를 들어 회갑일 또는 정년퇴임일에 작성되었음이 증서의 내용에 분명하게 나타난 경우에는 유효라고 할 것이다. 연월일이 반드시 유언서 본문에 자서될 필요는 없고, 가령 봉투에 자서되어 작성일을 알 수 있어도 된다. 연월일의 자서가 둘 이상이면, 나중 일자를 기준으로 작성한 것으로 볼 것이다.

1) 대판 1998. 6. 12., 97다38510.

2) 대판 2009. 5. 14., 2009다9768.

### (3) 주소의 자서

유언서에는 주소도 자서되어 있어야 한다. 주소는 유언자의 동일성을 확인하기 위한 것이므로 유언자의 주소이어야 한다. 따라서 유증의 대상이 되는 부동산의 지번만 표시된 경우에는 주소의 기재가 있다고 볼 수 없다.[1)]

또한 유언자의 동일성을 확인할 수 있다고 하더라도 주소가 자서되지 않는 경우 요식행위의 특성상 유언은 효력이 없다. 여기서의 주소는 주민등록법상의 주소일 필요는 없고 실제로 유언자가 거주하는 곳이면 족하다. 하지만 '암사동에서'와 같이 구체적인 지번이 없는 경우 다른 주소와 구별되는 정도의 표시를 갖추었다고 볼 수 없으므로 유언은 효력이 없다.[2)]

### (4) 성명의 자서

성명도 자서되어야 하지만 본인을 식별할 수 있는 호(號)나 자(字) 또는 예명을 사용하여도 된다. 성명의 경우 반드시 성과 이름을 모두 자서할 필요는 없으며 이름만 사용하거나 이니셜을 사용하는 것도 객관적으로 보아 누구의 것인지 알 수 있으면 된다.

### (5) 날인

날인이란 도장을 찍는 것을 말한다. 실인(實印)에 대신하여 손가락의 지문을 찍는 무인(拇印)도 가능하다. 서명만으로는 날인으로 인

1) 대판 2014. 10. 6., 2012다29564.
2) 대판 2014. 9. 26., 2012다71688.

정되지 않고, 날인이 없는 유언장은 효력이 없다.[1]

**[사례 15]**

상처한 A는 甲과 乙 및 丙의 자녀를 남기고 사망하였다. A의 사망 후 甲과 乙은 A의 짐을 정리하다가 안방 옷장에서 A의 유언서를 발견하였다. 유언서에는 자신의 재산의 절반을 공장에서 일하며 어렵게 생활하는 막내 丙에게 주도록 하는 내용이 자필로 기재되어 있었고, 1989. 3. 12.의 작성날짜와 서명 그리고 지장이 찍혀 있었다. 유서를 담은 봉투의 앞면에는 유서(遺書)라고 한자로 기재되어 있었고, 뒷면에는 주민등록상의 주소가 아니라 A가 생전에 거주했던 곳인 "암사동에서"라고 적혀 있었다.

丙은 아버지가 자신에게 재산을 증여하는 내용의 유언서가 발견되었다는 소식을 듣고 甲과 乙을 상대로 유증의 이행을 구하는 소송을 제기하였다. 甲과 乙은 A의 날인이 없고, 주소도 유언서를 넣어 둔 봉투에 기재되어 있을 뿐만 아니라 지번이 없다는 점을 들어 유언이 효력이 없다고 항변한다.[2] 법원의 판단은?

### 3. 녹음에 의한 유언

녹음에 의한 유언의 경우 유언자는 유언의 취지, 그 성명과 연월일을 구술하고 이에 참여한 증인이 유언의 정확함과 그 성명을 구술하여야 한다(제1067조). 녹음의 방법은 제한되지 않는다. 아날로그 녹음기를 활용하거나 핸드폰의 앱을 이용한 디지털 녹음도 가능하며, 유언내용을 담은 유언자의 음성이 포함되는 한 영상녹화도 인정된다. 녹음에 의한 유언의 경우 증인은 1인도 가능하다.

---

1) 대판 2006. 9. 8., 2006다25103.

2) 대판 1998. 5. 29., 97다38503의 사안을 변형한 것임.

## 4. 공정증서에 의한 유언

공정증서에 의한 유언의 경우 유언자가 증인 2인이 참여한 상태에서 공증인의 면전에서 유언의 취지를 구수하고, 공증인이 이를 필기, 낭독하여 유언자와 증인이 그 정확함을 승인한 후 각자 서명 또는 기명날인하여야 한다(제1068조).

### (1) 유언의 취지의 구수

유언자가 공증인의 앞에서 유언의 취지를 구수하여야 한다. 유언자가 아닌 다른 사람이 유언의 취지를 말하고 그 말에 고개만을 끄덕인 것이라면 특별한 사정이 없는 한 유언취지의 구수가 있다고 볼 수 없다. 예를 들어 뇌혈전증으로 병원에 입원치료중인 유언자가 불완전한 의식상태와 언어장애 때문에 말을 못하고 고개만 끄덕거리면서 반응을 할 수 있을 뿐인 의학상 소위 가면성 정신상태 하에서 공증인이 유언내용의 취지를 유언자에게 말하여 주고 '그렇소?'하고 물으면 유언자는 말은 하지 않고 고개만 끄덕거리면 공증인의 사무원이 그 내용을 필기하고 이를 공증인이 낭독하는 방법으로 유언서가 작성되었다면 이는 유언자가 구수한 것이라고 할 수 없으므로 무효이다.[1)]

### (2) 공증인의 필기 및 낭독

유언서의 필기는 반드시 공증인 자신이 하여야 하는 것은 아니

1) 대판 1980. 12. 23., 80므18.

며, 보조자에게 시키거나 자신이 필기한 것을 정서하게 하거나 타자기로 작성하여도 무방하다. 또 유언자의 면전이 아닌 별실에서 작성된 경우라도 유언의 효력에는 영향이 없다. 다만 작성 후 유언자와 증인에게 낭독되어야 한다.

### (3) 유언자와 증인 2인의 승인과 서명 혹은 기명날인

유언의 내용을 들은 유언자와 증인 2인은 그 정확함을 승인한 후 각자 서명 또는 기명날인하여야 한다.

**[사례 16]**

거동이 불편한 A는 '죽기 전에 재산관계를 정리해 두는 것이 좋겠다.'는 생각으로 유언서를 작성하기로 결심하였다. A는 제사를 모시기로 약속한 큰아들 甲에게 논과 밭, 집터, 집을 유증하려고 하였다. A는 甲을 불러 이러한 뜻을 전하고, 사전에 법무법인에 찾아가 그에 합당한 유언서를 작성하여 오도록 하였다. 이에 甲은 법무법인에 찾아가 A가 말한 내용의 유언서를 작성하여 다음날 증인 2인 및 변호사와 함께 A의 집을 방문하였다. A의 집에 온 변호사는 유증할 대상자가 甲인지를 확인하고 유증할 재산을 묻자 "논, 밭, 집터와 집"이라고 대답하였고, 공증변호사들이 미리 작성하여 온 공정증서의 내용이 유증의사에 맞는지를 확인받았다. 그리고 A는 증서에 자필서명을 하였다. 그 후 A가 사망하였다. 그 후 甲은 유언서를 공개하며 유증에 따른 논, 밭, 집터, 집에 대한 소유권이전 등기절차의 이행을 청구하였다.[1] 유증의 효력에 대한 법원의 입장은?

## 5. 비밀증서에 의한 유언

비밀증서에 의한 유언의 경우 유언자가 필자의 성명을 기입한 증

1) 대판 2007. 10. 25., 2007다51550.

서를 엄봉, 날인하고, 이를 2인 이상의 증인의 면전에 제출하여 자기의 유언서임을 표시한 후 그 봉서표면에 제출연월일을 기재하고 유언자와 증인이 각자 서명 또는 기명날인하여야 한다(제1069조). 비밀증서에 의한 유언은 유언서 자체의 방식을 요구하지 않으며 유언의 비밀유지 및 그 변조를 방지하기 위한 방식을 요구할 뿐이다. 따라서 유언서를 자필로 작성할 필요도 없고 기타 주소나 작성연월일이 기재될 것도 요구하지 않는다. 유언자의 성명만 기재하면 된다.

이렇게 작성된 유언서는 엄봉하고 봉한 곳에 날인하여 비밀유지 및 변조를 방지하여야 하며 2인 이상의 증인에게 제출하여 유언서임을 표시한 후 봉서에 제출연월일을 기재하고 유언자 및 증인이 각각 서명 또는 기명날인하여야 한다. 그리고 표면에 기재된 날부터 5일 내에 공증인 또는 법원서기에게 제출하여 그 봉인상에 확정일자인을 받아야 한다(제1069조 제2항).

비밀증서에 의한 유언이 방식을 갖추지 못하였더라도 자필증서의 방식에 적합하다면 자필증서에 의한 유언으로 본다(제1071조, 무효행위의 전환).

## 6. 구수증서에 의한 유언

구수증서에 의한 유언은 유언자의 질병 기타 급박한 사유로 인하여 상기의 방식에 의할 수 없는 경우에 유언자가 2인 이상의 증인의 참여로 그 1인에게 유언의 취지를 구수하고 그 구수를 받은 자가 이를 필기 낭독하여 유언자와 증인이 그 정확함을 승인한 후 각자 서명 또는 기명날인하는 방식에 의해 이루어진다(제1070조 제1항). 이 유언방식은 급박한 사유가 있는 경우에만 예외적으로 허용되는 것이므로 다른 유언방식이 객관적으로 가능한 경우에는 이 방식을 사용할

수 없다.[1)]

구수증서에 의한 유언은 그 증인 또는 이해관계인이 급박한 사유가 종료한 날부터 7일 내에 법원에 그 검인을 신청하여야 한다(제1070조 제2항). 여기서 급박한 사유가 종료한 날이란 특별한 사정이 없는 한 유언이 있은 날을 의미하므로 그 날로부터 7일의 기간이 도과된 검인신청은 부적법하여 각하된다.[2)] 7일 이내에 법원의 검인을 받지 못한 유언은 효력이 없다.[3)]

## 7. 증인 및 검인

### (1) 증인결격

민법은 자필증서에 의한 유언 이외에는 증인을 모두 요구하고 있는 반면 증인이 될 수 없는 증인결격자를 열거하고 있다. 미성년자, 피성년후견인과 피한정후견인 및 유언으로 이익을 받을 사람과 그의 배우자 및 그 직계혈족은 증인이 될 수 없다(제1072조 제1항). 유언으로 이익을 받을 사람에는 유증을 받게 될 자가 해당되어 그와 그의 배우자 및 그의 부모, 자녀 등은 유언의 증인이 되지 못한다. 반면 유언집행자는 유언으로 이익을 받을 사람이라고 할 수 없어 증인결격자에 해당되지 않는다.[4)]

공증증서에 의한 유언의 경우 공증인법상 증인결격자는 증인이 되지 못한다(제1072조 제2항). 이 규정에 따라 공증인법 제33조가

1) 대판 1999. 9. 3., 98다17800.
2) 대결 1986. 10. 11., 86스18.
3) 대판 1992. 7. 14., 91다39719.
4) 대판 1999. 11. 26., 97다57733.

정하는 미성년자, 피성년후견인 또는 피한정후견인, 시각장애인이거나 문자를 해득하지 못하는 사람, 서명할 수 없는 사람, 촉탁 사항에 관하여 이해관계가 있는 사람, 촉탁 사항에 관하여 대리인 또는 보조인이거나 대리인 또는 보조인이었던 사람, 공증인의 친족, 피고용인 또는 동거인, 공증인의 보조자는 공정증서에 의한 유언의 증인이 되지 못한다. 다만, 촉탁인이 참여인의 참여를 청구한 경우에는 이들도 증인이 될 수 있다.[1)]

이 규정에 위반하면 유언은 효력을 갖지 못한다. 공증인사무소의 직원이 증인으로 참여한 유언은 그 직원이 공증인의 피용자 또는 보조자일 가능성이 커서 효력을 갖지 못한다.[2)]

### (2) 검인

유언의 증서나 녹음을 보관한 자 또는 이를 발견한 자는 유언자의 사망 후 지체 없이 법원에 제출하여 그 검인을 청구하여야 한다(제1091조 제1항). 하지만 이러한 검인을 거치지 않은 유언이더라도 효력이 없는 것은 아니다. 이는 유언서의 변조나 위조 내지 보존을 하기 위한 검증절차에 불과하기 때문이다. 이 규정은 공정증서나 구수증서에 의한 유언에는 적용되지 않는다(제1091조 제2항). 공정증서의 경우 이러한 절차가 불필요하고 구수증서의 경우 별도의 규정(제1070조 제2항)이 있기 때문이다.

"유언서의 검인은 유언의 집행 전에 유언서의 형식 기타의 상태를 확증하고 그 위조 또는 변조되는 것을 예방하며 그 보존을 확실하게 하기 위한 목적에서 나

---

1) 대판 1992. 3. 10., 91다45509.
2) 대결 2014. 7. 25., 2011스226.

온 검증절차에 지나지 아니하다 할 것이며, 검인의 실질은 유언서의 형식, 태양 등 오로지 유언의 방식에 관한 일체의 사실을 조사하여 유언서 자체의 상태를 확정하여 그 현상을 명확히 함에 있고, 유언의 효력을 판단함에 있는 것은 아니므로 법원은 유언서의 검인청구가 있을 때에는 유언서의 내용이나 형식이 어떠하든 간에, 이에 대하여 가사심판규칙 제101조에 따라 조서를 작성함을 요한다 할 것이며, 그 유언서가 방식을 따르지 아니한 것이라도 그 청구를 각하할 것이 아니다."[1]

## 8. 유언의 철회

유언자는 언제든지 유언 또는 생전행위로써 유언의 전부나 일부를 철회할 수 있다(제1108조 제1항). 유언은 상대방 없는 단독행위로 유언의 효력이 발생하기 전에는 아직 이해관계인이 없기 때문이다.

철회의 방법은 제한이 없다. 생전에 그 철회의 의사를 명시적 혹은 묵시적으로 표시하는 것으로 가능하다. 민법은 전후의 유언이 저촉되거나 유언 후의 생전행위가 유언과 저촉되는 경우에는 그 저촉된 부분의 전유언은 이를 철회한 것으로 본다(제1109조). 또한 유언자가 고의로 유언증서 또는 유증의 목적물을 파훼한 때에는 그 파훼한 부분에 관한 유언은 이를 철회한 것으로 본다(제1110조). 유언의 철회는 유언자 자신이 해야 하므로 타인이 유언자 명의를 이용하여 임의로 유언의 목적물을 처분한 경우 유언 철회의 효력이 발생하지 않는다.[2]

유언이 철회되면 유언은 처음부터 없었던 것으로 다루어진다. 유언자는 유언을 철회할 권리를 사전에 포기하지 못한다(제1108조 제2항).

---

1) 대결 1980. 11. 19., 80스23.
2) 대판 1998. 6. 12., 97다38510.

망인이 유언증서를 작성한 후 재혼하였다거나, 유언증서에서 유증하기로 한 일부 재산을 처분한 사실이 있다고 하여 다른 재산에 관한 유언을 철회한 것으로 볼 수 없다.[1)]

유언자가 유언을 철회한 것으로 볼 수 없는 이상, 유언증서가 그 성립 후에 멸실되거나 분실되었다는 사유만으로 유언이 실효되는 것은 아니고 이해관계인은 유언증서의 내용을 입증하여 유언의 유효를 주장할 수 있다.[2)]

## 9. 유언의 무효와 취소

법정방식이 흠결된 경우, 유언무능력자의 유언, 수유결격자에 대한 유언, 선량한 풍속 기타 사회질서 또는 강행규정에 상반되는 것을 내용으로 한 유언, 법정사항 이외의 것을 내용으로 하는 유언은 무효이다. 유언내용의 중요 부분에 착오가 있거나 사기, 강박에 의하여 유언이 이루어진 경우에 유언자는 유언을 취소할 수 있다. 이 경우 유언자의 상속인도 유언을 취소할 수 있다(제1005조, 제140조).

1) 대판 1998. 5. 29., 97다38503.

2) 대판 1996. 9. 20., 96다21119.

# III. 유언의 효력

## 1. 유언의 효력발생시기

### (1) 원칙

유언은 사인행위이다. 따라서 유언자가 사망한 때부터 그 효력이 발생한다(제1073조 제1항). 다만 유증 받을 자는 유언의 효력이 발생한 후에 그 효력을 받는 것을 거절할 수 있다(제1074조).

### (2) 조건부 또는 기한부 유언

#### 1) 조건부 유언의 경우

① 정지조건부 유언의 경우, 조건이 유언자의 사망 후에 성취되면 그때부터 유언의 효력이 발생한다(제1073조 제2항). 유언에 붙은 정지조건이 유언자의 사망 전에 성취되면 그 유언은 무조건의 것으로 되고(제151조 제2항), 성취될 수 없는 조건의 경우에는 유언이 효력을 발생하지 않는다(제151조 제3항).

② 유언에 해제조건이 붙은 경우에 관하여 민법은 규정하고 있지 않다. 그러나 조건에 관한 일반 법리에 따라 유언자가 사망한 때부터 효력을 발생하고, 나중에 조건이 성취되면 그때부터 효력을 상실한다(제147조). 한편 해제조건이 유언자의 사망 전에 성취되면 유언은 그 목적하는 바의 효과를 발생하지 못하게 되고(제151조 제2항), 성취할 수 없는 조건의 경우에는 조건 없는 유언이 된다(제151조 제3항).

2) 기한부 유언의 경우

시기부 유언의 경우 기한의 도래까지는 유언의 이행을 청구할 수 없다. 종기부 유언은 유언자의 사망으로 효력이 발생하지만, 종기의 도래로 인하여 효력을 상실하게 된다.

## 2. 유언에 의한 인지

유언으로 혼인 외의 자를 인지하는 경우에(제859조 제2항), 유언집행자는 그 취임일부터 1개월 이내에 인지에 관한 유언서등본 또는 유언녹음을 기재한 서면을 첨부하여 신고를 하여야 한다(가족관계등록법 제59조). 인지의 효력은 혼인 외의 출생자의 출생 시에 소급한다(제860조). 유언에 의한 인지의 경우에 그 효력발생시기에 관하여 유언자가 사망한 때라는 견해와 가족관계등록법에 의하여 신고한 때라는 견해가 대립하나 유언자의 의사를 고려하여 유언한 때로 보는 것이 타당하다.

## 3. 유증

### (1) 의의

1) 개념

유언을 통하여 재산권을 타인에게 무상으로 주는 것을 유증이라고 한다. 유언의 내용 중에 가장 중요한 유형에 해당한다. 유증은 그 범위 내지 방법과 관련하여 포괄유증과 특정유증으로 구별할 수 있다. 포괄유증은 유증의 대상을 상속재산에 대한 일정한 비율로 지정하여 증여하는 방법이다. 이에 반해 특정유증은 특정한 재산을 유언을 통하여 증여하는 경우이다. 포괄유증과 특정유증은 그 효력에서 큰 차이를 보인다.

그 외에 민법은 부담있는 유증의 경우 부담의무의 불이행에 따른 유언의 취소를 규정하고 있다(제1111조).

### 2) 사인증여와의 구별

유증은 사망을 원인으로 하여 무상으로 재산권을 타인에게 준다는 점에서 사인증여와 유사하다. 이러한 이유에서 민법은 사인증여에 유증의 규정을 준용하고 있다(제562조). 하지만 법률행위의 방식 및 그 효과에 있어서 두 제도는 차이를 보인다.

유증은 단독행위인 유언을 통하여 이루어지기 때문에 효력을 갖기 위해서는 유언의 방식을 따라야 한다. 반면 사인증여는 사망을 원인으로 하여 효력을 발생하는 계약이므로 행위능력을 갖춘 당사자의 의사의 합치만 있으면 된다.

그 효과와 관련하여 사인증여의 경우에는 유증자의 사망으로 수증자는 상속재산에 대한 채권만을 갖게 된다. 이는 특정사인증여는 물론 포괄적 사인증여의 경우에도 마찬가지이다. 반면 유증에 있어서는 특정유증과 포괄유증의 법률효과가 구별된다. 먼저 특정유증의 경우에는 사인증여와 마찬가지로 수유증자는 상속의 개시로 상속재산에 대한 채권을 갖게 될 것이지만, 포괄유증의 경우 수유증자는 상속인과 동일하게(제1078조) 상속개시와 동시에 피상속인의 지위를 직접 승계하게 된다.

**[사례 17]**

A는 시부모와 남편을 모두 여읜 후 1955년 1월 31일에 B로부터 X토지를 매수하여 대금을 지급하고 소유권이전등기는 하지 않은 채 이를 경작해 오다가 나

이가 들어 시숙의 아들인 C를 데려와 X토지를 경작하게 하면서 함께 살았다. A는 C를 데려오면서 자신이 사망하면 자신의 재산은 모두 C가 갖는 것으로 C와 합의하였다. A는 1960년 9월경에 사망하였고 그 후 C도 1989년 12월경에 사망하였다. C가 사망한 후 C의 아내 甲과 乙이 X토지를 계속 경작하였다. 한편 B가 사망하자 B의 아내 丙과 자녀 丁은 X토지를 丙의 단독소유로 하기로 합의하고 협의분할에 의하여 丙 앞으로 소유권이전등기를 하였다. 甲과 乙은 丙에 대하여 매매를 원인으로 한 소유권이전등기청구의 소를 제기하였다.[1] 법원의 판단은?

### (2) 유증의 당사자

#### 1) 수유증자

유증을 받는 사람을 수유증자라고 한다. 수유증자는 자연인 뿐만 아니라 법인도 가능하다. 태아도 유증을 받을 수 있다(제1064조 제1000조 제3항).

자연인인 수유증자는 유언이 효력을 발생할 당시, 즉 유언자가 사망할 당시에 생존하고 있어야 한다(제1089조 제1항). 따라서 유언자가 사망하기 전은 물론 동시에 사망한 것으로 추정되는 경우에도 유증은 효력을 갖지 못한다. 정지조건부 유증의 경우에 정지조건이 성취되기 전에 수유증자가 사망한 경우에도 유증은 효력이 없다(제1089조 제2항). 이렇게 수유증자가 유증자보다 먼저 사망하거나 동시에 사망한 것으로 추정되는 경우에 유증재산은 수유증자의 상속인에게 유증재산이 귀속된다는 유언이 없는 한 상속재산으로 남게 된다.

수유증자에게 제1004조의 상속결격사유가 있게 된 경우 유증은

1) 대판 1996. 4. 12., 94다37714의 사안을 변형한 것임.

효력이 없다(제1064조). 다만 이러한 수유증자의 상속결격사유를 알면서도 유증을 한 경우라면 이를 무효로 볼 필요는 없을 것이다.[1)]

수유증자가 설립 중인 법인이더라도 태아의 규정에 비추어 유증이 가능하다고 할 것이다. 하지만 유언의 효력발생 당시에 이미 해산한 법인은 수유증자가 될 수 없다. 유언에 의하여 재단법인을 설립하는 경우 출연재산은 유언의 효력이 발생한 때로부터 법인에 귀속한 것으로 본다(제48조 제2항).

#### 2) 유증의무자

유증의무자란 유증을 실행할 의무를 부담하는 자이다. 통상 유언집행자가 유증의무자가 된다. 유언집행자는 유언에 의하여 지정되거나 그렇지 않으면 상속인이 되나 상속인이 없는 경우 상속재산의 관리인(제1053조)이 유언집행자가 된다.

### (3) 유증의 승인과 포기

유증을 받을 자는 유언자의 사망 후에 언제든지 유증을 승인 또는 포기할 수 있다(제1074조 제1항). 학설에 따라서는 이러한 유증의 승인이나 포기에 관한 규정의 적용을 특정유증의 경우로 제한하고 포괄유증의 경우에는 제1019조의 상속에 관한 규정을 준용할 것을 제안하나,[2)] 수유증자의 경우 고려기간의 적용으로 불합리한 결과가 발생할 수 있어서 따르기 어렵다. 예를 들어 채무초과의 재산을

1) 대판 2015. 7. 17., 2014스206은 피상속인이 상속결격자에 증여를 한 경우 이를 대습상속인의 특별수익으로 고려하지 않았다.

2) 윤진수, 친족상속법강의, 2018, 540면.

유증하는 경우에 숙려기간을 놓치게 되어 단순승인으로 의제된다면 수유증자로서는 도저히 따를 수 없는 결과가 발생하기 때문이다. 따라서 포괄유증과 특정유증의 경우를 불문하고 수유증자는 언제든지 유증을 승인 또는 포기할 수 있다고 볼 것이다. 다만 유증의무자나 이해관계인은 상당한 기간을 정하여 그 기간 내에 승인 또는 포기를 확답할 것을 수유증자 또는 그 상속인에게 최고할 수 있다(제1077조 제1항). 이 기간 내에 수유증자가 유증의무자에게 확답하지 않으면 유증을 승인한 것으로 본다(제1077조 제2항).

유증의 승인이나 포기는 유언자의 사망한 때에 소급하여 그 효력이 있다(제1074조 제2항).

유증의 승인이나 포기의 방법은 제한이 없다. 유증의무자에 대한 의사표시로 가능하며, 가정법원에 신고할 필요도 없다. 표시된 유증의 승인이나 포기는 취소하지 못한다(제1075조 제1항). 하지만 총칙편의 규정에 의한 취소에 영향을 미치지 아니한다. 총칙편의 취소권은 추인할 수 있는 날로부터 3월, 승인 또는 포기한 날로부터 1년내에 행사하지 아니하면 시효로 인하여 소멸된다(제1075조 제2항).

#### (4) 유증의 효력

유증은 그 효력과 관련하여 포괄유증과 특정유증이 구별된다.

##### 1) 포괄유증

민법은 포괄유증의 수유증자를 상속인과 동일한 권리의무가 있다(제1078조). 따라서 포괄유증이 있게 되면 민법 제187조에 의하여 사망으로 재산권을 즉시 취득하게 된다(물권적 효력). 포괄유증의 수유증자는 상속인과 마찬가지로 상속채무도 유증의 비율로 부담하게 된다.[1] 또한 포괄유증의 수유증자는 상속회복청구권을 행사할 수 있으며, 공동상속인과 마찬가지로 상속재산분할에도 참가한다. 수유증자가 상속회복청구권을 행사하는 경우에는 제999조의 제척기간을 준수하여야 한다.[2] 반면 포괄유증은 상속의 경우와 달리 수유증자가 자연인으로 제한되지 않으며, 특별수익이나 기여분이 인정되지 않고, 유류분도 인정되지 않는다.

### 2) 특정유증

특정유증의 경우에 수유증자는 권리를 직접 취득하지 못하고 상속인에 대하여 유증된 재산에 대한 이행을 청구할 수 있을 뿐이다(채권적 효력). 유언자가 다른 의사를 표시하지 않는 한 수유증자는 유증의 이행을 청구할 수 있는 때로부터 그 목적물의 과실을 취득한다(제1079조). 통상 유언자가 사망한 때이나 정지조건부인 경우 조건의 성취가 있은 때로부터 발생한 과실을 취득할 권리가 있다.

유증의무자가 유증자의 사망 후에 그 목적물의 과실을 수취하기 위하여 필요비를 지출한 때에는 그 과실의 가액의 한도에서 과실을 취득한 수증자에게 상환을 청구할 수 있다(제1080조). 유증의무자가 유증자의 사망 후에 그 목적물에 대하여 비용을 지출한 때에는 제325조의 규정을 준용한다(제1081조).

불특정물을 유증의 목적으로 한 경우에는 유증의무자는 그 목적물에 대하여 매도인과 같은 담보책임이 있다(제1082조 제1항). 이 경우 목적물에 하자가 있는 때에는 유증의무자는 하자없는 물건으로 인도하여야 한다(제1082조 제2항). 유증의무자가 하자 없는 물건을

1) 대판 1980. 2. 26., 79다2078.
2) 대판 2001. 10. 12., 2000다22942.

인도할 수 없는 경우 유증의무자는 제581조에 따라 손해배상을 하여야 한다.

유증자가 유증목적물의 멸실, 훼손 또는 점유의 침해로 인하여 제3자에게 손해배상을 청구할 권리가 있는 때에는 그 권리를 유증의 목적으로 한 것으로 본다(제1083조).

채권을 유증의 목적으로 한 경우에 유언자가 그 변제를 받은 물건이 상속재산 중에 있는 때에는 그 물건을 유증의 목적으로 한 것으로 본다(제1084조 제1항). 이 경우 채권이 금전을 목적으로 한 경우에는 그 변제받은 채권액에 상당한 금전이 상속재산 중에 없는 때에도 그 금액을 유증의 목적으로 한 것으로 본다(제1084조 제2항). 유증의 목적인 물건이나 권리가 유언자의 사망 당시에 제3자의 권리의 목적인 경우에는 수유증자는 유증의무자에 대하여 그 제3자의 권리를 소멸시킬 것을 청구하지 못한다(제1085조).

**[사례 18]**

자녀 B와 C를 둔 A는 공정증서에 의한 유언을 통하여 "다른 재산은 자녀인 B와 C가 법정상속분에 따라 분배하되 평소에 자신에게 많은 도움을 준 甲에게 서초구의 X아파트를 증여한다"는 내용의 유언을 하였다. 甲은 A의 상속인은 아니었고 A가 사업을 하는 데 헌신적으로 도움을 준 A의 절친이었다. 그런데 A가 甲에게 증여한 X아파트는 상속개시 당시에 매매를 원인으로 하여 乙의 명의로 등기가 되어 있었다. A가 乙에게 그 아파트를 매도하여 등기를 먼저 할 수 있도록 허락해 주었으나 A가 나중에 대금을 지급하지 않아 적법한 절차에 의하여 계약을 해제하였기 때문이었다. 甲은 A와 乙의 매매계약에 실제로 개입한 자로 이러한 사실을 잘 알고 있었다. A의 사망 후 유언서가 공개되어 甲은 乙을 상대로 등기의 이전을 청구한다. 법원의 입장은?

### (5) 부담부 유증

#### 1) 개념

유증을 하면서 수유자에게 일정한 부담을 함께 지우는 경우 이를 부담부 유증이라고 한다. 부담있는 유증을 받은 자는 유증의 목적의 가액을 초과하지 아니한 한도에서 부담한 의무를 이행할 책임이 있다(제1088조 제1항). 유증의 목적의 가액이 한정승인 또는 재산분리로 인하여 감소된 때에는 수증자는 그 감소된 한도에서 부담할 의무를 면한다(제1088조 제2항).

#### 2) 부담의 이행청구

부담부유증을 받은 자에 대하여 유언자의 상속인이나 유언집행자는 그 이행을 청구할 수 있다. 부담의 이행으로 직접 이익을 받는 자도 그 이행을 청구할 수 있다.[1] 부담있는 유증을 받은 자가 그 부담의무를 이행하지 아니한 때에는 상속인 또는 유언집행자는 상당한 기간을 정하여 이행할 것을 최고하고 그 기간 내에 이행하지 아니한 때에는 법원에 유언의 취소를 청구할 수 있다(제1111조).

---

1) 윤진수, 친족상속법강의, 2018, 546면.

## 4. 유언의 집행

### (1) 의의

유언이 그 내용만으로 효력을 발휘하는 경우에는 집행 절차가 필요 없겠지만 실행을 위한 별도의 조치가 요구되는 경우도 있다. 이렇게 유언의 최종적인 실현을 위한 조치를 유언의 집행이라고 한다. 예를 들어 유언에 의한 인지가 있게 되는 경우 유언집행자는 가족관계등록법 제59조에 따라 인지 신고를 해야 하고(제859조) 유증이 있는 경우에는 수유자에게 목적물 등을 인도하여야 한다.

### (2) 유언의 검인

유언의 증서나 녹음을 보관한 자 또는 이를 발견한 자는 유언자의 사망후 지체 없이 법원에 제출하여 그 검인을 청구하여야 한다(제1091조 제1항). 법원이 봉인된 유언증서를 개봉할 때에는 유언자의 상속인, 그 대리인 기타 이해관계인의 참여가 있어야 한다(제1092조).

### (3) 유언집행자

#### 1) 유언집행자의 결정

유언자는 유언으로 유언집행자를 지정할 수 있고 그 지정을 제3자에게 위탁할 수 있다(제1093조). 유언집행자의 지정을 위탁받은 제3자는 그 위탁 있음을 안 후 지체 없이 유언집행자를 지정하여 상속인에게 통지하여야 하며 그 위탁을 사퇴할 때에도 이를 상속인에게 통지하여야 한다(제1094조 제1항). 상속인 기타 이해관계인은 상당한 기간을 정하여 그 기간 내에 유언집행자를 지정할 것을 위탁 받은 자에게 최고할 수 있다(제1094조 제2항 전문). 그 기간 내에 지정의 통지를 받지 못한 때에는 그 지정의 위탁을 사퇴한 것으로 본다(제1094조 제2항 후문). 지정된 유언집행자가 없는 때에는 상속인이 유언집행자가 된다(제1095조).

### 2) 유언집행자의 지위

유언집행자가 그 취임을 승낙한 때에는 지체 없이 그 임무를 이행하여야 한다(제1099조). 지정 또는 선임에 의한 유언집행자는 상속인의 대리인으로 본다(제1103조 제1항). 민법은 수임인의 위임사무 처리와 관련한 의무나 책임에 관한 제681조 내지 제685조, 제687조, 제691조와 제692조의 규정을 유언집행자에 준용한다(제1103조 제2항).

반면 유언집행자는 상속인의 이익만을 위하여 유언을 집행하는 것이 아니라 유언의 공정한 집행을 우선적인 임무로 한다. 따라서 유언집행자가 상속인의 대리인이라는 규정의 의미는 유언집행자의 행위가 상속인에게 귀속함을 규정한 것에 불과한 것으로 이해되어야 한다. 오히려 유언집행자의 업무와 관련하여서 상속인의 상속재산에 관한 권리는 제한을 받게 된다.

"유언집행자는 유증의 목적인 재산의 관리 기타 유언의 집행에 필요한 모든 행위를 할 권리의무가 있으므로, 유증 목적물에 관하여 경료된, 유언의 집행에 방해가 되는 다른 등기의 말소를 구하는 소송에 있어서는 유언집행자가 이른바 법정소송담당으로서 원고적격을 가진다고 할 것이고, 유언집행자는 유언의 집행에 필요한 범위 내에서는 상속인과 이해상반되는 사항에 관하여도 중립적 입장에서 직무를 수행하여야 하므로, 유언집행자가 있는 경우 그의 유언집행에 필요한 한도에서 상속인의 상속재산에 대한 처분권은 제한되며 그 제한 범위 내에서 상속인은 원고적격이 없다고 할 것이다. 민법 제1103조 제1항은 "지정 또는 선임에 의한 유언집행자는 상속인의 대리인으로 본다."고 규정하고 있으나, 이 조항은 유언집행자의 행위의 효과가 상속인에게 귀속함을 규정한 것이지, 유언집행자의 소송수행권과 별도로 상속인 본인의 소송수행권도 언제나 병존함을 규정한 것은 아니다."[1)]

### 3) 유언집행자의 임무

유언집행자는 유증의 목적인 재산의 관리 기타 유언의 집행에 필요한 행위를 할 권리의무가 있다(제1101조). 유언이 재산에 관한 것인 때에는 지정 또는 선임에 의한 유언집행자는 지체 없이 그 재산목록을 작성하여 상속인에게 교부하여야 한다(제1100조 제1항). 상속인의 청구가 있는 때에는 전항의 재산목록작성에 상속인을 참여하게 하여야 한다(제1100조 제2항). 이 규정은 상속인을 보호하기 위한 규정이므로 상속인이 유언집행자가 되는 경우에는 재산목록작성의무가 없다.

유언의 집행에 필요한 구체적인 행위는 유언의 내용에 의하여 정해진다. 법원이 유언집행자를 선임한 경우에는 그 임무에 관하여 필요한 처분을 명할 수 있다(제1096조 제2항). 유언집행자는 유언의 내용에 해당하는 행위는 상속인의 동의 없이 독자적으로 할 수 있다. 유언집행자가 수인인 경우에는 임무의 집행은 그 과반수의 찬성으로써 결정한다(제1102조 본문). 그러나 보존행위는 각자가 이를 할 수 있다(제1102조 단서).

"상속인이 유언집행자가 되는 경우를 포함하여 유언집행자가 수인인 경우에는, 유언집행자를 지정하거나 지정위탁한 유언자나 유언집행자를 선임한 법원에 의한 임무의 분장이 있었다는 등의 특별한 사정이 없는 한, 유증 목적물에 대한

1) 대판 2001. 3. 27., 2000다26920.

관리처분권은 유언의 본지에 따른 유언의 집행이라는 공동의 임무를 가진 수인의 유언집행자에게 합유적으로 귀속되고, 그 관리처분권 행사는 과반수의 찬성으로써 합일하여 결정하여야 하므로, 유언집행자가 수인인 경우 유언집행자에게 유증의무의 이행을 구하는 소송은 유언집행자 전원을 피고로 하는 고유필수적 공동소송으로 봄이 상당하다."[1]

### 4) 유언집행자의 보수 및 비용

유언자가 유언으로 그 집행자의 보수를 정하지 아니한 경우에는 법원은 상속재산의 상황 기타 사정을 참작하여 지정 또는 선임에 의한 유언집행자의 보수를 정할 수 있다(제1104조 제1항). 유언집행자가 보수를 받는 경우에는 제686조제2항, 제3항의 규정을 준용한다(제1106조 제2항). 유언의 집행에 관한 비용은 상속재산 중에서 지급된다(제1107조).

### 5) 유언집행자의 사퇴, 결격 및 해임

지정 또는 선임에 의한 유언집행자는 정당한 사유 있는 때에는 법원의 허가를 얻어 그 임무를 사퇴할 수 있다(제1105조). 지정 또는 선임에 의한 유언집행자에 그 임무를 해태하거나 적당하지 아니한 사유가 있는 때에는 법원은 상속인 기타 이해관계인의 청구에 의하여 유언집행자를 해임할 수 있다(제1106조). 제한능력자와 파산선고를 받은 자는 유언집행자가 되지 못한다(제1098조).

유언집행자가 없거나 사망, 결격 기타 사유로 인하여 없게 된 때에는 법원은 이해관계인의 청구에 의하여 유언집행자를 선임하여야 한다(제1096조 제1항). 법원에 의한 유언집행자의 선임은 지정유언

1) 대판 2011. 6. 24., 2009다8345.

집행자가 사망, 결격, 기타의 사유로 자격을 상실한 경우에 상속인이 존재하더라도 마찬가지이다. 즉 지정유언집행자가 없게 된 경우 상속인이 있더라도 그 상속인이 유언집행자가 되는 것이 아니라 법원이 새로운 유언집행자를 선임하여야 한다.[1)]

"지정 또는 선임에 의한 유언집행자에게 임무해태 또는 적당하지 아니한 사유가 있는 때에는 법원은 상속인 기타 이해관계인의 청구에 의하여 유언집행자를 해임할 수가 있으나( 민법 제1106조), 유언집행자는 유증의 목적인 재산의 관리 기타 유언의 집행에 필요한 모든 행위를 할 권리의무가 있을 뿐만 아니라( 민법 제1101조) 유언의 집행에 필요한 범위 내에서는 상속인과 이해상반되는 사항에 관하여도 중립적 입장에서 직무를 수행하여야 하므로, 유언집행자가 유언의 해석에 관하여 상속인과 의견을 달리한다거나 혹은 유언집행자가 유언의 집행에 방해되는 상태를 야기하고 있는 상속인을 상대로 유언의 충실한 집행을 위하여 자신의 직무권한 범위에서 가압류신청 또는 본안소송을 제기하고 이로 인해 일부 상속인들과 유언집행자 사이에 갈등이 초래되었다는 사정만으로는 유언집행자의 해임사유인 '적당하지 아니한 사유'가 있다고 할 수 없으며, 일부 상속인에게만 유리하게 편파적인 집행을 하는 등으로 공정한 유언의 실현을 기대하기 어려워 상속인 전원의 신뢰를 얻을 수 없음이 명백하다는 등 유언집행자로서의 임무수행에 적당하지 아니한 구체적 사정이 소명되어야 한다.

갑이 망 을의 유언에 따라 유언집행자로 지정되었고, 위 유언에 따른 분배대상 재산에는 부동산과 금융자산이 있었는데, 상속개시 이후 위 금융자산 대부분이 이미 인출되었음을 알게 된 갑이 상속인들에게 기 인출된 돈의 반환을 요구하면서 아직 인출되지 않고 남아 있던 돈을 갑의 예금계좌로 이체시켜 보관한 사안에서, 유언집행자의 지위에서 보관 중인 위 예금채권에 대한 상속인들의 분배요구를 거절하였다고 하여 이를 임무해태 내지 불공정한 직무수행으로 단정하기도 어려움에도, 갑에게 공정한 유언의 실현을 기대하기 어려워 상속인 전원의 신뢰를 얻을 수 없음이 명백하다고 볼 만한 구체적 사정이 있는지에 관하여 더 나아가 심리해 보지 아니한 채, 단지 위와 같은 사정만으로 유언집행자로서

---

1) 대판 2010. 10. 28., 2009다20840.

적당하지 아니한 해임사유가 있다고 단정한 원심결정에는 유언집행자의 지위와 해임사유에 관한 법리를 오해하여 필요한 심리를 다하지 아니한 위법이 있다."[1]

1) 대결 2011. 10. 27., 2011스108.

# 제8장

# 유류분

## I. 의의

유류분이란 법률에 의하여 법정상속인에게 보장되는 상속재산의 일정부분을 말한다. 유류분의 범위 내에서는 피상속인의 처분의 자유는 제한을 받는다.

## II. 유류분권자

### 1. 상속권을 가진 유류분권자

유류분권자는 피상속인의 배우자, 직계비속, 직계존속, 형제자매로 제한된다(제1112조). 따라서 이들을 제외한 피상속인의 4촌 이내의 방계혈족은 비록 법정상속인이더라도 유류분권자가 되지 못한다. 유류분권자는 또한 상속권이 있어야 한다. 따라서 상속을 포기한 자나 상속결격사유에 해당하는 자는 유류분권자가 될 수 없다.[1] 대습상속인도 유류분을 주장할 수 있다(제1118조, 제1001조).

### 2. 유류분의 포기

유류분도 상속과 마찬가지로 사전에 포기할 수 없다.[2] 하지만 상속개시 이후에 포기하는 것은 가능하다. 다만 유류분은 상속포기의 경우와 달리 상속포기를 위한 고려기간 내에 할 필요는 없으며 가정법원에 신고도 필요하지 않다.

## III. 유류분의 비율

피상속인의 직계비속과 배우자는 법정상속분의 1/2. 피상속인의 직계존속과 형제자매는 법정상속분의 1/3을 유류분으로 주장할 수 있다(제1112조). 대습상속인의 유류분은 피대습인의 유류분에 대한 대습인의 상속분이 된다(제1118조, 제1101조).

---

1) "유류분은 상속분을 전제로 한 것으로서 상속이 개시된 후 일정한 기간 내에 적법하게 상속포기 신고가 이루어지면 포기자의 유류분반환청구권은 당연히 소멸한다."(대결 2012. 4. 16., 2011스191)

2) "유류분을 포함한 상속의 포기는 상속이 개시된 후 일정한 기간 내에만 가능하고 가정법원에 신고하는 등 일정한 절차와 방식을 따라야만 그 효력이 있으므로, 상속개시 전에 한 상속포기약정은 그와 같은 절차와 방식에 따르지 아니한 것으로 효력이 없다."(대판 1998. 7. 24., 98다9021)

# IV. 유류분의 산정

## 1. 유류분의 산정방법

유류분의 산정은 유류분의 기초가 되는 재산에 대한 상속인의 유류분 비율에 의한다. 기초재산에 대한 평가의 기준시기는 상속개시시이다.[1] 따라서 산정의 기초재산에 산입되는 증여받은 재산의 시가는 상속개시 당시를 기준으로 하여 산정하여야 한다. 다만 증여 이후 수증자나 수증자로부터 증여재산을 양수받은 자가 자기의 비용으로 증여재산의 성상 등을 변경하여 상속개시 당시 그 가액이 증가되어 있는 경우, 그 변경을 고려하지 않고 증여 당시의 성상 등을 기준으로 상속개시 당시의 가액을 산정하여야 한다.[2]

## 2. 유류분 산정의 기초재산

유류분의 기초가 되는 재산은 피상속인의 상속개시시에 있어서 가진 재산의 가액에 증여재산의 가액을 가산하고 채무의 전액을 공제하여 산정한다(제1113조 제1항).

### (1) 상속개시시의 상속재산

상속개시시에 상속인이 가지고 있던 적극재산을 말한다. 유증된

1) 대판 1996. 2. 9., 95다17885.
2) 대판 2015. 11. 12., 2010다104768.

재산과 아직 이행되지 않은 증여재산[1] 도 상속재산에 포함된다. 조건부의 권리 또는 존속기간이 불확정한 권리는 가정법원이 선임한 감정인의 평가에 의하여 그 가격을 정한다(제1113조 제2항). 분묘에 속한 1정보 이내의 금양임야와 600평 이내의 묘토인 농지 등은 상속재산을 구성하지 않으므로 제외된다(제1008조의3).

### (2) 증여재산

상속개시 전의 1년간 행하여진 증여는 기초재산에 포함된다(제1114조). 그 기간은 증여계약체결시를 기준으로 한다는 것이 학설[2]과 판례[3]의 태도이다. 그럴 경우 상속개시 1년 이전에 증여계약이 체결되었으나 상속개시 당시에 아직 이행이 이루어지지 않은 증여는 유류분 산정의 기초재산에 포함되지 않게 된다. 하지만 증여가 행하여졌다는 것은 이미 이행이 이루어진 것을 의미하므로[4] 상속개시 1년 전에 이행이 모두 이루어진 증여만을 제외하는 것이 합리적이며 간명하다. 다만 당사자 쌍방이 유류분권리자에게 손해를 가할 것을 알고 증여를 한 때에는 1년 전에 한 것도 산입된다(제1114조 후문). 공동상속인의 특별수익분은 기간에 관계없이 모두 산입한다.[5] 상속의 포기는 증여에 해당하지 않는다.[6]

1) 대판 1996. 8. 20., 96다13682.
2) 송덕수, 친족상속법, 2018, 446면.
3) 대판 2012. 5. 24., 2010다50809.
4) 윤진수, 친족상속법강의, 2018, 565면 이하.
5) 대판 1996. 2. 9., 95다17885.
6) 대판 2012. 4. 16., 2011스191.

"증여 당시 법정상속분의 2분의 1을 유류분으로 갖는 직계비속들이 공동상속인으로서 유류분권리자가 되리라고 예상할 수 있는 경우에, 제3자에 대한 증여가 유류분권리자에게 손해를 가할 것을 알고 행해진 것이라고 보기 위해서는, 당사자 쌍방이 증여 당시 증여재산의 가액이 증여하고 남은 재산의 가액을 초과한다는 점을 알았던 사정뿐만 아니라, 장래 상속개시일에 이르기까지 피상속인의 재산이 증가하지 않으리라는 점까지 예견하고 증여를 행한 사정이 인정되어야 하고, 이러한 당사자 쌍방의 가해의 인식은 증여 당시를 기준으로 판단하여야 한다."[1]

### (3) 채무의 공제

사법상 채무뿐만 아니라 공법상 채무도 모두 공제한다. 상속채무란 상속인이 부담하는 채무로 공법상 및 사법상 모든 채무가 포함되기 때문이다. 반면 상속에 관한 비용, 유언집행의 비용은 피상속인이 부담하는 채무가 아니므로 공제의 대상이 되지 않는다.[2]

# V. 유류분반환청구권

## 1. 의의

유류분권리자가 피상속인의 제1114조에 규정된 증여 및 유증으로 인하여 그 유류분에 부족이 생긴 때에는 부족한 한도에서 그 재산의 반환을 청구할 수 있다(제1115조 제1항).

1) 대판 2012. 5. 24., 2010다50809.
2) 대판 2015. 5. 14., 2012다21720

## 2. 성질

유류분반환청구권의 법적 성질에 대하여 형성권설과 청구권설이 대립하나 판례[1]는 형성권설의 입장에 있다. 즉 유류분권리자가 유류분반환청구권을 행사한 경우 그의 유류분을 침해하는 범위 내에서 유증 또는 증여는 소급적으로 효력을 상실하고, 상대방은 그와 같이 실효된 범위 내에서 유증 또는 증여의 목적물을 반환할 의무를 부담한다. 이때 유류분반환청구권을 행사함으로써 발생하는 목적물의 이전등기청구권 등은 유류분반환청구권과는 다른 권리이므로, 그 이전등기청구권 등에 대하여는 민법 제1117조 소정의 유류분반환청구권에 대한 소멸시효가 적용될 여지가 없고, 그 권리의 성질과 내용 등에 따라 별도로 소멸시효의 적용 여부와 기간 등을 판단하여야 한다.[2]

## 3. 유류분부족액의 산정

유류분부족액은 다음의 방법에 의하여 산정한다.

유류분부족액={유류분산정의 기초재산(적극적 상속재산+산입될 증여−상속채무액)×유류분 비율}−특별수익(유류분권자의 수증액+수유액)−순상속액{유증을 공제하고 남은 적극상속분−(상속채무×상속분)}

1) 대판 2013. 3. 14., 2010다42624.
2) 대판 2015. 11. 12., 2011다55092.

다만 순상속액을 계산함에 있어서 초과특별수익자의 상속분을 공제하여 산정하는 방법과 초과특별수익자의 상속분을 고려함이 없이 법정상속비율에 따라 산정하는 방법에 관한 이견이 존재한다. 예를 들어

'甲은 적극재산 5천만원과 채무 3천만원을 남기고 2005. 6. 30. 사망하였고, 상속인으로는 자녀 乙과 丙이 있다. 그런데 甲은 2003. 5. 30. 유류분 침해사실을 모르는 乙과 丁에게 각각 7천만원씩 증여하기로 하였고, 2004. 7. 30. 그 채무를 이행하였다. 또한 甲은 남은 재산 2천만원을 사회복지단체 戊에게 기증하도록 자필증서에 의한 유언을 했다.

여기서 丙이 乙과 丁에게 유류분반환으로 청구할 수 있는 금액이 얼마인지 구하라.'[1]

먼저 특별수익을 고려하지 않을 경우의 丙의 유류분부족액은 {9천만원(5천만원+7천만원-3천만원)×1/4=2,250만원}-0원-{(적극재산-유증=3천만원)×1/2-(3천만원×1/2)}=2,250만원이다. 戊로부터 2천만원을 반환받게 되므로 乙에게 250만원의 반환을 받게 된다.

반면 특별수익을 고려하여 제1008조를 준용하게 되면(제1118조), "공동상속인 중에 피상속인으로부터 재산의 증여 또는 유증을 받은 자가 있는 경우에 그 수증재산이 자기의 상속분에 달하지 못한 때에는 그 부족한 부분의 한도에서 상속분이 있"게 된다. 즉 丙과 乙의 상속분은 제3자에 대한 유증을 제외하게 되면 (5천만원-2천만원

1) 2006년 제48회 사법시험 제1차 시험문제(서울행정법원 2007. 6. 5., 선고 2006구합44446판결)

+7천만원)×1/2=5천만원이 된다. 그런데 乙은 7천만원이 특별수익을 받았으므로 순상속분을 계산할 때에 5천만원은 모두 丙이 상속을 받게 된다. 여기서 戊에 대한 유증을 공제하더라도 3천만원이 남게 되고 여기에 1,500만원채무를 공제하면 1,500만원을 상속하게 된다. 따라서 즉 유류분액 2,250만원에서 1,500만원을 빼게 되면 丙은 750만원이 부족하게 되므로 750만원을 戊에 대하여 반환청구할 수 있게 되고 戊는 이를 뺀 1,250만원을 받게 된다.

만약 동일한 사안에서 乙이 5천만원의 증여를 받았고, 특별수익을 고려하지 않을 경우 丙의 유류분부족액은 (5천만원+5천만원-3천만원)×1/4=1,250만원-0원-{(5천만원-2천만원)×1/2 -3천만원×1/2}=1,250만원인 반면, 특별수익을 고려하면 5천만원을 증여받은 乙은 상속을 받지 못하고 나머지 5천만원은 丙이 모두 상속받게 되므로 1,250만원-0원-{(5천만원-2천만원)-1,500만원}=-250만원으로 유류분을 초과하여 상속받는다. 즉 특별수익을 고려할 경우 유류분은 부족하지 않아 반환청구를 하지 못하게 된다.

특별수익에 관한 규정을 준용하고 있는 제1118조의 규정에 비추어 후설이 타당하다.

## 4. 유류분반환청구권의 행사

### (1) 행사의 상대방

유류분반환청구권의 행사권자는 유류분을 침해당한 자이다. 유류분권자는 상속권자로 제한되므로 상속을 포기한 자나 상속결격자는 유류분반환청구권을 갖지 못한다. 유류분권을 양수받은 자나 상속받은 자도 반환청구를 할 수 있다. 반면 포괄적 수유증자는 상속권자가 아니므로 유류분반환청구권을 행사하지 못한다.

> "유류분반환청구권은 그 행사 여부가 유류분권리자의 인격적 이익을 위하여 그의 자유로운 의사결정에 전적으로 맡겨진 권리로서 행사상의 일신전속성을 가진다고 보아야 하므로, 유류분권리자에게 그 권리행사의 확정적 의사가 있다고 인정되는 경우가 아니라면 채권자대위권의 목적이 될 수 없다."[1]

반환의 상대방은 수유증자, 수증자 및 그 포괄승계인이다. 수유증자에 대한 반환청구는 유언집행자를 상대방으로 하여야 한다. 판례[2]는 재산을 양도받은 악의의 제3자에 대하여서도 반환을 청구할 수 있다는 입장이다.

### (2) 행사의 방법

유류분반환청구권은 형성권으로서 재판상 혹은 재판외의 방법으로 반환을 청구할 수 있다.[3] 유류분반환청구권의 행사로 인하여 생기는 원물반환의무 또는 가액반환의무는 이행기한의 정함이 없는 채무로, 반환의무자는 그 의무에 대한 이행청구를 받은 때에 비로소 지체책임을 진다.[4]

### (3) 반환의 순서

증여에 대하여는 유증을 반환받은 후가 아니면 이것을 청구할 수

1) 대판 2010. 5. 27., 2009다93992.
2) 대판 2016. 1. 28., 2013다75281.
3) 대판 1995. 6. 30., 93다11715.
4) 대판 2013. 3. 14., 2010다42624.

없다(제1116조). 유증의 규정이 준용되는 사인증여(제562조)도 마찬가지이다.[1] 증여 및 유증을 받은 자가 수인인 때에는 각자가 얻은 유증가액의 비례로 반환하여야 한다(제1115조 제2항).

"수인의 공동상속인이 유류분권리자의 유류분 부족액을 각자의 수유재산으로 반환할 때 분담하여야 할 액은 각자 증여 또는 유증을 받은 재산 등의 가액이 자기 고유의 유류분액을 초과하는 가액의 비율에 따라 안분하여 정하되, 그 중 어느 공동상속인의 수유재산의 가액이 그의 분담액에 미치지 못하여 분담액 부족분이 발생하더라도 이를 그의 수증재산으로 반환할 것이 아니라, 자신의 수유재산의 가액이 자신의 분담액을 초과하는 다른 공동상속인들이 위 분담액 부족분을 위 비율에 따라 다시 안분하여 그들의 수유재산으로 반환하여야 한다. 나아가 어느 공동상속인 1인이 수개의 재산을 유증받아 각 수유재산으로 유류분권리자에게 반환하여야 할 분담액을 반환하는 경우, 반환하여야 할 각 수유재산의 범위는 특별한 사정이 없는 한 민법 제1115조 제2항을 유추적용하여 각 수유재산의 가액에 비례하여 안분하는 방법으로 정함이 타당하다."[2]

### (4) 반환의 방법

유류분의 반환은 민법 제1115조 제1항의 규정에 비추어 원물반환을 원칙으로 한다. 다만 원물반환이 가능하더라도 유류분권리자와 반환의무자 사이에 가액으로 이를 반환하기로 협의가 이루어지거나 유류분권리자의 가액반환청구에 대하여 반환의무자가 이를 다투지 않은 경우에는 법원은 가액반환을 명할 수 있다. 반면 유류분권리자의 가액반환청구에 대하여 반환의무자가 원물반환을 주장하며 가액반환에 반대하는 의사를 표시한 경우에는 반환의무자의 의사

1) 대판 2001. 11. 30., 2001다6947.
2) 대판 2013. 3. 14., 2010다42624.

에 반하여 원물반환이 가능한 재산에 대하여 가액반환을 명할 수 없다.[1)]

원물반환을 할 수 없는 경우에는 가액으로 반환하여야 한다. 원물반환이 불가능하여 가액반환을 명하는 경우에 그 가액은 사실심 변론종결시를 기준으로 산정하여야 한다.[2)]

## 5. 기여분과 유류분

기여분은 상속재산분할의 전제 문제로 유류분과는 관련이 없다. 따라서 유류분반환청구의 경우 기여분은 고려의 대상이 아니다.

> "유류분반환청구권자는 민법 제1008조의2, 제1112조, 제1113조 제1항, 제1118조에 비추어 보면, 기여분은 상속재산분할의 전제 문제로서의 성격을 가지는 것으로서, 상속인들의 상속분을 일정 부분 보장하기 위하여 피상속인의 재산처분의 자유를 제한하는 유류분과는 서로 관계가 없다. 따라서 공동상속인 중에 상당한 기간 동거·간호 그 밖의 방법으로 피상속인을 특별히 부양하거나 피상속인의 재산의 유지 또는 증가에 특별히 기여한 사람이 있을지라도 공동상속인의 협의 또는 가정법원의 심판으로 기여분이 결정되지 않은 이상 유류분반환청구소송에서 기여분을 주장할 수 없음은 물론이거니와, 설령 공동상속인의 협의 또는 가정법원의 심판으로 기여분이 결정되었다고 하더라도 유류분을 산정함에 있어 기여분을 공제할 수 없고, 기여분으로 유류분에 부족이 생겼다고 하여 기여분에 대하여 반환을 청구할 수도 없다."[3)]

1) 대판 2013. 3. 14., 2010다42624.
2) 대판 2005. 6. 23., 2004다51887.
3) 대판 2015. 10. 29., 2013다60753.

## 6. 유류분반환청구권의 소멸시효

유류분반환청구권은 유류분권리자가 상속의 개시와 반환하여야 할 증여 또는 유증을 한 사실을 안 때부터 1년 내에 하지 않으면 시효에 의하여 소멸한다(제1117조). 이 기간에 대하여 제척기간이라는 견해가 있으나 다수설[1]과 판례[2]는 소멸시효로 보고 있다. 기산점은 상속이 개시되어 자신이 상속인이 되었다는 사실과 유증 또는 증여의 사실을 모두 알 뿐만 아니라 그것이 유류분을 침해하여 반환청구를 할 수 있게 됨을 안 때이다.[3] 상속이 개시된 때로부터 10년이 경과한 때에도 마찬가지이다.

**[사례 19]**

A는 甲, 乙, 丙의 세 자녀를 남기고 1987년 3월 12일에 사망하였다. 그런데 A는 1963년 5월경에 9천만원 상당의 X토지를 甲에게, 1984년 8월경에는 乙에게 8천만원 상당의 Y 부동산을 증여하였고, 사망하기 6개월 전에는 자신과 사실혼 관계에 있는 丁에게 1억원 상당의 토지를 증여하였다. 사망 당시에 A는 3천만원의 예금채권을 가지고 있었다. A는 유언으로 이 3천만원은 사별한 전남편과의 사이에서 丁이 낳은 戊에게 주도록 유언하였다. 丙이 유류분반환청구권을 행사할 수 있는지의 여부 및 이를 인정할 경우 그 상대방 및 가액을 검토하라(지가의 상승이나 이자 등은 고려함이 없이 금액만을 기준으로 산정하라).

1) 양수산, 친족상속법, 1998, 800; 윤진수, 친족상속법강의, 2018, 600면; 송덕수, 친족상속법, 2018, 460면.

2) 대판 1993. 4. 13., 92다3595.

3) 대판 1994. 4. 12., 93다52563.

# 색인

ㅅ

## ㅇ

**ㅈ**

ㅊ

**ㅌ**



**ㅍ**



**ㅎ**

# 참고문헌

## 단행본

고상룡, 민법총칙, 법문사, 1999년

곽윤직, 민법총칙, 박영사, 2002년

곽윤직/김재형, 민법총칙, 박영사, 2016년

김상용, 가족법연구Ⅰ~Ⅳ, 법문사, 2006년

김주수/김상용, 제16판, 법문사, 2019년

김용한, 친족상속법, 박영사, 2004년

박동섭, 친족상속법, 박영사, 2006년

송덕수, 친족상속법, 박영사, 2018년

신영호, 로스쿨 가족법강의, 제2판, 세창출판사, 2013년

양수산, 친족상속법, 한국외국어대학교 출판부, 1998년

오시영, 친족상속법, 제2판, 학현사, 2011년

윤진수, 친족상속법 강의, 제2판, 박영사, 2018년

______, 주해친족법, 제2권, 박영사, 2015년

이경희, 가족법, 제2전정판, 법원사, 2012년

이은영, 민법Ⅱ, 박영사, 2002년

______, 민법총칙, 제4판, 박영사, 2004년

지원림, 민법강의, 제5판, 홍문사, 2007년

한삼인/김상헌, 친족상속법–이론·판례·사례, 제2판(신정판), 화산미디어, 2018년

# 친족상속법

**초판 인쇄** 2020년 08월 25일
**초판 발행** 2020년 09월 01일

**지은이** 박희호, 이동건
**발행인** 김인철
**총괄·기획** 윤성우 **Director, University Knowledge Press**
**편집장** 신선호 **Executive Knowledge Contents Creator**
**도서편집** 이근영 **Contents Creator**
**디자인** 우승민 **Designer**
**재무관리** 하누리 **Managing Creator**
**전자책·사전** 장혜린 **Contents Creator**
**발행처** 한국외국어대학교 지식출판콘텐츠원
02450 서울특별시 동대문구 이문로 107
전화 02)2173-2493~7
FAX 02)2173-3363
홈페이지 http://press.hufs.ac.kr
전자우편 press@hufs.ac.kr
출판등록 제6-6호(1969. 4. 30)
**인쇄·제본** 평화당인쇄(주) 02)735-4004

ISBN 979-11-5901-792-6 [93360] 정가: 21,000원

* 잘못된 책은 교환하여 드립니다.



---

HUINE 은 한국외국어대학교출판부의 어학도서, 사회과학도서, 지역학 도서 Sub Brand이다. 한국외대의 영문명인 HUFS, 현명한 국제전문가 양성(International+Intelligent)의 의미를 담고 있으며, 휴인(携引)의 뜻인 '이끌다, 끌고 나가다'라는 의미처럼 출판계를 이끄는 리더로서, 혁신의 이미지를 담고 있다.

# 친족상속법

박희호 · 이동건

HU:iNE